La Era del Engaño

JOHN HAGEE

BETANIA

Un Sello de Editorial Caribe

Dedicatoria

«Quien da un libro da más que tela, papel y tinta; más que cuero, pergamino y palabras. Da un prefacio de sus pensamientos, una dedicatoria a sus amigos, una página de su presencia, un capítulo de sí mismo y un índice de su amor».

Autor desconocido

A mi esposa, Dianne Haggee

© 1997 Editorial Caribe
Una división de Thomas Nelson
P.O. Box 141000
Nashville, TN 37214-1000
E-mail: caribe@editorialcaribe.com

Título en inglés: *Day of Deception*
©1997 John C. Hagee
Publicado por Thomas Nelson Publishers

ISBN: 0-88113-459-7

Impreso en EE.UU.
Printed in the USA
3ª Impresión

CONTENIDO

PRIMERA PARTE

ENGAÑO EN EL GOBIERNO

Capítulo 1

Hechicería en la Casa Blanca

Era un petimetre, un indeciso, un cobarde que no se preocupaba por nada que no fueran sus propios intereses. Su actitud cambiaba dependiendo de quién se le parara delante. Y como por lo general la que lo enfrentaba era su esposa, ella lo manipulaba a su gusto, tanto a él como al gobierno.

Era una feminista altamente motivada y políticamente orientada. Sabía hacer uso de su posición para obtener beneficio personal. No había ninguna duda al respecto. Era el cerebro del dúo y era tan dura como sus uñas. Su ambición nunca estaba satisfecha.

Su codicia quedó finalmente expuesta a la nación a través de los malos tratos y fraudes relacionados con un negocio de propiedades. Sus huellas, que la incriminaban, estaban en los documentos del gobierno. Al menos un hombre murió porque sabía mucho. Pero ella infundía tanto miedo que nadie se atrevía a hacerle preguntas.

¿Le parece familiar? Sus nombres eran Acab y Jezabel. Gobernaron como rey y reina de Israel hace 2,300 años. Tejieron tal red de hechicería que la nación entera llegó a corromperse. Los funcionarios se mentían los unos a los otros. La gente era acusada falsamente y sentenciada. La justicia se había pervertido. Algunos fueron ejecutados.[1]

Solo pocos hombres de Dios tuvieron la valentía de hablar acerca de la persecución del gobierno contra la iglesia cuando vivían en cuevas, alimentándose de pan y agua que algunos hermanos les proveían clandestinamente. El profeta Elías, el único que se atrevió a desafiar públicamente a Acab y Jezabel, estaba tan desalentado que le pidió a Dios que le quitara la vida.[2]

Es probable que ya se haya percatado del extraordinario paralelo entre la antigua historia de Acab y Jezabel y el propio drama de Estados Unidos que se está viviendo en la Casa Blanca con Bill e Hillary Clinton. Como Acab y Jezabel antes que ellos, Bill e Hillary han tratado de minimizar su participación en un negocio fraudulento de propiedades. Catorce personas ya han sido condenadas o están en proceso de serlo. Cuatro importantes miembros del personal de la Casa Blanca han renunciado.[3]

Cuando este libro se está enviando a imprenta, el diario *USA Today* informa: «Para finales de febrero (1997), la Casa Blanca espera una nueva ronda de vistas en el caso Whitewater, en que tendrán que comparecer algunos miembros presentes y pasados del personal».[4] El fiscal especial del caso Whitewater, Kenneth Starr está en la actualidad tomando declaración a James McDougal. Jane Sherburne, consejera de la Casa Blanca, reconoció que el procesamiento será el primero de un alto asesor de la Casa Blanca.

Agregado a los males de la Casa Blanca, está la misteriosa muerte en Fort Marcy Park de Vince Foster, abogado del presidente y amigo íntimo de Hillary Clinton. La policía informó que no había huellas en el arma que se encontró junto al cuerpo.[5]

Las salas de prensa y los púlpitos de los Estados Unidos deberían estar alborotados, pero las primeras tienen la filosofía de los Acab y Jezabel de hoy, y los púlpitos han estado asustados porque las agencias del gobierno por fin han empezado el largamente esperado retiro del status de exención de impuestos de cualquiera que se vea como «enemigo».[6]

Comunicación con los muertos

Jezabel, la hija de Et-baal, rey de Sidón, llevó la hechicería a Israel, prestando el prestigio del palacio para alentar la adoración de Baal. Hombres y mujeres dedicados a la prostitución eran usados en los ritos extraños y satánicos que acompañaban esta compleja pero seductora forma de idolatría. Y en esta era moderna, Hillary Clinton ha llevado la idolatría a la Casa Blanca, prestando su nombre e influencia a la médium «síquica-espiritualista» Jean Houston.

Hillary y Jean han sido vistas juntas en numerosas ocasiones y lugares, incluyendo varias reuniones en los aposentos privados de la Casa Blanca.[7] Houston afirma tener un vínculo místico con la antigua diosa griega Atenea. La singular relación entre Jean e Hillary recibió publicidad nacional cuando se divulgaron las noticias de que Jean Houston estaba guiando a Hillary mientras el presidente de los Estados Unidos, sentado, miraba en actitud de aprobación. Según se afirma, la primera dama habló con Mahatma Gandhi y su antigua predecesora en la Casa Blanca, la ex primera dama Eleanor Roosevelt, muerta en 1962. Según la historia, Eleanor animó a Hillary a seguir adelante con lo que está haciendo.[8]

Por supuesto, los actuales apologistas de la Nueva Era han reordenado las cosas. Han tomado las antiguas artes y prácticas de adivinación y ocultismo y las han refundido en un lenguaje moderno. Hablan de «brujas blancas» que usan sus poderes para traer bien a la humanidad. Se refieren a las médiums como «guías espirituales» y a la necromancia como un «ejercicio mental». Jean Houston, la «guía espiritual» de la Nueva Era de la primera dama, ha experimentado con LSD, ha comido gusanos mágicos de China, ha nadado con los delfines, pero hoy es cubierta por un manto de respetabilidad.[9]

La Biblia es muy clara. Deuteronomio 18.10-11 dice: «No sea hallado en ti[...] quien practique adivinación, ni agorero, ni sortílego, ni hechicero, ni encantador, ni adivino, ni mago, ni quien consulte a los muertos».

Las mujeres de Clinton

Mientras tanto, el presidente Clinton sigue siendo acosado por una clase diferente de hechicería. Siguen saliendo a la luz nuevos detalles acerca de las aventuras extramaritales del presidente. La prensa y el público parecen estar inmunes. La historia original de Gennifer Flowers como amante de Clinton incluye cientos de páginas, de fechas, tiempo y lugares confirmados por ex patrulleros del estado de Arkansas que sirvieron como hombres de confianza de Clinton y quienes arriesgaron sus carreras y su futuro cuando decidieron hablar. Y todavía, en el programa de televisión *60 Minutos*, Clinton negó haber tenido un romance con Gennifer Flowers.[10]

En 1996, después de ser ridiculizada y de soportar las mofas de la prensa, la Flowers dio a conocer unas cintas en las que estaban grabadas algunas conversaciones que ella había tenido con el presidente. En ellas, Clinton la trataba de «querida» y de «bebé» y fanfarroneaba sobre su habilidad en el sexo oral.[11] Los medios de comunicación y prácticamente la nación entera obviaron eso.

Durante la campaña presidencial de 1992 empezaron a aparecer más «mujeres de Clinton» y los periodistas, instigados por los rivales del candidato, salieron a la caza de ellas. Betsy Wright, miembro del personal de Clinton, advirtió que aún habría más.[12]

Una mañana después de la campaña, Paula Jones despertó para ver su propio incidente con Bill Clinton en las primeras páginas de los periódicos. Según su testimonio, Jones era una joven ex empleada del estado de Arkansas que había sido invitada al cuarto del gobernador. Después ella le contó a una amiga que Clinton había cerrado la puerta, se había bajado los pantalones, y le había pedido que tuvieran relaciones sexuales. Temblando y asustada, Paula había salido corriendo del cuarto. Cuando las historias de las «mujeres de Clinton» empezaron un nuevo ciclo en la prensa, una amiga le contó a un periodista la historia de Paula Jones. Al día siguiente aparecía en los diarios.

Antes que Paula Jones pudiera lograr una explicación, se encontró en las primeras planas de los periódicos de todo el país. Un ex asesor de la Casa Blanca describió aquello como una «denigrante campaña para destruir la credibilidad del presidente».[13] Pero ella todavía no había dicho ni media palabra. Al final de la semana, se había trasmitido al mundo cada acción privada y secreta de la vida de Paula. Por último, Paula Jones contrató a un abogado para tratar de detener el escándalo. El abogado rápidamente presentó una demanda contra el presidente.

Mientras tanto, los asesores legales de Bill Clinton habían usado cada triquiñuela para demandar a Paula Jones por haber iniciado aquella acción legal. Este recurso ha dado resultado por años. Basándose en una ley aprobada la víspera de la entrada de Estados Unidos a la II Guerra Mundial, que establece que demandas de civiles contra personal militar pueden ser desestimadas mientras estos están en servicio activo, quisieron neutralizar la demanda de Jones. Bill Clinton, famoso por haber eludido el servicio militar obligatorio y adversario de la guerra de Vietnam, invocaba ahora que como presidente era Comandante en Jefe de las Fuerzas Armadas y, por lo tanto, no podía ser demandado porque se encontraba en servicio activo.[14]

Otra información revela que la campaña «Clinton para presidente» pagó al conocido investigador privado de San Francisco, Jack Pallatino, al menos $93,000 para que ayudara a contar historias de indiscreción marital.[15] Desde el incidente de Gennifer Flowers, Bill Clinton ha tenido cuidado de no negar las muchas acusaciones de que ha sido infiel a su esposa, Hillary. Y aún los púlpitos guardan silencio.

Desenmascaremos a las tinieblas

Quizás pregunte: «¿Pero no dice la Biblia que hay que orar por aquellos que están en autoridad sobre nosotros? ¿Cómo puede ser tan irrespetuoso con nuestros líderes?» Sí. La amonestación en 1 Timoteo 2.2 es muy clara. Como estadounidenses, deberíamos orar por nuestro presidente, por nuestro gobernador y por nuestros representantes. Deberíamos orar por todos los que están en autoridad sin que tenga algo que ver quiénes son o cuál es su posición política. Sea que apoyen el aborto o se opongan a él, sea que estén a favor o en contra de que en las escuelas se comience el día de actividades con un momento de oración. Pero la Biblia no nos dice que nos hagamos los sordos ante la maldad o la corrupción. En 1 Pedro 2.13-16 se nos dice cómo respetar a los que están en autoridad sobre nosotros. Pero en el mismo párrafo se nos instruye a vivir como hombres libres «pero no usando la libertad para hacer lo malo».

La Biblia dice en Efesios 5.11 que debemos reprender las tinieblas. Y advierte a los poderosos que piensan que pueden abusar del desamparado y del inocente, que cada pecado secreto será sacado a la luz.[16] El Señor mismo prometió ser el defensor del huérfano y de la viuda. La Biblia reconoce que el mal prosperará por un tiempo. Pero Jesús advierte que todo lo que se diga en secreto será gritado desde las azoteas. Sí, tenemos la responsabilidad de orar por los que están en autoridad. Pero de la misma manera, tenemos la responsabilidad de enfrentar la corrupción, defender al inocente, denunciar la hechicería y hacer brillar la luz en las tinieblas de estos últimos días.

A veces me preguntan: «¿Qué derecho tiene usted de enfrentar a los líderes que nos gobiernan?» Juan el Bautista, con toda valentía y públicamente denunció al rey Herodes por tomar a la esposa de su hermano. A Juan el Bautista aquella denuncia le costó la vida.[17] Jesús mismo no se había encontrado aún con Herodes cuando públicamente lo trató de «esa zorra».[18]

Proverbios 28.4 afirma: «Los que dejan la ley alaban a los impíos, mas los que la guardan contenderán con ellos». Hay solo dos posiciones. O alabamos a los malos que han abandonado la ley de Dios, o los enfrentamos.

El rey David escribió: «Los que aman a Dios aborrecen el mal».[19]

Jesús dijo: «El que no es conmigo, contra mí es; y el que conmigo no recoge, desparrama».[20]

Santiago escribió: «El que quiera ser amigo del mundo, se constituye en enemigo de Dios».[21]

La posición de Dios es bien clara. Se es trigo o se es cizaña, ovejas o cabritos, luz o tinieblas, salvados o perdidos.

Jeremías estaba solo cuando denunció con firmeza las políticas del rey Zedequías a quien nunca vio. Incluso los líderes religiosos le dijeron: «Eres un revoltoso. No respetas a la autoridad. Lo que dices no es justo». Pero Israel había sido engañado, aun cuando se estaba dirigiendo a la destrucción y las señales estaban ahí para quien las quisiera ver. Jeremías fue ridiculizado y acosado. Lo llamaron «el profeta llorón» porque estaba terriblemente apenado por el mensaje tan impopular que tenía que entregar. Finalmente, fue echado al fondo de un pozo lleno de barro donde lo dejaron para que se muriera sumido en su propio desecho humano. Pero Dios mandó a alguien para que lo sacara de allí.

¿Política o moralidad?

Quizás alguien me diga: «Creo que está prejuiciado, como usted está contra el aborto y el presidente está a favor de él. Si es así, se trata de una cuestión de política, en la que personas honorables no logran ponerse de acuerdo». Quien piense así está doblemente equivocado. Primero, no estoy prejuiciado. Estoy viviendo una «era de engaño» y mantengo en alto la antorcha de la verdad en esta hora oscura que viven los Estados Unidos. Cuando las políticas públicas son inmorales *deben* ser confrontadas, no importa quién esté en el poder. En mi opinión, los medios liberales de comunicación calumnian a cualquiera que se atreva a alzar su voz para decir que están practicando las «políticas del odio». Decir la verdad no es tener odio. Callarse a expensas de los principios es cobardía.

En 1933, Dietrich Bonhoeffer enfrentó a Hitler, publicando un tratado en el que denunciaba el antisemitismo, la descristianización del sistema escolar, los nuevos campos de concentración, la irresponsabilidad de la Gestapo de rendir cuentas de sus actos, y la manipulación de las elecciones en el Reichstag.[22] Los hermanos de la iglesia lo denunciaron. Públicamente, el Concilio Luterano se declaró sin ninguna responsabilidad en el documento.[23] «¿Qué es lo malo que hace Hitler?», preguntó alguien. «¿No está el primer ministro inglés Winston Churchill diciendo que "él esperaba que la Gran Bretaña pudiera tener un hombre como Hitler para los tiempos peligrosos?"»[24] Después de apenas dos años, restauró el empleo. «Nuestros nuevos *autobahns* son la admiración del mundo. El nuevo auto popular (el Volkswagen) pronto será el vehículo de las masas. Usted, señor, es un revoltoso». Excepto por un puñado de predicadores sin pelos en la lengua, la iglesia alemana cayó en el engaño.

Los cristianos se sentaron cuando se dictó el decreto permitiendo los abortos y las «muertes piadosas» en los hospitales. Después de todo, a veces médicamente es necesario practicar abortos y las muertes piadosas eran solo para pacientes mentales que de todas maneras estaban sufriendo. Todas estas eran «cosas acerca de las cuales gente honorable no estaba de acuerdo». Y nadie activó la alarma cuando finalmente se habló de eliminar también a los minusválidos y a los inválidos, incluyendo a niños, una gran cantidad de los cuales fueron ahorcados.

En 1937, cuando la ley nazi declaró que era ilegal que las iglesias recibieran ofrendas, emitieran proclamas o distribuyeran cartas circulares, algunos miembros de la iglesia de Bonhoeffer, la Iglesia de Confesión Evangélica, le rogaron que no estuviera quieto. Más tarde, ese año, el gobierno arrestó a ochocientos siete pastores y dirigentes laicos de la denominación. Aun en ese momento culparon al predicador. «Después de todo, se lo buscó. La Biblia dice que hay que vivir en paz».[25]

Y así, cuando llegó el momento que los judíos del lugar: panaderos, médicos, simples vecinos o compañeritos de escuela de sus hijos, empezaron a desaparecer en los llamados «campos de reubicación» en el Este, donde en realidad fueron muertos, estos pastores evangélicos permanecieron impotentes en los campos de concentración. Y el hecho es que es muy probable que de todos modos, incluso si hubieran estado libres, no hicieran nada. Habían sido engañados.

El 9 de abril de 1945, cerca del fin de la guerra, Dietrich Bonhoeffer fue alejado de sus colegas y llevado al campo de concentración de Buchenwald y ahorcado por el gobierno nazi al cual había denunciado durante años. Dos días más tarde, los aliados liberaron Buchenwald. Los cristianos que conscientemente permanecieron sentados mientras los judíos eran llevados a las cámaras de gas fueron tan culpables como los dirigentes del gobierno que tomaron las decisiones.[26]

Pero Elías el profeta enfrentó valientemente a Acab y a Jezabel, los poderosos Bill e Hillary del antiguo Israel. Efesios 5 dice: «Nadie os engañe con palabras vanas[...] Y no participéis en las obras infructuosas de las tinieblas, sino más bien reprendedlas; porque vergonzoso es aun hablar de lo que ellos hacen en secreto. Mas todas las cosas, cuando son puestas en evidencia por la luz, son hechas manifiestas; porque la luz es la que manifiesta todo».[27] ¿Nervioso? Se pondrá peor. Apenas estamos empezando. Este libro no es para miedosos. A menudo, la verdad es violada por la falsedad pero puede ser igualmente ultrajada por el silencio.

Compañía de ahorro y préstamos «Madison guarantee»

Los medios de comunicación están encantados de confundir a la opinión pública con la bizantina controversia de Whitewater. Si el público no puede entenderlo, sin duda será incapaz de emitir un juicio. Pero algunos aspectos del escándalo son tan claros que aun los medios no pueden ocultarlos. Madison Guarantee, una compañía de ahorro y préstamos de Little Rock, Arkansas, era propiedad de los amigos íntimos de Bill e Hillary, James y Susan McDougal. Un asesor del Senado se ha referido a Madison Guarantee como «una empresa ampliamente criminal y fraudulenta».[28] Los McDougal y los Clinton eran socios de la ahora tristemente famosa «Whitewater land development».

Siga conmigo. Demos otro pequeño paso. La compañía de ahorro y préstamos Madison Guarantee de los McDougal realizó una serie de negocios con la firma Capital Management Services, Inc., propiedad de cierto juez, David Hale por aquel tiempo amigo de Bill e Hillary. Según se afirma, con el propósito de confundir a cualquier regulación federal que pudiera más tarde curiosear por allí, los dineros pasaban sistemáticamente de una compañía a otra.

Cuando Whitewater comenzó a perder dinero, Bill e Hillary empezaron a presionar a sus socios, los McDougal para que se hicieran cargo de la situación. Después de todo, él era el gobernador y no tenía dinero. ¿Cómo se suponía que podría responder con los compromisos de pago de la compañía? Casi podríamos oírlo quejándose: «Toda la idea del proyecto era ganar dinero, mucho dinero. Los McDougal dijeron que habría ganancias. Ahora que se encarguen ellos».

Hoy día, el ex juez David Hale dice que el entonces gobernador Bill Clinton lo presionó para que solicitara al gobierno, en forma fraudulenta, un préstamo de $ 300,000 a través de Capital Services Inc.[29] Se dice que el dinero pasó a manos de Susan McDougal, la socia de Clinton en Whitewater.[30] Presumiblemente, Clinton les habría dicho a los McDougal, «Yo ya tengo mi parte. Ustedes encárguense del resto».

¿Sigue conmigo? Ahora, los fiscales están acusando a dos banqueros de Arkansas, Herby Branscum, Jr., y Robert Hill de haber traspasado en 1990 directamente fondos del banco en la campaña de reelección del gobernador Clinton. La demanda no es pobre en detalles. Entre otras cosas, acusa que el 14 de diciembre de 1990, en la oficina del gobernador, uno de los banqueros entregó personalmente a Clinton siete mil dólares como contribución para la campaña que él ya había ganado. Un mes después, Clinton nombró a Branscum a la Comisión de Carreteras del Estado.[31]

Mientras tanto, los investigadores averiguaron que Hillary Rodham Clinton, por entonces abogada de la firma Rose Law en Little Rock, Arkansas, era, en realidad, la consejera principal asignada a la compañía de ahorro y préstamos Madison Guarantee. Esto no es un cuadro agradable. Si el testimonio es verdadero, su esposo estaba presionando en una punta, tratando de conseguir que su amigo escamoteara algún dinero del gobierno, mientras que en la otra su esposa proveía la asesoría legal.

Los Clinton lo niegan todo. No, ellos no trataron de presionar a David Hale o a los McDougal para que delinquieran, y no ha sido posible probar en el tribunal que se haya cometido delito alguno. Hillary ha negado que hubiera sido la abogada principal de la empresa Madison Guarantee, lo cual pareciera ser cosa de fácil comprobación. Haya sido o no, el registro de cuentas Rose Law lo dirá. ¿Y cuál sería la diferencia si nadie hubiera hecho nada de lo que se le acusa? Cuando se acusó a la Casa Blanca de encubrir y presionar testigos para que no dijeran nada, ellos respondieron con sarcasmo. «¿Cómo podría usted encubrir un crimen que no se ha cometido?» Obedientemente, la prensa servil intensificó el toque de tambores.

Al descubierto

Luego, empezó a filtrarse en Little Rock, Arkansas, una notable historia. Un joven abogado, empleado de la firma Rose Law dijo que él y otros habían recibido órdenes para empezar a destruir documentos. De inmediato, la oficina del fiscal especial emitió un comparendo en relación con los registros de cuentas, considerando que su destrucción es un crimen federal. Durante los siguientes dos años, los investigadores buscaron entre los archivos de la firma Rose Law de Little Rock, Arkansas, pero fue en vano.

En 1994, en una conferencia de prensa en la Casa Blanca,

Hillary Rodham Clinton fue bien clara: «En los años recientes, hemos hecho un deliberado esfuerzo para tratar de obtener documentos, y cada documento que hemos obtenido ha sido enviado al fiscal especial sin importar el lugar de donde ha venido».[32] No era problema suyo.

En enero de 1996, imprevistamente llegó a ser su problema después de todo. Una miembro de su propio personal reconoció bajo juramento que realmente vio sobre una mesa, en el piso superior, el de los cuartos privados de la Casa Blanca, los famosos registros de cuentas. Ella no iba a mentir e ir a la cárcel por la primera dama. Muy pocos empleados o ciudadanos han visto alguna vez los cuartos privados de la Casa Blanca. Nadie tiene acceso a ellos sin una invitación del presidente o de la primera dama. Ese es su hogar. Por las noches, el presidente y su familia están prácticamente encerrados bajo llave. Para nadie fue sorpresa que los investigadores encontraran huellas dactilares de Hillary en todos los documentos. Y para nadie fue sorpresa que dichos documentos mostraran claramente su importante papel como abogada principal de Madison Guarantee durante aquellos años en que la empresa era «corrupta, criminal y fraudulenta». En los documentos había anotaciones personales escritas a mano por el consejero de la Casa Blanca, Vince Foster,[33] el hombre que más tarde fue encontrado muerto en Fort Marcy Park.

Por el verano de 1996, los Clinton ya no pudieron seguir mofándose del «encubrimiento sin crimen». Más de nueve individuos se habían confesado culpables de varios delitos relacionados con Whitewater y sus escándalos relacionados. Otros cinco fueron hallados culpables por un jurado de ellos mismos, incluyendo al juez David Hale y a James y Susan McDougal. No hubo dudas sobre si las cosas se habían hecho o no. Y no había dudas que los delitos habían beneficiado a la campaña de Clinton y los proyectos Whitewater. El asunto era: ¿Quién mintió: Bill, Hillary o todos los demás?

Ese verano la escalada de acontecimientos comenzó golpeando también a la Casa Blanca. Bernard Nussbaum, nuevo consejero de

Clinton renunció presionado. Había bloqueado las investigaciones del FBI en la oficina de Vince Foster en la Casa Blanca después que se encontró el cuerpo de Foster en un parque público.[34] Robert Altman, amigo de Clinton y comisionado del secretario del tesoro fue acusado de engañar al Congreso, y posteriormente de contactarse en forma impropia con los investigadores del gobierno en relación con el caso Madison Guarantee. También renunció, arrastrando con él a otros dos funcionarios de la tesorería.[35] Uno fue Josh Steiner, jefe de personal de la tesorería que aparentemente escribió en su diario personal cosas perjudiciales para los Clinton. Cuando se descubrió, Josh se defendió haciendo la increíble afirmación que se había mentido a sí mismo en su propio diario.[36]

«Bueno», quizás diga usted, «pero el presidente no salió rico de Whitewater, entonces, ¿por qué tanto alboroto?» Esa es exactamente la posición de la Casa Blanca. En el otoño de 1993, Hillary Rodham Clinton acostumbraba quejarse públicamente: «Estoy perpleja que una mala inversión... siga siendo motivo de investigación». No hay duda que este es un argumento falso. El punto es que Whitewater pudo haberles costado a ellos una pequeña fortuna en una montaña de deudas acumuladas, pero los préstamos del gobierno obtenidos fraudulentamente los salvaron. Algunas de las personas que fueron enviadas a prisión por estos delitos han hablado, contradiciendo abiertamente la versión de los Clinton sobre los hechos, pero no hay nadie que los escuche, ni nadie que se interese. Parafraseando un famoso grabado de la Gran Manzana: «Solo la gente pequeña va a la cárcel».

Como la Casa Blanca está siempre recordando al público que Whitewater fue una mala inversión, quite las luces de emergencia que vamos a echar una mirada a un escamoteo donde no se perdió dinero. La historia que está a punto de leer nunca ha sido publicada. ¿Cómo la conseguí? Entró caminando por la puerta de mi oficina. A veces, cuando una persona toma una decisión, otros son animados a venir y susurrar sus secretos. Ahora la vamos a gritar desde la azotea.

Hechicería en el mercado de productos básicos

Una de las historias más fantásticas que salió dando tumbos del closet de Whitewater fue cómo Hillary Rodham Clinton convirtió una inversión de mil dólares en cien mil dólares en solo un año de negociar en el mercado de productos básicos. Obviamente, el público estaba escéptico. Un crítico hizo la siguiente observación con sarcasmo: «Ponga a una mujer a cargo de la inversión de nuestros bonos de ahorro de los Estados Unidos. Quizás ella pueda generar un mil por ciento de interés para todos nosotros. En tres años podríamos sacudirnos la deuda nacional».[37]

Por algún tiempo, los reporteros se limitaron a explicar que ella probablemente tenía un asesor, un profesional experto en el mercado de los productos básicos y que habría sido quien la habría orientado. Pero luego los expertos empezaron a reflexionar en los programas de televisión donde se trataba el tema. «No, no es posible», decían. «Ningún experto ha tenido tanto éxito con transacciones tan diversas. Esto desafía las probabilidades matemáticas. Ahora, tal persona tendría que ser billonaria. No sería un corredor de Little Rock». El famoso equipo investigador de Clinton que responde a cada cargo negativo con un fax al día siguiente, estaba inexplicablemente callado. Ni un genio de relaciones públicas en el país podría salir con una explicación aceptable para la desventurada Casa Blanca de Clinton. No podía ser. Y claro, Hillary Rodham Clinton jamás reconocería que alguien la había asesorado. «Confié en el Wall Street Journal», decía.[38]

La pregunta obvia era: ¿por qué su mágica carrera había durado solo un año? Si era tan buena para los negocios en el área de los artículos básicos, ¿por qué no seguir adelante? Quizás no pudiera repetir el fenomenal mil por ciento en un año, pero quizás al menos podría aspirar a un modesto veinte por ciento. Aun eso sería cuatro veces la tasa de inflación. No habría pérdida. ¿Por qué dejar ir el dinero?

La siguiente historia me llegó a través del contralor de una compañía «Fortune 500» cuyo íntimo amigo fue cesado en sus funciones de principal ejecutivo con la tristemente famosa Tyson Food de Arkansas. Los dos amigos se reunían de vez en cuando, representando cada uno los intereses de sus respectivas compañías. De pronto, según mi fuente, Tyson Food empezó a jugar sucio. El contralor le dijo a su amigo que, hasta lo que a él concernía, una de las propuestas de Tyson era una total extorsión. Él no podía llevar a su compañía hasta ese punto. Cuando amenazó con denunciarlo, recibió una dura lección de civismo, al estilo Arkansas. «Tú no entiendes cómo trabaja esto», le dijeron. «Tenemos a la mayoría de los jueces en el bolsillo. El joven fiscal del estado (Bill Clinton) es nuestro hombre y será nuestro futuro gobernador». Cuando él se mantuvo en su posición, su caso terminó en el tribunal de Arkansas, donde la compañía Tyson Foods ganó el juicio, tal como su amigo lo había predicho. El joven fiscal del estado era ahora el gobernador.

El contralor de la compañía «Fortune 500» estaba atónito. «¿Puede realmente ocurrir tal cosa en los Estados Unidos?» Después de un almuerzo juntos, su amigo de Tyson Foods lo consoló contándole la historia de cómo habían logrado controlar a jueces y políticos en Arkansas. «¿Pero el gobernador?» preguntó, sorprendido, el contralor. «¿El gobernador?»

«Ah, eso fue fácil», le confesó su amigo. «¿Has participado alguna vez en el mercado de artículos básicos? Es un negocio extremadamente volátil. Se gana o se pierde mucho dinero en muy corto tiempo. Hace algunos años, varios de nosotros formamos un grupo de inversión con un corredor común, experto en este tipo de transacciones. Él colocó el dinero, haciendo una variedad de inversiones. La esposa del joven fiscal del estado puso su dinero en esa misma bolsa. Cuando todo terminara y lo hubiéramos vendido todo, tendríamos que decidir quién había puesto su dinero en qué inversión. Si había pérdida, uno de nosotros la asumiría. Si había ganancia, diríamos que había sido la inversión de la esposa del fiscal general. Así podríamos comprar otra cantidad de acciones de artículos básicos y seguir con el juego una vez tras otra. Semana tras semana. Todos nos reímos. Por supuesto, con frecuencia perdíamos dinero, pero aun en tales casos ganábamos porque la esposa del fiscal del estado se estaba haciendo rica, lo cual era, precisamente, la idea».

He aquí la mejor explicación de cómo convertir mil dólares en cien mil en un año. Saque su inversión *después* que gane. Nunca perderá.

«Travelgate» cuenta su historia

Proverbios 14.31 dice: «El que oprime al pobre afrenta a su Hacedor». Dios observa con cuidado cómo el poderoso trata al débil. Nada provee una mejor perspicacia reveladora del carácter del hombre y la mujer.

Según informes publicados, los Clinton tenían el ojo puesto en el departamento de viajes de la Casa Blanca aun antes de su instalación.[39] Henry Thomason, famoso amigo de Hollywood de Bill e Hillary, codueño de una firma consultora de viajes que había trabajado en la campaña de Clinton escribió una serie de notas sobre cómo debía organizarse la oficina de viajes de la Casa Blanca. Conocía la industria y sabía quién le podía conseguir los contratos. Poco después de la elección, la firma de Thomason trató de entrar en el negocio de viajes de la Casa Blanca pero fue rechazada con razón. Era obvio el conflicto de intereses.[40]

Hillary se puso furiosa. A la presidenta de facto le gustaban las ideas de Thomason y ella quería que su propio personal se encargara de esas cosas. ¿Por qué no iban a poder sacar al personal en servicio y reemplazarlo con algunos leales a ella? En efecto, Thomason comenzó el proceso, nombrando presidente de una posición disponible a un joven de Arkansas, primo del presidente. Pero había un problema. La oficina de viajes de la Casa Blanca venía trabajando bastante bien. Era una de las piezas más populares y más expeditas en la maquinaria de la Casa Blanca. Sus empleados habían permanecido allí por años, sirviendo a presidentes de ambos partidos. Pero ese, precisamente, era el problema. Estos no eran empleados nombrados políticamente, que van y vienen con cada cambio de administración. Bill Dale, que dirigía la oficina, había servido a John F. Kennedy, Lyndon Johnson, Richard Nixon, Gerald Ford, Jimmy Carter, Ronald Reagan y George Bush.[41] Este personal tenía inamovibilidad. Legalmente, como empleados del gobierno, no podían ser despedidos sin una razón.

Primero, la Casa Blanca echó a correr historias de que el personal era desleal —aun a George Bush— esperando obtener algunas palabras de simpatía de sus amigos en la prensa. Como eso no resultó, empezaron a acusarlos de incompetencia. Pero aquello tampoco sirvió. El gruñón, supersensible y supercrítico cuerpo de prensa de la Casa Blanca no tenía sino alabanzas para los empleados. Los conocían. Conocían su trabajo mejor que los recién llegados, Bill e Hillary. Desde John F. Kennedy, ningún otro presidente los había considerado desleales o incompetentes. ¿Cuál era el problema?

El presidente Clinton estaba realmente frustrado. Entonces llegó nuestra moderna Jezabel. Sus palabras fueron probablemente similares a las de la antigua reina: «Tú eres el rey. ¿Por qué te desanimas de esa manera? ¿Quieres la viña de Nabot? Tómala. No, mejor aun. Quédate donde estás. Yo te la voy a conseguir».

Según las notas de Mack McLarty, jefe de la Casa Blanca, el 16 de mayo, tres días antes del despido, Hillary empezó a presionar.[42] Un memo posterior de Lorraine Voles, empleada de la Casa Blanca, dice: «Hillary quería que esta gente fuera despedida. Mack no quería».[43]

¿Por qué no? ¿No era esta gente desleal? ¿No eran unos incompetentes? Mack McLarty, el mismísimo jefe de personal de Bill e Hillary sabía que el personal de la oficina de viajes era inocente y que era un error usar esa oficina como un cheque de pago a familiares y amigos de Arkansas.

Como McLarty no quiso hacer ese trabajo sucio, aparentemente Hillary conspiró con su buen amigo Vince Foster, consejero del presidente. Según un memorándum escrito por David Watkins, director de administración de la Casa Blanca: «Foster me informaba regularmente que la primera dama estaba preocupada y deseaba acción. La acción deseada era despedir a todo el personal de la oficina de viajes». Watkins, también amigo de Bill e Hillary, escribió el memo a McLarty, explicándole, después de consumados los hechos, lo que había ocurrido. «Sabíamos el alto costo de aquella acción[...] fallamos al tomar una acción rápida y decisiva en conformidad con los deseos de la primera dama».[44]

Según entrevistas del FBI y documentos de la Casa Blanca, «los días previos al despido del personal de la oficina de viajes, Hillary Rodham Clinton presionó a los altos asesores presidenciales, incluyendo al jefe del personal, para conseguir que aquellos empleados "quedaran fuera"».[45]

Las notas del propio Watkins acerca de una reunión con Hillary la citan a ella diciendo: «Necesitamos sacar a esa gente. Tenemos que poner allí a los nuestros».

Como nada resultó, Hillary recurrió a un pasaje de la historia de Jezabel y el libro de 2 Reyes. Jezabel había conseguido que las autoridades locales acusaran falsamente a Nabot con una larga lista de delitos. Llevado a la «justicia» por sus conciudadanos y gracias a la influencia y poder de palacio, fue hallado culpable. En la historia de Bill e Hillary, un abogado de la Casa Blanca, William Kennedy, llamó al FBI ordenándole investigar la oficina de viajes y diciéndole que todo estaba siendo «seguido en los más altos niveles de la Casa Blanca».

Mientras tanto, presionado por Hillary, David Watkins hizo arreglos para que una firma auditora externa investigara la oficina. Una rápida observación hecha por la firma les permitió ver que carecía de «sentido de control financiero».

Aquello fue suficiente para Watkins. Después de todo, el FBI también los estaba investigando. Los siete empleados de la oficina de viajes fueron llamados a su despacho y despedidos de inmediato. En el acto. No cobraron sus doscientos dólares. Cuando volvieron a sus escritorios a retirar sus objetos personales, sus sustitutos, incluyendo a los compinches de Clinton de Arkansas, ya se habían posesionado de sus puestos. Los sorprendidos empleados fueron sacados del edificio y metidos en la parte de atrás de un pequeño ómnibus. Billy Dale, el hombre que había trabajado para ocho presidentes, se sentó en el interior de la cubierta de una rueda. Fueron sacados de la propiedad, llevados a la Elipse frente al monumento a Washington donde se les ordenó descender. Ahora, atención niños, ¡así es como se le quita la viña a Nabot!

En seguida, la Casa Blanca apuró a su velocidad más alta y empezó a bombardear a la prensa con historias negativas, acusando a los ex empleados de desfalco y toda suerte de barbaridades. Billy Dale, que había servido a su país toda su vida, fue destrozado como una cucaracha.

Jezabel quería esa viña. Dale gastó los ahorros de toda su vida defendiéndose ante el tribunal. Bajo la presión de la Casa Blanca para encontrar algo, el FBI husmeó en cada pedazo de papel que Billy Dale hubiera escrito o firmado. Cuando su hija volvió a casa de su luna de miel, el FBI fue a verla para preguntarle cómo la había pagado. En Salmos 12.5 la Biblia dice: «Por la opresión de los pobres, por el gemido de los menesterosos, ahora me levantaré, dice Jehová; pondré a salvo al que por ello suspira». El departamento de justicia de Clinton demandó a Billy Dale pero al final, después de haber gastado todo lo que tenía para defenderse, fue declarado inocente por un jurado de sus iguales.[46]

Cuando la moralidad no tiene importancia

«Bueno», quizás diga: «Pero ¿qué tienen que decir los Clinton acerca de todo esto? En todo asunto hay dos lados». Y la respuesta es que ellos lo niegan todo. Hillary niega que haya sido la abogada principal de la firma Rose Law para Madison Guarantee, aun cuando sus propios estados de cuentas muestran lo contrario. Niega que los haya reclutado como clientes, contradiciendo a los ejecutivos de Madison Guarantee, Gary Bunch y John Latham y a sus propios colegas de la firma Rose Law, los abogados Richard Massey y Ronald Clark.

Niega que haya tenido algo que ver con los despidos en la oficina de viajes, o que alguna vez haya tenido conocimiento de la existencia de una oficina de viajes, a pesar de la docena de memorándums de su propia oficina, incluyendo notas de los reemplazantes traídos de Arkansas. Dice que no puede recordar los memos de David Watkins. Exasperado, el distinguido columnista William Safire llamó a la primera dama una «mentirosa congénita».

El presidente niega haber sabido algo acerca de los despidos hasta que se ejecutaron, pero documentos obtenidos por Prensa Asociada muestran que sabía de los despidos antes que ocurrieran y que la misma semana se reunió dos veces con el productor de Hollywood y reorganizador de la oficina de viajes de la Casa Blanca, Harry Thomason.[47] Pero en su mayoría, los Clinton no recuerdan nada. El columnista Doug Bandow dice que «la primera dama, los amigos de la familia, y los empleados de la administración han respondido a varias preguntas de los investigadores casi mil veces con un "no recuerdo"».[48]

«Está bien», dirá usted, «¿pero qué diferencia haría eso a un predicador? Claro que ellos mienten. Muchos políticos mienten. Claro, ellos dañan a gente inocente. Muchos políticos causan daño a la gente inocente. Claro, ellos roban o toman un poco para ellos. Muchos políticos roban; es más, todos roban. ¿Qué tiene que ver eso con predicar el evangelio de que Cristo salva? Déjese de alborotar al país. Golpee su púlpito. Deje eso a Rush Limbaugh. Dedíquese a su trabajo».

Y la respuesta es esta. La mayor parte de la Biblia es escrita por líderes o para líderes. El Pentateuco, los primeros cinco libros de la Biblia, fue escrito por Moisés, el líder de Israel. Los libros de Josué y Jueces son las biografías de líderes nacionales. Los dos libros de Samuel, los dos libros de Reyes y los dos libros de Crónicas son relatos de la historia pública de la nación israelita y cómo Dios actuó a través de buenas y malas autoridades de su gobierno. La mayoría de los Salmos los escribió el rey David. Su hijo, el rey Salomón, escribió otros tres libros de la Biblia: Eclesiastés, Cantar de los cantares y Proverbios. Los profetas mayores y menores escribieron a la nación o a los líderes de ella y sus escritos involucraban la política pública y su relación con la Ley de Dios. Apocalipsis es escrito acerca del «juicio de las naciones». Hombres y mujeres piadosos no pueden ignorar los acontecimientos de su nación. Un día tendrán que rendir cuentas de lo que dijeron o callaron frente a la maldad. Si los hombres y las mujeres piadosos se pararan en los mercados y en los púlpitos de los Estados Unidos y hablaran la verdad sin miedo, denunciaran las tinieblas, llamando a lo malo por su nombre, Estados Unidos no necesitaría a Rush Limbaugh.

En 1 Corintios 6.9-11 la Biblia advierte con claridad cuando dice que ni los codiciosos, ni los adúlteros, ni los inmorales sexuales, ni los estafadores heredarán jamás el reino de Dios. Y de nuevo lanza una advertencia con estas palabras: «No os engañéis».

«Sí», dirá usted. «Pero hay crímenes peores que estos. Acab y Jezabel fueron asesinos. Quizás Bill e Hillary sean codiciosos e insensibles hacia los humildes de Travelgate. ¿Es ese un crimen? Y quizás la vida personal del presidente haya sido inmoral. Pero así es la vida de muchas otras personas. Perdonemos y olvidemos. De acuerdo, ese asunto de hechicería quizás sea jugar con fuego. Posiblemente sea peligroso, y quizás no lo sepa sino hasta que sea demasiado tarde. Pero ¿cree usted que una mujer moderna y educada como Hillary Rodham Clinton podría ser influenciada por una antigua patraña como esa? La empresa de ahorro y préstamos Madison Guarantee bien pudo haber sido una empresa fraudulenta, pero eso fue cuando él era gobernador. Olvídelo».

Esta es la gran tragedia de Estados Unidos. Es víctima del engaño. Reconoce lo malo pero no le interesa. Importantes encuestas publicadas en 1996 mostraron que la mayoría de los estadounidenses no confiaba en su presidente ni en los funcionarios, y al mismo tiempo a la mayoría de los ciudadanos no les interesaba que no fueran dignos de confianza. El profeta Jeremías vio que en

Israel ocurría la misma cosa antes del terrible juicio que les vino por mano de Babilonia. Él escribió acerca de la «prostitución indiferente» de la nación.[49] David escribió acerca de un tiempo cuando «la vileza es exaltada entre los hijos de los hombres».[50]

No se equivoque en esto. No se engañe. La moralidad preocupa a Dios. En el libro de Apocalipsis Juan escribió que Dios excluirá a los «hechiceros y a los inmorales sexuales y a los asesinos e idólatras, y a todos los que amen y practiquen la mentira».[51]

Apocalipsis 21.6-8 establece las normas de Dios. «Yo le daré gratuitamente de la fuente del agua de la vida. El que venciere heredará todas las cosas; y yo seré su Dios, y él será mi hijo. Pero los cobardes e incrédulos, los abominables y homicidas, los fornicarios y hechiceros, los idólatras y todos los mentirosos tendrán su parte en el lago que arde con fuego y azufre, que es la muerte segunda».

«Está bien», dirá usted, «pero en Whitewater al menos nadie resultó muerto».

Siga leyendo.

Capítulo dos

¿Quién mató a Vince Foster?

E ran como tres gotas de agua. Webster Hubbell, Vince Foster
e Hillary Clinton. Formaban el departamento de litigio de la
firma Rose Law en Little Rock, Arkansas. Foster y Clinton tenían
oficinas contiguas. Hubbell estaba al otro lado del vestíbulo. A
menudo, otros abogados y clientes se confundían. El trío siempre
estaba en alguna de las oficinas o conversando en el pasillo.

Vince Foster e Hillary Clinton eran muy apegados. Almorzaban
juntos casi todos los días. Los amigos de ambos dicen que uno
podía comenzar una frase y el otro terminarla.[1] En ocasiones
especiales, cuando las familias de la firma se reunían y los hombres
se iban a jugar golf, Vince e Hillary siempre se quedaban atrás para
«hablar». Inevitablemente, los chismes que corrían por la ciudad
sugerían que tenían algo más que un romance.[2] Por eso, cuando
Hillary supo de los romances de Clinton, buscó consuelo en el
hombro de Vince.

Cuando Bill Clinton ocupó la presidencia de los Estados Unidos, Webster Hubbell y Vince Foster se trasladaron a Washington,
para convertirse en abogado general asociado y consejero delegado de la Casa Blanca, respectivamente. El trío permaneció intacto.

Vince Foster estaba trabajando ahora muy cerca del ala occidental de la Casa Blanca. Cuando Hillary Rodham Clinton quería
hacer algo, podía contar con Foster. Él trataba con documentos
confidenciales y otros asuntos legales personales.[3] Ella acudió a

él con los nuevos planes para la oficina de viajes de la Casa Blanca. Fue uno de sus colegas, un abogado de la Casa Blanca, quien finalmente ordenó al FBI que investigara a Billy Dale y su gente. Cuando después de dos años los potencialmente incriminatorios registros de cuentas de la firma Rose Law aparecieron de manera misteriosa en los cuartos privados de la Casa Blanca, involucrando aún más a Hillary en todo el caso Whitewater, para nadie fue sorpresa ver anotaciones al margen redactadas por Vince Foster. Si alguien conocía los secretos de Bill e Hillary Clinton era este hombre. Era más que un abogado de quien se podía esperar confidencialidad. Era un amigo en quien se podía confiar que guardaría un secreto.

Por eso, desde ese momento, 20 de julio de 1993, cuando fue hallado en Fort Marcy Park el cuerpo de Vincent Foster, la Casa Blanca de Bill e Hillary Clinton ha parecido bloquear cada intento legítimo por resolver los cientos de misterios en torno al caso. En vez de ponerse al frente del caso, de motivar una protesta pública para llegar al fondo del asunto, de pedir ayuda a la gente para ubicar a quien haya sido visto cerca del cuerpo, de resolver las incongruencias con el arma y las heridas que se informó que tenía en el cuello, pareciera que se han apresurado a enterrar todo el asunto junto con el cuerpo. Creo que han estado usando toda su influencia con los medios de comunicación para acallar cualquier voz que siga pidiendo el esclarecimiento de la muerte. A familiares y a los que trabajan en la Casa Blanca se les ha dicho que no tienen que hablar con la policía. Curiosamente, me parece que la única persona que aún mantiene la calma para tratar de unir todas las piezas es el fiscal independiente Kenneth Starr, el mismo que fue asignado por un congreso bipartito para investigar los delitos de Whitewater.

Cuando Caín mató a Abel, la Biblia dice que la sangre de Abel clamaba a Dios desde la tierra demandando justicia. De igual manera, los hechos en torno a la muerte de Vince Foster claman a Dios exigiendo respuestas. Foster, que fue el funcionario más alto en morir en circunstancias misteriosas desde el asesinato de John

Kennedy, no vive para contarnos nada, pero la evidencia habla con perturbadora claridad.

Fort Marcy Park

Irónicamente, el primer informe acerca de la muerte de Vince Foster vino de los policías de Arkansas, que en declaraciones juradas, dicen que lo recibieron a las seis de la tarde. De inmediato, uno de ellos envió el informe a la esposa del gobernador de Arkansas. Asimismo, el informe inicial de la niñera de Chelsea [la hija de los Clinton], dice que la Casa Blanca supo de la muerte a las seis de la tarde. Todos los que estaban allí, incluyendo al presidente y a la primera dama, negaron tener conocimiento de la muerte hasta casi tres horas más tarde.[4]

La persona que encontró el cuerpo de Vincent Foster aparece identificada en los informes de la Agencia Federal de Investigaciones (FBI) como C.W. o «confidential witness» [testigo confidencial]. Esto resultó, por cierto, bastante curioso. No es todos los días que usted encuentra un cadáver cuando sale a caminar por el parque. C.W. les dijo a los investigadores del FBI que examinó muy cuidadosamente a Foster sin tocar su cuerpo. Estaría a medio metro del rostro de Foster. La cabeza estaba caída hacia atrás, mirando directo hacia arriba. No había manchas de sangre en el rostro, pero era evidente que había recibido un disparo en la boca. Sus dos manos estaban con las palmas hacia arriba, con los dedos pulgares apuntando fuera del cuerpo. No había arma. C.W. es enfático en esto. Él vio las manos. No había arma.[5]

Cuando más tarde el FBI lo interrogó, le dijeron cuán seria era la investigación. Se trataba del abogado del presidente. Quizás era, además, el amigo más cercano de la primera dama. Habría una tremenda presencia de los medios de comunicación. Tendría que rendir una declaración jurada. Podría verse en serias dificultades si dejaba de informar todo lo que sabía. C.W. dijo entender la situación. Había contestado cuidadosamente y con precisión cada pregunta, y estaba dispuesto a seguir haciéndolo así.

En su declaración jurada, C.W. dijo que era obvio que la vegetación bajo los pies de Foster y en el sendero obviamente fue arreglada. Vio una botella de vino medio vacía cerca del cuerpo. Mientras corría en dirección al estacionamiento para pedir ayuda, el testigo confidencial vio allí un Nissan blanco estacionado. En su interior había una caja medio vacía del mismo tipo de vino que estaba junto al cuerpo. También había un maletín ejecutivo y un saco que combinaba con los pantalones de Foster.

La segunda persona que se acercó a la escena fue el policía del parque, Kevin Fornshill. Contradiciendo a C.W., diría más tarde a un periodista del programa *60 Minutos* de la cadena CBS, que la vegetación cerca al cuerpo estaba intacta. Pero en posteriores declaraciones tanto ante el Comité del Senado para la investigación del caso Whitewater como ante el FBI fue enfático en afirmar: No había arma.

En breve empezaron a llegar policías y paramédicos. Para ese entonces, la confusión era tremenda con gente que iba y venía. George González, enfermero jefe y primer personal médico en examinar el cuerpo, entró en sospechas. Más tarde diría al Comité Congresional sobre Operaciones del Gobierno que es «raro encontrar un cuerpo en la forma en que estaba ese. «No se supone que las manos o el cuerpo estén en la posición en que lo encontraron; es decir, con las manos perfectamente colocadas a los lados del cuerpo».[6] Un enfermero registró en su informe: muerte por homicidio.[7]

Ahora, la policía encontró un arma en la mano derecha de Vince Foster. Tenía sangre en la mejilla. La botella de vino no estaba. ¿Se habría equivocado C.W.? ¿Habría cometido algún error el policía Fornshill? ¿O se habría metido alguien en la escena del crimen, colocando un arma en la mano de Foster?

No se cuestionaba que Foster se disparó en la boca. Pero la policía estaba frente a un dilema. El arma era una Colt 38. Por lo que debió destrozarle la parte posterior del cráneo. Pero no había ni fragmentos de hueso del cráneo, materia gris ni rastros de sangre. No se había podido encontrar la bala. ¿Y cómo pudo Foster llegar hasta allí? No había llaves de automóvil, ni en el bolsillo, ni en su auto. No se había encontrado ninguna nota suicida. Pero quizás pudo dejarla en casa o en su oficina.

También había un problema con el auto. El Nissan blanco ya no estaba en el estacionamiento. Pero Vince Foster no tenía ningún Nissan blanco. Era dueño de un Honda gris que fue encontrado en el otro extremo del estacionamiento. Más tarde, C.W. le dijo al FBI que no había caminado hacia ese lugar pero que era muy observador, más aun cuando se trataba de la escena de un crimen. Pero sí vio el Nissan blanco. Había mirado a través de las ventanas y vio el vino, el maletín ejecutivo y el saco. La policía no encontró nada de eso en el Honda gris de Foster. Ni tampoco encontró las llaves del auto.

El técnico Richard Arthur, del Condado Fairfax, descubrió un orificio de bala de pequeño calibre en el cuello de Foster. Estaba en el lado derecho, entre la oreja y la punta de la quijada. Más tarde, George González, jefe de los enfermeros en la escena, dijo a los investigadores que también recordaba una segunda herida de bala.[8]

El doctor Haut, examinador médico del Condado Fairfax, llegó al lugar un poco más tarde. Para entonces, el cuerpo ya había sido movido. Según un informe del FBI, Haut describió una «pequeña» cantidad de sangre detrás de la cabeza de Foster. La sangre estaba coagulada. Corey Ashford, uno de los técnicos médicos que ayudó a quitar el cadáver de allí informó al FBI que no había sangre en el suelo.[9]

El doctor Haut describió el orificio de salida en la cabeza de Foster como muy pequeño.[10] James G. Rolla, el jefe de la investigación de la policía del parque, estuvo desde temprano en la escena. Él también informó de una «pequeña» herida de salida. Más tarde, ambos testimonios causarían confusión. Una herida de salida de un arma calibre .38 no podría ser pequeña. ¿Habrá sido utilizada, en realidad, otra arma? Haut cambiaría más tarde de opinión para decir que la herida no parecía demasiado pequeña.

Sin embargo, ambas conclusiones fueron inicialmente impresiones independientes de dos profesionales, cada uno sin haber hablado del asunto con el otro.

La reacción de la Casa Blanca

Tarde aquella noche, el investigador del caso, James G. Rolla, visitó la casa de Vince Foster para darle la noticia a la viuda, Lisa. Webster Hubbell y David Watkins llegaron al mismo tiempo. Rolla le preguntó a Lisa si había notado a su esposo inquieto o deprimido.

«No», respondió ella, «se veía muy feliz». Y luego preguntó si su esposo mismo se disparó en la boca. Webster Hubbell le dijo a Lisa que no tenía que hablarle a la policía o a alguien más. El testimonio terminó.

Poco después, el presidente Clinton y su séquito llegaron a la casa. El investigador Rolla quería preguntar, y Clinton le dio una mirada severa.[11] Finalmente el oficial se retiró. Tendría que ir a la morgue para examinar el cadáver con más detenimiento. Durante los próximos diez días cruciales Lisa Foster no estaría disponible para hablar con la policía de nuevo.

Los investigadores del parque telefonearon ahora a la Casa Blanca, preguntando si podían dar un vistazo a la oficina de Vince Foster. El jefe de Foster, el asesor Bernard Nussbaum dijo que no. Más tarde, cuando al fin el FBI entró en el caso, hicieron un pedido similar. También se les negó la petición. Mientras tanto, dentro de las primeras veinticuatro horas, el localizador personal de Vince Foster y todos sus efectos particulares fueron devueltos a la Casa Blanca antes que los investigadores pudieran catalogarlos o examinarlos. La computadora de su oficina fue cambiada por otra. Meses más tarde habría de aparecer en el taller de computadoras de la Casa Blanca una computadora vieja con el mismo número de serie de la de Foster. El disco duro había sido destruido.[12]

Después que le negaron el acceso a la familia de la víctima, a su oficina, su computadora, sus papeles oficiales, incluyendo su libro de citas, la policía del parque pidió que se sellara la oficina de Foster en la Casa Blanca. Según los archivos del congreso y los testimonios de los agentes del servicio secreto asignados a la seguridad de la Casa Blanca, durante las siguientes doce horas, tarde en la noche, personal de Clinton registró la oficina de Vince Foster, sacando documentos relacionados con Whitewater y otros. Bernard Nussbaum, Patsy Thomeson, el jefe de personal de la Casa Blanca y el propio jefe de personal de Hillary Clinton, la señora Williams, estuvieron al frente de la búsqueda.

Después de eso, empezaron a ocurrir algunas cosas extrañas. De repente, aparecieron las llaves del auto. Se encontraron en el bolsillo delantero del pantalón de Foster cuando el cuerpo llegó a la morgue, un bolsillo que la policía ya había examinado.

Más complicado todavía, los informes del laboratorio llegaron sin que hayan aparecido huellas dactilares en el arma. Más tarde, los laboratorios del FBI desarmaron el arma pieza por pieza. La intensa búsqueda incluso reveló huellas hechas en la fábrica donde el arma había sido manufacturada años atrás, pero seguían sin aparecer huellas en la parte exterior. ¿Se dispararía Foster una bala en la cabeza para en seguida limpiar el arma antes de devolverla a su mano?

La autopsia fue realizada por el doctor James Beyer, un anatomopatólogo que confundía homicidio con suicidio. En 1989 dictaminó que Timothy Easley se había herido a sí mismo en el pecho con arma blanca. Y no se fijó que en la mano del joven había una herida recibida en una acción defensiva. Un experto ajeno al servicio tomó el caso y la novia de Easley reconoció haberlo matado.[13]

En 1991, en un caso similar al de Vince Foster, Beyer determinó que un tal Thomas Burkett se había suicidado con un arma que se había disparado en la boca. La familia tenía sus dudas. El cuerpo finalmente fue exhumado y un segundo forense descubrió una quijada rota, una oreja desfigurada, y otras evidencias que indicaban una pelea. Era obvio que no se trataba de un suicidio. Al escribir esto, el FBI está investigando.[14]

De todas maneras, esa noche, aun antes que el investigador Rolla pudiera echar una mirada al cuerpo, se anunciaba oficialmente que Vincent Foster había cometido suicidio.

A la mañana siguiente, la Casa Blanca anunció que el FBI no participaría en el caso. Quedaría en las manos de la policía del parque. El investigador Rolla, que nunca en su vida había dirigido la investigación de un homicidio, tendría que trabajar duro. El FBI estaba atónito. Un agente resaltó la ironía de que el FBI había sido llamado para investigar el caso de la oficina de viajes pero no era necesario para trabajar en la misteriosa muerte del hombre número tres en la Casa Blanca.[15]

Aquella semana, el trabajo rutinario de la policía levantó aun más preguntas. El embajador de Arabia Saudita ante los Estados Unidos vivía al otro lado de la calle, frente al Fort Marcy Park. Su guardia de seguridad estaba de servicio en un lugar muy cercano al sitio del crimen, pero no oyó ningún disparo. Los zapatos de Vince Foster estaban limpios. No había en ellos manchas de pasto o basura o restos de vegetación aun cuando habría caminado unos seiscientos treinta metros hasta el segundo cañón del parque. Lo que sí había en la ropa de Foster era fibra de alfombra o cabello rubio. ¿Había sido el cuerpo envuelto en una alfombra y llevado al parque? ¿Había sido Foster muerto en otra parte? Quizás nunca lo sabremos. La fibra y los cabellos en la ropa y el cuerpo de Foster jamás encajarían con las de su automóvil.

Entonces, hizo su aparición un nuevo testigo. Patrick Knowlton había estado en Fort Marcy Park solo una horas antes que C.W. descubriera el cadáver. Cuando entró al estacionamiento, había allí solo dos automóviles más. Y ninguno de ellos era el Honda gris de Vince Foster. Muy pronto, Knowlton advirtió la presencia de un hombre sentado en uno de los autos. Cuando Knowlton salió de su vehículo, el hombre le echó una mirada amenazadora y en seguida abrió la puerta de su propio automóvil. Knowlton caminó en la dirección opuesta, alejándose del hombre y del sendero que conducía a lo que sería la escena del crimen en pocos minutos. El hombre caminó tras Knowlton y luego volvió a su vehículo. Una declaración preparada por el testigo y su abogado dice que los movimientos del hombre extraño parecían una advertencia, «como si su propósito fuera prevenir que alguien se acercara al lugar donde el cuerpo de Vincent Foster sería encontrado una hora después».[16]

Un profundo misterio

Gran curiosidad despertó el hecho de que no hubiera una nota de suicidio. Pero así como las llaves aparecieron de repente y oportunamente para tranquilizar a los escépticos, la nota apareció seis días después de su muerte. La nota no sugería suicidio pero sí hablaba de la angustia que Foster experimentaba en su trabajo relacionado con Travelgate y Whitewater. Aunque la nota no era concluyente en una forma u otra, la manera en que apareció no aquietó las dudas. ¿Cómo una nota en su maletín ejecutivo pudo haber sido pasada por alto en el primer momento? ¿Por qué se daba a conocer ahora, días después? Nadie se sorprendió cuando no se hallaron huellas en el papel. Había, sin embargo, la impresión de la palma de una mano. Pero no coincidía con la de Foster.

En julio de 1995, la abogada de la Casa Blanca Miriam Nemetz escribió un memo citando al jefe de personal de la Casa Blanca, Mack McLarty que decía que Hillary Rodham Clinton prefirió demorarse en hacer pública la nota. «McLarty dijo que la primera dama estaba inquieta y creía que el asunto requería más reflexión, y que al presidente no se le había dicho nada todavía. Que adoptarían una posición coherente y decidirían qué hacer antes de hablar con el presidente».[17]

En octubre de 1995, tres expertos en grafología declararon que la llamada nota suicida encontrada seis días después de la muerte de Foster era una falsificación. Patrocinados por el Strategic Investment [Inversión estratégica]: Reginald Alton, asociado emérito del St. Edmund Hall de Oxford; Vincent Scalice, ex detective de la ciudad de Nueva York; y Ronald Rice, grafólogo con dieciocho años de experiencia, todos, llegaron a la misma conclusión. Se compararon doce muestras de la escritura de Foster con la nota encontrada en su maletín ejecutivo. Todos opinaron que Foster no pudo haber escrito esa nota. Foster, por ejemplo, escribía la letra b de un solo golpe. El falsificador usó tres golpes separados.

Pero tal información llegaría tarde, y mientras cada instancia provocaba más preguntas y dudas, ni un solo descubrimiento sería suficiente para sacar a los medios de comunicación o al público de su indiferente letargo. Si algo siniestro había pasado, nadie quería saberlo.

Diez días después del fallecimiento de su esposo, Lisa Foster fue finalmente entrevistada. Le mostraron un arma plateada y le preguntaron si pertenecía a su esposo. Ella reconoció que se parecía al revólver plateado que había visto en la casa algunas veces. Pero después, cuando el canal ABC de televisión obtuvo una de las fotografías del escenario del deceso, se vio claramente que el revólver en la mano de Foster era negro, no plateado. Esto fue confirmado por la primera investigación del Senado, la que también reveló que el revólver fue ensamblado de dos diferentes revólveres Colt con dos números diferentes de serie estampados en sus piezas.[18]

La controversia sobre el revólver continuaría. Ni el FBI ni la policía pudieron confirmar que el revólver plateado que le mostraron a Lisa Foster había, en efecto, pertenecido a su esposo. Se encontraron solo dos balas en el arma y, recuerde, las primeras dos personas en encontrar el cuerpo dijeron que no había arma alguna. En ninguna parte se encontraron balas similares: ni en la casa de Foster, ni en los automóviles, ni en la escena del crimen. Ninguna prueba pudo demostrar que el revólver encontrado con la víctima fuera el del disparo fatal.[19]

También habría muy pocas posibilidades para divulgar fotos o cualquiera otra evidencia. Primero, la mayoría de las fotos Polaroid de la escena del crimen desaparecieron. Luego se supo que toda la película de 35 mm que se usó para tomar la escena del crimen se «sobreexpuso» o desapareció, y las placas de Rayos X del Dr. Beyer fueron «mal archivadas» y nunca se recuperaron. Mientras tanto, toda la policía y los paramédicos recibieron instrucciones de no discutir el caso.[20]

Finalmente, el fiscal independiente Robert Fiske completó un informe determinando que Vince Foster sin duda había cometido suicidio, pero estaba tan plagado de inexactitudes, que solo contribuyó a aumentar la controversia. Ahora, el Dr. Haut estaba cambiando su testimonio para que se ajustara al nuevo escenario. No se siguieron las instrucciones. Las preguntas se dejaron en el aire. Miguel Rodríguez, un enérgico empleado del procurador Robert Fiske, asistente al abogado acusador renunció en protesta, no queriendo ser parte de un encubrimiento.

Parte de la crítica estaba dirigida a los motivos tan débiles para el supuesto suicidio. Foster se había servido un almuerzo completo, había bromeado con su personal, y había prometido regresar después de su viaje a Fort Marcy Park. El abogado Jim Lyons, amigo de Foster, venía de Colorado a reunirse con él al día siguiente y Foster había dicho que tendría mucho gusto en presentarlo. De igual manera, se había asegurado que estaría libre para llevar la mañana siguiente a su hermana en una visita a la Casa Blanca. Su libro de citas, importantísimo para que la oficina siguiera funcionando y, además, importantísimo para la investigación, nunca se encontró. Como ocurrió con las fotos que tomó la policía y las placas de Rayos X tomadas en la autopsia, así desapareció, como por encanto.

Finalmente, el congreso llamó a Kenneth Starr para que sirviera como fiscal independiente mucho más enérgico. Robert Fiske tuvo que irse. Starr parecía menos influenciado por el jefe del partido demócrata, Mark Tuohey IV. De igual modo, dos periodistas siguieron la huella de la muerte de Foster, dando alguna posibilidad al público para que conociera los hechos que el resto de los medios de comunicación estaban ignorando.

Los medios de comunicacion al rescate

Una vez más, la producción televisiva *60 Minutos*, de la cadena CBS, vino al rescate de Bill e Hillary Clinton. Durante la campaña de 1992, cuando las historias sobre la promiscuidad de Bill alcanzaron su nivel más crítico, *60 Minutos* les dio a los Clinton una audiencia nacional. Se citó al señor Hewlett, productor del programa, como que dijo que de haber querido, él habría sepultado las posibilidades presidenciales de Clinton en las nieves de New Hampshire.[21] Pero no quiso. Y esta vez, su programa quería respuestas a las más y más preguntas que surgían en relación con el caso Vince Foster.

60 Minutos ignoró a los paramédicos y sus informes. Ninguno de ellos fue entrevistado. También ignoró al testigo confidencial, diciendo a su audiencia nacional que el cadáver había sido descubierto por un policía del parque. Eso era absolutamente falso. Una seria tergiversación. Pero entonces, ¿quién lee y presta atención a esos informes? Cuando entrevistaban a alguien, el testimonio era muy selectivo. A Kevin Fornshill le dieron la oportunidad de decir que el terreno alrededor del cuerpo no estaba pisoteado, sugiriendo la teoría de que en la escena del crimen no hubo ningún incidente, pero no le preguntaron respecto a su informe de que no había arma en la mano de la víctima.

Posteriormente, el FBI visitó de nuevo a C.W., el «testigo confidencial» que fue quien encontró el cuerpo. Él les había dicho que la vegetación bajo los pies de Foster y en el sendero cercano estaba pisoteada. Ahora era un asunto público. ¿Estaba seguro de esas cosas? C.W. insistió en que lo estaba. Y ofreció una especulación útil. Si hubiera sido un suicidio, el muerto tenía que haber llegado allí caminando antes de dispararse. Pero el lugar estaba definitivamente pisoteado. Y arreglar el césped de nuevo habría tomado mucho tiempo. El FBI llevó a C.W. dos veces a la escena del crimen, y cada vez la respuesta fue la misma.

60 Minutos ignoró igualmente cualquiera pregunta crítica relacionada con el arma, o la falta de huellas, o la llamada nota suicida, enfocando mucha atención en los testimonios discrepantes sobre la sangre en la escena. Jamás se mencionó el testimonio del Dr. Haut al FBI, pero sí se ofreció la nueva versión de su testimonio. A los televidentes no se les dijo absolutamente nada sobre la discrepancia en ambos informes.

El *golpe de gracia* lo constituyó un ingenioso recurso basado en el hecho de que los críticos sugerían que Foster era zurdo, en circunstancias que el arma había sido encontrada en su mano derecha. En actitud triunfalista, *60 Minutos* informó a la nación que todo no era más que una falsedad. Sin duda que Foster era diestro. Pero este no era un asunto importante para los críticos que ya lo sabían. El punto era que el primer policía y el personal civil que llegaron a la escena insistían en que no había arma y menos en la mano. Ese testimonio fue pasado por alto.

El programa tuvo el impacto prometido. La mayor parte del furor del público por la investigación del fiscal independiente de la muerte de Foster se disipó. Pero la revelación más importante relacionada con Vince Foster estaba aún por ocurrir.

Durante meses, dos periodistas, Chris Ruddy del *Pittsburg Tribune-Review* y Ambrose Evans-Pritchard del *London Sunday Telegraph*, habían venido husmeando en torno a los hechos relacionados con el escándalo Foster. Evans-Pritchard pudo determinar que Vince Foster había hecho al menos dos viajes secretos, no oficiales, a Suiza. Solo doce días antes de su muerte, canceló un tercer viaje. Su propia esposa, Lisa Foster, no tenía conocimiento de tales viajes. Esto fue una noticia notable, casi increíble. Pronto, la historia fue confirmada y publicada en el Telegraph. ¿Qué fue a hacer Foster a Suiza?[22] La mayor parte de la prensa mantiene un extraño silencio y desinterés en el incidente.

Mientras tanto, testigos clave, cuyo testimonio levantó dudas favoreciendo la teoría del suicidio, se encontraron siendo blanco de acoso. Estas personas solo habían cumplido con su deber como ciudadanos. Ninguno de ellos ha escrito libros ni ha pedido dinero a los tabloides por darles información. C.W. seguía siendo un personaje anónimo. En cuanto a los demás, por lo general rehusaban que se les interrogara o entrevistara. Ninguno opinaba con criterio de partido o era crítico de la administración.

A Patrick Knowland, el hombre que había visto personas sospechosas en el parque justo antes de que se hallara el cadáver, lo seguían por las calles de Washington, D.C. A veces sus antagonistas lo hostigaban abiertamente o le demostraban su animosidad con la mirada. Knowland contactó a un abogado que llevó un cuidadoso registro de cada situación, las que constituían violación clara de la ley federal que prohíbe «sobornar testigos, obstruir la justicia o intimidar de cualquiera forma a un testigo». El abogado anotó el número de personas usadas en el espionaje del señor Knowland y su conocimiento experto de esta rutina diaria sugirió enormes recursos de trabajo.

¿Suicidio o asesinato?

¿Qué pasó en Fort Marcy Park aquel verano de 1993? ¿Fue Vincent Foster asesinado? ¿Apoyaba él una línea de acción que pudiera comprometer a gente poderosa? ¿O realmente se suicidó? ¿Son todas estas solo circunstancias incriminatorias que tienen que ver únicamente con el caso Whitewater o hay otros hechos vergonzosos que gente poderosa temía que saliera fuera del closet si la policía se acercaba demasiado? Cualquier explicación, por supuesto, apunta a un delito.

¿Y qué ha pasado con el país cuya sensibilidad fue una vez herida con el caso Watergate y el espionaje en las oficinas de un partido político realizado por activistas que promovían la causa del otro? Usted tiene que recordar que el presidente Richard Nixon fue sacado de su cargo no porque haya autorizado o aun tenido conocimiento de tal acción, sino porque encubrió un crimen cometido por otros.

Hoy, se habla abiertamente del encubrimiento de Whitewater. Nadie parece preocuparse. Ni la prensa, ni la iglesia, ni el público. Criticar las infidelidades sexuales de los funcionarios es visto como juicio e intolerancia. Y el hombre número tres de la Casa Blanca quizás haya sido asesinado. Webster Hubbell, el ex delegado del fiscal general de los Estados Unidos e íntimo amigo tanto de Hillary Clinton como de Vincent Foster dice: «De una cosa estoy seguro, Vince Foster no se suicidó».[23] Pero nadie quiere problemas. Una serie de coincidencias y accidentes, nos decimos. No queremos enfrentar la responsabilidad de conocer los detalles de los hechos, así que nos escondemos detrás de la idea tranquilizadora de que es demasiado increíble para ser cierto. Sabemos que a los adolescentes los matan en la calle, al lado afuera de sus casas para robarles sus zapatos deportivos de marca, pero seguramente no a Vince Foster. Estamos engañados.

David habla de un tiempo cuando: «Con arrogancia el malo persigue al pobre[...] En lugares secretos mata al inocente[...] Levántate, oh Señor. Oh Jehová Dios, alza tu mano. No te olvides de los pobres».[24]

En la firma Rose Law en Little Rock, Arkansas, ellos eran como tres gotas de agua.. Webster Hubbell, Vincent Foster e Hillary Rodham Clinton. Hoy, Webster Hubbell está pelando papas en una cárcel federal, Vince Foster está muerto, e Hillary Clinton está gobernando su reino desde la Casa Blanca. Pero un día los tres tendrán que inclinarse ante el Señor, que es juez sobre todo. Y cada uno responderá por cada palabra dicha y cada acción ejecutada. Mientras llega ese día, no se deje engañar; Dios no está dormido. Está mirando y oyendo. Aunque «lo vil sea honrado entre los hombres» y «los malvados se pavoneen libremente», Él obrará en estos últimos días. Siempre lo hace. Siempre lo hará. Dios es fiel en cumplir su Palabra.

Capítulo tres

¿Quién controla a Estados Unidos?

A principios de la década de 1990, el presidente George Bush y el secretario de estado James Baker parecían estar en un concurso político para ver quién podía usar más la reciente y novedosa frase política: Nuevo Orden Mundial. El presidente Clinton, receptivo a la crítica de millones de estadounidenses, con astucia ha evadido la expresión, pero los métodos que representa siguen en el carril de alta velocidad sin interrupción ni reto a la vista.

El concepto de un Nuevo Orden Mundial no es nada nuevo. Fue el motor impulsor en una llanura en la tierra de Sinar donde Nimrod propuso construir la torre de Babel, hace casi cuatro mil años. El propósito de la torre era desafiar la autoridad de Dios y expulsarlo de los asuntos humanos. Fue algo satánico y diabólico que se manifestó en los símbolos ocultistas que se labraron en sus paredes.

En el siglo doce a.C., el reino de Babilonia se convirtió en el primero de varios grandes imperios que rigieron el mundo civilizado. Desde el punto de vista puramente histórico, la era babilónica fue la más gloriosa y la más perversa que cualquiera que le siguió. A los judíos, pueblo escogido de Dios, una vez más los arrastraron a la esclavitud.

Los siguientes grandes imperios fueron el de Persia y el de

Media que lograron dominar el mundo. Sus reinados se entregaron a la idolatría, extendiéndose hasta Europa central e India.

De acuerdo a los revisionistas de la historia, el orden mundial más progresista lo establecieron los griegos. Hoy a los estudiantes se les enseña que la gloriosa Grecia de la antigüedad practicaba la forma más pura de democracia; cuando, en efecto, su experimento con la libertad fue breve y limitado. Más de la mitad de la población en la Grecia antigua eran esclavos. Y de los «libres» la mitad eran mujeres que no podían votar, ni tener propiedades ni testificar ante tribunales; ni siquiera las contaban en el censo oficial. La famosa democracia griega pura, que tanto elogian los educadores modernos, era muy buena si uno se hallaba en el afortunado veinticinco por ciento.

Por años el gobierno y vida social del Imperio Griego y su orden de un solo mundo lo dictó Pitia, en el misterioso oráculo de Delfos. Los sacerdotes echaban mano de una mujer campesina ordinaria, invocaban a «los espíritus» y, cuando ella finalmente caía en trance, le presentaban su lista de preguntas. A través de la campesina, la Pitia del día, los espíritus milagrosamente respondían, algunas veces en varios idiomas.[1]

El Imperio Romano, el último «orden mundial» con éxito, fue virulentamente antisemítico y anticristiano. En 70 d.C. los romanos, bajo el general Tito, finalmente destruyeron Jerusalén. En Roma, el emperador Nerón ordenaba que se echara a los creyentes a los leones o los colgaba como grotescas antorchas humanas para sus fiestas.

En la gran tentación de Jesús, el mismo Satanás propuso un Nuevo Orden Mundial. «Todo esto te daré», le dijo, «si postrado me adorares». Y comprenda, Satanás podía darlos.[2] Hoy sigue brindando la misma promesa. A través de lo que parece ser un estadista mundial benigno y benévolo, promete un mundo sin guerra y sin hambre; el cielo en la tierra. Pero la Biblia dice que pronto todo se tornará un verdadero infierno.

Los iluminados

En siglos recientes ha corrido la confusa y misteriosa historia de los Iluminados. Se han escrito tantas historias exageradas y sin fundamento respecto a esta organización y su historia que resulta difícil separar los hechos y la ficción. Lo que sabemos es esto: Los iluminados, en efecto, existieron. Fue una organización supersecreta en Europa, de poderosos corredores de acciones internacionales cuyo objetivo en un principio fue establecer una estabilidad económica mundial, pero cuyo rápido éxito, y algunas veces la resistencia hostil, los llevó a adoptar el más grandioso objetivo de dominio mundial. Nacidos en un tiempo de gran rebelión contra la iglesia organizada y corrupta, y bajo la influencia del radicalismo de la Revolución Francesa, sus líderes eran exclusivamente ateos, con la notable excepción de varios satanistas practicantes y consagrados.[3]

En los últimos siglos, y en varias ocasiones, el poder y alcance de esta organización dentro del mundo financiero y círculos gubernamentales ha sido impresionante, una virtual mafia entre la banca y el gobierno. Observe el reverso de un billete de un dólar estadounidense y verá tres palabras en latín: *Novus Ordo Seclorum*, «un orden mundial». Estas palabras aparecen en un estandarte bajo una pirámide y encima hay un ojo que todo lo ve. Algunos opinan que este ojo representa la providencia. Otros dicen que representa el ojo de Osiris, dios egipcio de la antigüedad. Este notorio diseño aprobado por el Congreso en 1782 fue obra de Charles Thompson, miembro de la orden masónica y que sirvió como secretario en el Congreso Continental.[4]

El intento de Hitler

Al postularse en 1932, Adolfo Hitler le dijo al pueblo de Alemania: «Si me eligen como el führer de esta nación, introduciré un Nuevo Orden Mundial que durará mil años». A una compilación de los discursos de Hitler, publicada en inglés, se le dio el título apropiado de: Mi nuevo orden.

Solo en la década posterior a los juicios de Nuremberg los investigadores empezaron a comprender cuán profundos y místicos eran los rituales paganos y satánicos que abrazaron muchos de los líderes nazis. Heinrich Himmler, líder de la infame SS y el hombre de confianza con la diabólica orden de exterminar a los judíos, se entregó de lleno a las creencias paganas y satánicas que los ingenuos de hoy lo considerarían de la «Nueva Era». Himmler y la SS reemplazaron los ritos cristianos del bautismo, matrimonio y muerte por otros neopaganos. La fiesta de Navidad se convirtió en la Julfest y se cambió al 21 de diciembre. Los ritos de iniciación para los oficiales de más alto rango de la SS incluían jurar ante dieciséis altares encendidos de tres pisos de altura, los llamados obeliscos de *Feldherrnhalle,* el templo de honor nazi en Munich. Se leían los nombres de dieciséis nazis martirizados y los nuevos oficiales debían gritar: «Presente». Himmler creía en la reencarnación y le decía a la gente que en realidad era una nueva manifestación del rey Heinrich de los sajones. En 1937 mandó a enterrar en la catedral Quedlinburh los huesos del antiguo rey.[5]

El destacado historiador Francis Miller opina que más de veinte millones de personas murieron debido al «nuevo orden» de Hitler, incluyendo seis millones de judíos inocentes: hombres, mujeres y niños.[6]

El engaño comunista

Aun antes de enterrar a Hitler y su pandilla, Stalin y su reducida sociedad criminal que controlaba la Unión Soviética empezaron a planear en secreto su propio Nuevo Orden Mundial. Nikita Khruschef, a la larga sucesor de Stalin, le dijo una vez a Richard Nixon: «Nosotros los enterraremos».

A mediados de la década del sesenta era difícil negar el gran volumen de los horrores soviéticos. Testigos oculares indicaban que millones de personas se hallaban confinadas prácticamente a trabajar como esclavos en Siberia, y otros mencionaban a millones que morían en los campamentos de prisioneros en los gulags. En 1963, en un audaz intento de recuperar credibilidad, Khruschef sacó a la luz muchos de esos secretos de estado, admitiendo que Stalin fue un criminal que envió a la muerte a millones de inocentes. Dijo además que la Unión Soviética había abandonado sus ideas malsanas de conquistar el mundo, y que estaba procurando hacer que el ideal del comunismo y la filosofía humanista en realidad dieran resultados.[7]

El comunismo era un concepto poderoso e intelectualmente seductor, y así su torbellino atrajo a personas brillantes y sinceras. Sin embargo, detrás de sus promesas benevolentes y humanitarias había una realidad violenta y siniestra. Se perseguía y asesinaba a judíos y cristianos por sus creencias. Durante el malévolo reinado del Kmer Rouge Pol Pot en Cambodia, la nación se convirtió en «campos asesinos». Pol Pot marcó para la ejecución a todos los médicos, enfermeras, profesores y trabajadores del gobierno. Todos los miembros de los medios de comunicación, clérigos y cualquier persona relacionada con las artes, el teatro y el ballet también quedaron señalados para la ejecución. Si usted usaba lentes, lo ponían en la lista, y si podía leer, también lo mataban. Es increíble, pero Pol Pot todavía vive. A pesar de que él y sus ejércitos se han visto obligados a replegarse a las selvas, nadie les cobra cuentas, ni siquiera las Naciones Unidas, ni los Estados Unidos. Nadie reclama un juicio de Nuremberg moderno contra este implacable Hitler oriental de nuestra generación.

A fines de la década de 1980, Mijail Gorbachef trató de nuevo de hacer lo que Nikita Kruschef hizo veinte años atrás. Otra vez sacó a la luz pública las acciones del comunismo, y un nuevo líder soviético admitió los crímenes de sus predecesores, incluyendo no solo a Leónidas Brejnev, sino también el falso reformador Nikita Kruschef. Sin embargo, esta vez no dio resultados y el imperio soviético se derrumbó como un castillo de naipes.

Las Naciones Unidas

Después de la Primera Guerra Mundial el presidente Woodrow Wilson llegó a ser la voz pública más famosa que pedía un Nuevo Orden Mundial. La Liga de las Naciones fracasó, pero la idea surgió de nuevo después de Hitler. En 1946 nacieron las Naciones Unidas.

El 29 de enero de 1991 el entonces presidente George Bush anunció que Estados Unidos intervendría en la guerra del Golfo Pérsico. «Lo que está en juego en esta guerra es mucho más que un país pequeño», dijo, refiriéndose a Kuwait. «Es una idea grande. La idea de un Nuevo Orden Mundial».[8]

Para sorpresa de la administración de Bush, la mayoría de los cristianos evangélicos retrocedieron ante esas palabras. Algunos las asociaron con sociedades secretas (casi siempre antisemitas o anticristianas), con las famosas fanfarronadas de Hitler o con las promesas comunistas que se convertían en pesadilla a menos que uno se encontrara en el lado bueno del cañón del arma. Aun así, la mayoría de los cristianos asociaron las palabras con el holocausto futuro profetizado en las Escrituras. La gran promesa de un solo gobierno mundial pacífico que, en lugar de eso, convertirá a este planeta en un verdadero infierno.

Hoy, con el estímulo de la administración de Clinton, las Naciones Unidas dicen que crearán este Nuevo Orden Mundial. ¿Qué quieren decir? ¿Qué piensa usted cuando oye sobre esto? Lea las palabras de Brock Chisham, director de la Organización Mundial de la Salud de las Naciones Unidas: «Para lograr este gobierno mundial es necesario eliminar de los hombres el individualismo, la lealtad a las familias, el patriotismo nacional y la religión».[9]

Durante los últimos veinticinco años las Naciones Unidas se han transformado en una plataforma de propaganda para los enemigos de Estados Unidos e Israel. En ese cuerpo mundial, una vez tras otra Estados Unidos e Israel se han levantado solos contra los demás países miembros. Algunas veces hemos votado simplemente por el derecho de Israel a existir. El ejemplo más obsceno de la moralidad de las Naciones Unidas ocurrió el 1º de octubre de 1975, cuando Idi Amín, dictador de Uganda y en ese entonces presidente de la Organización Pro Unidad Africana, habló ante la Asamblea General.

Este tirano sanguinario denunció una ficticia conspiración entre Estados Unidos y los sionistas y no solo exigió la expulsión de Israel de las Naciones Unidas, sino la extinción de la nación.

La asamblea combinada le dio una ovación de pie cuando llegó, le aplaudió durante su discurso y se puso de nuevo de pie cuando se marchó. Al día siguiente el Secretario General y el Presidente de la Asamblea General celebraron un banquete público en honor de Amín.[10]

«Pues bien», dice usted, «desde una perspectiva económica y de mantener la paz, las Naciones Unidas han sido un chiste internacional, un fiasco, una nulidad internacional. ¿Cómo pueden los poderosos hablar en serio en cuanto a que esta organización controle algo? No es lógico. Nunca sucederá». ¡Se equivoca! No se trata de lógica. No se trata de paz. No se trata de dar de comer al hambriento. Es cuestión de poder... poder mundial. Se trata de un gobierno de un solo mundo; se trata de una sola economía mundial; se trata de control dictatorial absoluto sobre cada ciudadano estadounidense y los ciudadanos de cualquier democracia sobre la tierra.

Para el cristiano el relato bíblico y la misma historia humana registrada muestra claramente el mismo síndrome. La necesidad de dominación mundial, sea por benevolencia o codicia, con el tiempo se ha corrompido. Es casi siempre idólatra, satánica o atea. Por lo general, es antisemita y anticristiana. Observe los anales. Observe a Babilonia. Mire a la antigua Grecia. Mire a Roma, Hitler, Stalin y sus sucesores. Es un espíritu demoníaco ungido en las entrañas del infierno para robar, matar y destruir por completo.

Randall Baer, cuyos éxitos de librería publicados por Harper and Row en un tiempo le hicieron la autoridad mundial sobre cristales de la Nueva Era, nos habla de cómo «los dioses cósmicos pavimentaron el camino para que yo realice una obra importante

para producir una *Nueva Era, Un Orden Mundial* revoluciona-
rio».[11]

Es curioso, pero Baer, que afirmaba que los «espíritus guías»
le dictaban sus libros, a menudo invocaba al antiguo símbolo
asociado con los Iluminados, y desvergonzadamente estampado
en el billete de a dólar de Estados Unidos. «Los espíritus guías me
dijeron que tomara doce cristales de cuarzo y que los ordenara en
círculo, que colocara con cinta adhesiva otro más sobre el "tercer
ojo" oculto, y que suspendiera sobre mi cabeza una pirámide
grande».[12]

Jean Houston, la afamada primera dama que se autodenomina
«síquica espiritual» y cuyas visitas a la Casa Blanca han incluido
varias estadías prolongadas, gusta de llamarse «partera mundial».
Houston dice que ella trabaja «con jefes de estado en todo el
mundo».[13] Pero si es una «partera mundial», ¿qué hacen los
adeptos de la Nueva Era para querer nacer?

El anticristo

Habrá un Nuevo Orden Mundial en estos últimos días. Desde
hace siglos los profetas han dicho que sucederá. Jesús se refirió a
ello en detalles. Lo dirigirá el mesías satánico, a quien la Biblia
llama el anticristo. Cuando el mundo rechaza la verdad, todo lo
que queda es una mentira. Cuando el mundo rechaza la luz, todo
lo que queda es tinieblas. Cuando el mundo rechaza a Jesucristo,
todo lo que queda es el mesías satánico, el anticristo. Y Dios el
Padre está diciendo desde la llanura de Sinar y la torre de Babel
hasta las Naciones Unidas: «Los hombres han estado tratando de
desembarazarse de mí, han estado tratando de librarse de mi Hijo
Jesucristo y han estado tratando de escaparse de la Palabra de Dios.
Pues bien, voy a dejar que tengan su Nuevo Orden Mundial. Voy
a soltar al mesías satánico, el anticristo, para que rija la tierra con
mano de hierro, produciendo el Nuevo Orden Mundial».

Este personaje bañará las calles del mundo con sangre. Según los profetas, una tercera parte de la humanidad va a ser masacrada bajo este monstruo que hará que Adolfo Hitler parezca un monaguillo.

El apóstol Juan lo describió hace dos mil años, mucho antes de que hubiera transferencias monetarias por cable y ni siquiera bancos. Mucho antes de que hubiera sistema de seguro social, exigiendo que usted tenga su propio número. Mucho antes de que la tecnología de computadoras hiciera posibles tales hazañas, Juan describió cómo el anticristo controlará el comercio mundial. Toda persona viva recibirá una marca en el revés de su mano y en la frente. Sin ella no se podrá ni comprar ni vender ni un cordón de zapatos. El anticristo se establecerá como emisor de su propia moneda todopoderosa al instituir un solo gobierno mundial y una sola moneda mundial. Jesús advirtió que a la larga tratará de levantarse incluso contra Dios.

Apocalipsis 13.16-17 dice: «Y hacía que a todos, pequeños y grandes, ricos y pobres, libres y esclavos, se les pusiese una marca en la mano derecha, o en la frente; y que ninguno pudiese comprar ni vender, sino el que tuviese la marca o el nombre de la bestia, o el número de su nombre».

Este será el largamente esperado Nuevo Orden Mundial. Pero según los profetas, Brock Chisham, de la Organización Mundial de la Salud, tiene razón, al menos en parte. Cuatro cosas deben ocurrir antes.

Destrucción de la moneda

Primero, debe destruirse el sistema monetario, la moneda. Opino que los problemas económicos de Estados Unidos no surgen por las condiciones del mercado, sino que se planearon y orquestaron para devaluar y destruir el dólar estadounidense. Esto lo hizo ese gobierno invisible que Dwight D. Eisenhower llamó «El Establecimiento Oriental».[14]

Considere lo siguiente. Nuestro gobierno deliberadamente dejó la norma de oro a la que se había apegado y sobre la cual se fundaba. Desde que se separó al dólar de la base de oro, la moneda ha fluctuado. Si alguien le dice: «Usted se ve tan sólido como un dólar», empiece a buscar un ataúd. Se halla en serios problemas.

Los principales bancos de estadounidenses vertieron cientos de millones de dólares en gobiernos comunistas y naciones del Tercer Mundo sabiendo a conciencia que esos gobiernos no tienen ni la capacidad ni el deseo de pagar el dinero. ¿Por qué lo hacen? Vaya mañana al banco y diga: «No tengo cómo pagar, ni siquiera quiero pagar. Me gustaría que me prestara cien millones de dólares, por favor». Ya sabrá cuál será la respuesta.

Sin embargo, nuestros bancos, respaldados por nuestro gobierno, regalaron cientos de millones de dólares. ¿Por qué? Debido a que pocos estadounidenses saben que el Decreto de Control Monetario de 1980 le da a la Junta de la Reserva Federal la autoridad para cambiar dólares de Estados Unidos por la deuda del Tercer Mundo. Eso simplemente quiere decir que los bancos en Nueva York y los principales bancos de los Estados Unidos controlados por el Establecimiento Oriental no perderán ni un centavo, sino que ustedes, contribuyentes estadounidenses, pagarán la cuenta.

Según la Universidad Stanford, la cuenta final de la crisis de las fallidas cooperativas de ahorros y créditos le costará a los contribuyentes estadounidenses un billón trescientos mil millones de dólares.[15] Ahora, imagínese esto. Si usted empieza amontonando uno sobre otro billetes crujientes de a mil dólares, cuando el montón mida diez centímetros de altura tendrá un millón de dólares. Por tanto, ¿qué altura debe tener el montón para que sea un billón de dólares? Recuerde que estamos hablando de billetes de a mil dólares. ¿La respuesta? El montón tendrá ciento diez kilómetros de altura para que sea un billón. El fiasco de las cooperativas de ahorros y créditos, costará incluso más.

Las bancarrotas en Estados Unidos se hallan en su apogeo. Las fusiones empresariales y compras hostiles están poniendo cada vez más riqueza en las manos de mucho menos personas, que fue exactamente la causa de la quiebra de 1929. Aumentan los fracasos de bancos. Mil doscientos cincuenta y seis bancos se hallan en la lista de bancos en problemas que ha elaborado los Reguladores Federales. Si los bancos siguen el modelo de las cooperativas de ahorro y crédito, la FDIC quedará limpia. Hoy en día, hay alrededor de 1,5 centavos respaldando cada dólar que usted tiene en cuentas de ahorros.[16]

Algunas personas han edificado su vida alrededor del dólar, pero Dios dice: «Es mejor que edifiquen su vida alrededor de mí porque yo soy lo único que durará». Las monedas del mundo no van a subsistir. Los reinos de este mundo se derrumbarán. El único reino que perdurará es el Reino del Señor Jesucristo y este, gracias a Dios, nunca tendrá fin.

La gente con lógica dirá: «¿Por qué el Congreso de Estados Unidos no puede detener la muerte del dólar?» El Congreso no controla el destino económico de Estados Unidos. Nuestro sistema económico lo controla el Sistema de la Reserva Federal. Este fija la tasa de intereses para el dinero que usted tiene en su bolsillo. Cuando determinan esa tasa de interés, fijan el valor de sus dólares.

La Reserva Federal no tiene dirigentes elegidos. No hay ningún Senador ni Diputado en su junta. Tampoco participa el Presidente ni el Vicepresidente de Estados Unidos. Nadie ha hecho nunca una auditoría de la Reserva Federal y, sin embargo, esta controla totalmente el valor del dinero en esta nación. Se autorizó el 23 de diciembre de 1913, durante las festividades de Navidad, cuando la mayoría de miembros del Congreso ya se había marchado. La controlan accionistas Clase A. El principal accionista de los Estados Unidos es David Rockefeller. Aun cuando la mayoría de los accionistas son miembros del llamado Establecimiento Oriental, al parecer los cuatro accionistas más grandes ni siquiera son estadounidenses, sino miembros de la familia Rothchild de Europa.[17]

Thomas Jefferson dijo una vez: «Un banco central privado emitiendo moneda pública es más grande amenaza a las libertades de los Estados Unidos que un ejército invasor».[18]

¿Me preocupa esto? Si mi fe estuviera centrada en el dólar

estadounidense y si todas mis esperanzas dependieran del gobierno de Estados Unidos, me saldrían úlceras pépticas antes de terminar de escribir este libro. Pero no me preocupo porque mi esperanza está en el Señor Jesucristo y en la autoridad de la Palabra de Dios. Él tiene el mando y el control.

¿Ha oído hablar de la regla de oro? «El que tiene el oro hace las reglas». Dios dice en el libro de Hageo: «Mía es la plata, y mío es el oro»[19]. A Dios no lo controla el Establecimiento Oriental. Tampoco lo controlan los Rothchilds, ni la Reserva Federal. Es el Soberano Dios. Él dice en el libro de Santiago: «¡Vamos ahora, ricos! Llorad y aullad por las miserias que os vendrán. Vuestras riquezas están podridas y vuestras ropas están comidas de polilla. Vuestro oro y plata están enmohecidos; y su moho testificará contra vosotros, y devorará del todo vuestras carnes como fuego».

La gente pregunta: «¿Por qué va a permitir Dios el colapso financiero de Estados Unidos?» Le diré por qué. Porque el primer mandamiento dice: «No tendrás dioses ajenos delante de mí». Y en los Estados Unidos el dinero es un dios. El dinero ha reemplazado nuestro amor del uno para el otro. El dinero ha reemplazado nuestro amor a la familia. El dinero se entronó como señor de todo. Somos la generación de la «gratificación instantánea». Queremos lo que queremos y lo queremos... ¡AHORA! Cueste lo que cueste.

El materialismo de los Estados Unidos y la demanda de gratificación instantánea ha producido una nación de drogadictos, de alcohólicos, una nación adicta a la pornografía y una cultura de preservativos para tener «relaciones sexuales seguras». Ha alejado a los padres de los hijos. Ha destruido matrimonios. Hemos despilfarrado nuestra salud por perseguir el dinero. Hemos construido catedrales para adorar a los dioses del dinero. Se llaman bancos. Cuando vaya mañana a uno de ellos y hable con su banquero, asegúrese de tener el sombrero en la mano e inclinar la cabeza en reverencia, porque si no, no conseguirá lo que desea.

Dios le dice a los Estados Unidos: «No tendrás dioses ajenos delante de mí». Los dioses de los Estados Unidos están cayendo. Los bancos están cayendo. Las cooperativas de ahorro y crédito están cayendo. A la larga, Wall Street caerá por completo. Tengo buenas noticias para usted. Dios no está cayendo. Está en el trono y es Todopoderoso. «Porque tuyo es el reino, y el poder, y la gloria, por los siglos de los siglos».

La segunda cosa que tiene que ocurrir antes de que ocurra el Nuevo Orden Mundial es la destrucción del nacionalismo y el patriotismo.

La muerte del patriotismo

El gobierno invisible, los que promueven el gobierno de un solo mundo, y el Nuevo Orden Mundial, los políticos profesionales cuyo único objetivo es lograr que los reelijan, están buscando maneras de destruir el patriotismo estadounidense, y lo han estado haciendo por largo tiempo.

La guerra de Corea fue una guerra de las Naciones Unidas; se le llamó una acción de policía. Por primera vez en la historia de los Estados Unidos fuimos a una guerra sin el objetivo de ganarla. La victoria ni siquiera estaba incluida en la ecuación. El general Douglas MacArthur renunció en protesta. El viejo soldado de largo historial se paró ante al Congreso de los Estados Unidos y dijo: «No hay sustituto para la victoria».

La historia ha demostrado que el general Douglas MacArthur tenía razón y el Congreso de los Estados Unidos se equivocó. No hay sustituto para la victoria, y siempre que se ponen vidas estadounidenses en el campo de batalla debe ser con el propósito de obtener la victoria y nada más que la victoria. No deben ser instrumentos de las Naciones Unidas y sus objetivos, ni peones del complejo industrial militar que se enriquece en tiempo de guerra.

Vietnam fue una guerra controlada. No podíamos atacar los santuarios del enemigo. No podíamos minar sus bahías. Como resultado, el mundo vio a los Estados Unidos como perdedor. Por doce años nuestros hijos sangraron y murieron, y no pudimos con una nación del tamaño del estado de Vermont que usaba técnicas

militares medievales. El patriotismo en los Estados Unidos llegó
a su punto más bajo. Los soldados regresaron al país y el público
estadounidense literalmente les escupió en la cara. Los líderes de
Estados Unidos les deben a los veteranos de Vietnam una disculpa
pública por enviarlos a una guerra donde la victoria sobre el
enemigo no era el objetivo.

¿Por qué hacer flamear la bandera sobre la guerra del Golfo
Pérsico? Para vender al pueblo estadounidense la idea de que las
Naciones Unidas son una mejor forma de gobierno para la comunidad de naciones. Vender la idea de que el Nuevo Orden Mundial
es en verdad la mejor manera de traer equilibrio y justicia a un
mundo en caos.

Comprenda que el ochenta y cinco por ciento de los miembros
de las Naciones Unidas consisten en representantes del Tercer
Mundo que detestan a los Estados Unidos. Por todo el mundo se
nos llama «el gran Satanás». Es un hecho económico que ustedes,
los contribuyentes estadounidenses, pagan el noventa por ciento
del presupuesto anual de las Naciones Unidas. El resto del mundo
paga solo el diez por ciento.[20]

Esto es lo que el Nuevo Orden Mundial significa para usted
nacional y espiritualmente como estadounidense y como cristiano
y judío. Las Naciones Unidas tradicionalmente votan en contra de
Israel. Las Naciones Unidas ya han catalogado al sionismo como
racismo. ¿Está usted dispuesto a enviar tropas de las Naciones
Unidas para luchar contra Israel? Esto bien podría ocurrir si las
Naciones Unidas llegan al poder mediante el Nuevo Orden Mundial.

¿Está dispuesto a que las Naciones Unidas voten para distribuir
entre los países del Tercer Mundo la riqueza de los Estados
Unidos? Esa legislación ya existe. Bienvenido al Nuevo Orden
Mundial. Si sometemos nuestra voluntad nacional a la voluntad de
una camarilla de poderosos accionistas internacionales que usan a
las Naciones Unidas, ellos sencillamente pueden aprobar que la
riqueza de esta nación se le dé a cualquier otra nación que deseen
mientras que nuestro Congreso se queda sentado y observa.

¿Está dispuesto a que las tropas de las Naciones Unidas aparezcan en las calles de Estados Unidos y cierren toda sinagoga e iglesia que cree en la Biblia? Las Naciones Unidas proceden de países del Tercer Mundo, la mayoría de sus miembros son musulmanes. En 1981 la Asamblea General de las Naciones Unidas adoptó una declaración que se llamó «La declaración de eliminación de toda forma de intolerancia y discriminación basada en creencias religiosas».[21] Suena muy bien, pero es nada más que otro artificio para propagar el antisemitismo. De acuerdo a las enseñanza del islam fundamentalista, un cristiano o judío tiene solo una alternativa: Se convierte al islam o se le corta la cabeza. Así consta en su biblia. Bienvenido al Nuevo Orden Mundial. También acabará con la evangelización cristiana porque los evangélicos son intolerantes respecto a las religiones paganas y sus doctrinas. La unidad, al costo de la verdad, es el evangelio del Nuevo Orden Mundial.

Lo tercero que debe ocurrir antes de que el Nuevo Orden Mundial asuma el poder es la destrucción de la fe evangélica.

Ataque contra la iglesia

Actualmente en el seno de la iglesia evangélica hay un debate respecto a cuándo y cómo ocurrirá esto, pero casi no se debate el hecho de que los profetas advirtieron que habrá una gran persecución contra los creyentes.

¿Por qué? Porque siempre y cuando crea en la Palabra de Dios, usted es leal al reino de Dios. Representa un gobierno dentro de un gobierno, y es un obstáculo para el Nuevo Orden Mundial. Hay que socavar la confianza en sus líderes, en su causa y, por último, en usted mismo. Los evangélicos deben esperar que lo ataquen la ley, los medios de comunicación masiva, Hollywood y el sistema educativo bajo el control de la Asociación Nacional de Educación (ANE).

Hace apenas pocos años, cuando el Colegio de Abogados

Estadounidense, la fraternidad legal más prominente en los Estados Unidos, se reunió en San Francisco, su sesión plenaria trató sobre «Cómo atacar a la iglesia mediante la ley de agravio indemnizable».

En California, una joven respondió al llamado al altar y pasó al frente para recibir a Jesucristo. Sus familiares más tarde dijeron que el predicador usó una apelación emocional para que ella pasara al altar y que se le hizo daño sicológico y se le lavó el cerebro para que recibiera a Jesucristo. Sus padres entablaron pleito por daños contra la iglesia y ganaron.[22]

Es en esto que muchos de la fraternidad legal tienen fija su mirada. Se ve a las iglesias como fuentes de dinero y se demandan judicialmente por hacer aquello para lo que se organizaron: predicar el evangelio de Jesucristo. Feligreses y pastores tienen que gastar tiempo y dinero para defender su derecho de adorar según sus creencias. Esto no es algo que se cierne sobre Estados Unidos. ¡Ya está aquí!

En 1990, el Congreso de Estados Unidos aprobó como ley el proyecto respecto a crímenes de odio. A las agencias de policía ahora se las dirige para rastrear crímenes de odio. Suena maravilloso. Un golpe contra la intolerancia. Pero el diablo está en los detalles. Incluida al final de una cláusula se halla la impresionante frase prohibiendo que se hable «de cualquier manera negativa respecto a la preferencia sexual de la persona».[23]

De acuerdo a algunas interpretaciones, un pastor en su propia iglesia leyendo en voz alta los versículos bíblicos que describen a la homosexualidad como abominación a Dios, quebranta una ley federal. Se le puede multar o encarcelar. Esto no es algo que se avecina. Ya está aquí, en los Estados Unidos de estos últimos días.

Asimismo, los ataques contra la iglesia en los medios nacionales de comunicación están en plena marcha. Es triste, pero algunos de los más destacados ministerios estadounidenses han dado a la prensa abundante material para ataques. Cuando los medios de comunicación masiva señalan a un evangelista que duerme con prostitutas o defrauda a sus seguidores en millones de dólares, no solo le hacen un favor a la sociedad, sino también a la iglesia. Pero no se engañe por las campañas de difamación de los medios de comunicación masiva. Recuerde que una gran parte de la Biblia se escribió desde una cárcel. A lo mejor, usted dice: «No tendrían problemas si fueran en verdad inocentes». Recuerde que a Jesús lo crucificó una chusma enardecida que le acusaron de blasfemia y Él era inocente. Roma le vio como un insurrecto demasiado peligroso para dejarlo con vida. El apóstol Pablo era inocente, pero fue a la cárcel. Los padres fundadores de la iglesia fueron inocentes, sin embargo sufrieron el martirio.

En otro caso nacional los abogados del ministro acudieron al tribunal y obtuvieron de la red nacional de televisión el video sin editar tomado durante su reportaje del ministerio. Después de filmar en videocasete una entrevista, una de las más populares reporteras de televisión estadounidenses subió a su auto para marcharse, pero sin que lo supieran ni ella ni sus camarógrafos, la cámara siguió filmando. El video en sí mostró solamente el tablero de instrumentos y el piso del automóvil, pero el audio registra una conversación asombrosa. La reportera idolatrada por Estados Unidos suelta sus palabrotas y al parecer anuncia: «Pues bien, es inocente, pero de todas maneras podemos destruirlo».

Burlarse de los cristianos es hoy otra forma de arte en los Estados Unidos. Según la organización Gallup, más del cuarenta y dos por ciento de los estadounidenses dicen ser cristianos nacidos de nuevo, pero muy rara vez se lee una historia positiva respecto a ellos.[24] Los medios de comunicación masiva los destrozan llamándolos derechistas, fundamentalistas, promotores del odio y homofóbicos. Jesús dijo: «Seréis aborrecidos de todos por causa de mi nombre».[25]

¿Cuál es el motor impulsor detrás del ataque? ¿Por qué no atacan a todas las iglesias? ¿Por qué solo atacan a las iglesias que creen en la Biblia? ¿Es el Nuevo Orden Mundial el que lo ve a usted como un gobierno dentro del gobierno? De nuevo, el Establecimiento Oriental controla los principales bancos de Nueva York, los cuales han tomado sus gigantescos recursos multibillonarios y han comprado acciones en las cadenas de televisión ABC, NBC, CBS y los semanarios *Time* y *Newsweek*. Usted nunca leerá algo malo en cuanto a David Rockefeller. Nunca leerá nada bueno respecto a los evangélicos porque los medios nacionales de comunicación masiva nos ven como «peligrosos e intolerantes».

Una notable encuesta halló que menos del 30% de periodistas estadounidenses creen en un Dios personal, mientras que el 95% del público estadounidense dijo que creen en un Dios personal. Menos del 3% de los periodistas estadounidenses dijeron que asistían a alguna iglesia o sinagoga.[26] La revista *Time*, cuyo membrete lleva los nombres de ciento veinte editores, reporteros y personal, puede mostrar apenas dos periodistas nacidos de nuevo. La revista *Newsweek* puede mencionar solo a tres. Obviamente, cuando los medios de comunicación masiva de los Estados Unidos hablan de «inclusividad», no se refieren al 42% de población estadounidense que dice haber nacido otra vez.

Por último, los evangélicos pueden esperar que el sistema de educación estadounidense los ataquen.

Un ataque a la educación

Atacar a Dios ya es modus operandi en el sistema de escuelas públicas. Comprenda que la Corte Suprema de los Estados Unidos ya ha dictaminado que es inconstitucional que se coloquen los Diez Mandamientos en la pared de un salón de clases. ¿Por qué? Porque pudiera afectar el juicio moral de los estudiantes que los leen y por consiguiente violar la separación de la iglesia y el estado.

Usted dice: «No tiene sentido. Necesitamos que alguien articule mejor lo que creemos. Necesitamos explicar por qué debemos tener la oportunidad de practicar nuestra fe sin verla socavada. ¿Es esto una nueva lógica torcida? ¿Qué anda mal? ¿Por qué no pueden comprenderlo?»

La respuesta es esta: Lo comprenden. Si alguien ha determinado que es contra la ley exhibir públicamente los Diez Mandamientos en un salón de clases, un documento cuyo impacto histórico y cultural en el mundo hace que sus palabras sean las más importantes de la historia, ninguna cantidad de explicación paciente prevalecerá. No se trata de lógica. Es asunto de poder, poder para controlar el mundo, poder para controlar los Estados Unidos y poder para controlarlo a usted.

Cuando mi hijo Matthew estaba en segundo grado, la maestra le pidió que hiciera una composición de dos párrafos sobre *La Navidad en México*. El niño escribió acerca de los sabios que buscaban al Niño Jesús. La maestra rechazó el ensayo porque mencionaba la palabra *Cristo*. Puede estar seguro que el padre de Mattew se fue a la escuela e hizo que se abrogara una decisión tan afrentosa.

La Asociación Nacional de Educación (ANE), que controla la educación en Estados Unidos, recibe sus fondos de la Fundación Rockefeller, y la ANE ha dejado bien en claro que uno de sus objetivos para la educación en los Estados Unidos es eliminar a Dios de las escuelas. No es algo que se avecina. Ya está aquí. En las escuelas públicas usted puede leer *La biblia satánica*, pero no los Diez Mandamientos. Estos son los Estados Unidos de los últimos días.

Hay una extraña ironía aquí. Ex líderes comunistas vienen ahora a Estados Unidos e invitan a los cristianos a ir a la Unión Soviética y establecer bloques de educación cristiana, porque están tratando de reparar el masivo daño moral que produjo el ateísmo. Mientras tanto, la Corte Suprema de los Estados Unidos y la ACLU [Unión Estadounidense de Libertades Civiles] insisten en que una nueva generación de jóvenes estadounidenses prueben lo que ya ha fracasado en la ex Unión Soviética. La libertad de culto y la liberación de la religión distinguen a la democracia de la dictadura. ¿Cuál gobierna en los Estados Unidos?

Usted no tiene que ser un científico experto en cohetes para notar que cuando en la escuela se desechan los Diez Mandamientos y se introducen preservativos, marchamos en dirección errada. ¿No es extraño que una maestra por ley no puede darle a su hija ni siquiera una aspirina para un dolor de cabeza sin usted autorizarlo por escrito y sin embargo puede aconsejarle que aborte e incluso facilitar el transporte a la clínica de abortos sin decirle nada a usted y sin darle tan siquiera el derecho de hablar con su propia hija?

A Margaret Sanger, fundadora de Planned Parenthood [Paternidad Planeada] que, sin que sea sorpresa, la financiaron las fundaciones Rockefeller y Ford, se le ha dado el nada envidiable apodo de autora del aborto en Estados Unidos. Su estudio exige sexualidad sin restricciones en los adolescentes estadounidenses. Luego se dedicó a abogar notoriamente para que se le practicara la esterilización a todos los judíos, negros, personas con defectos mentales, religiosos y cristianos fundamentalistas.[27] Su monografía *Breeding the Thoroughbred* [Procreando la raza pura], publicada en 1920, realmente abre los ojos. Si usted quiere saber si el mundo lo quiere, lo detesta a medias o lo detesta por completo, léalo. Sin embargo, a Margaret Sanger la elogian los actuales medios parcializados de comunicación masiva que a usted le llaman un hipócrita porque cree en la Biblia.

La novedosa expresión que corre en las universidades estadounidenses y en las salas de noticias, «metodológicamente correcto», fue acuñada hace cincuenta años. Se traducen como anti Dios, antiestadounidense y en pro del Nuevo Orden Mundial. No es otra cosa que nazismo intelectual. Los jóvenes que acudan a las universidades seculares atravesarán cuatro años de lavado cerebral intensivo y se convertirán en humanistas seculares a menos que estén arraigados en el poder sustentador de la Palabra de Dios.

Es por eso que las universidades cristianas tienen que seguir abiertas en los Estados Unidos. Ayudan a que la nación tenga la oportunidad de preservar su herencia y su fe.

Cuarto, antes de que surja el Nuevo Orden Mundial en Estados Unidos, tiene que destruirse la familia tradicional.

El ataque contra la familia

Este proceso ya está aquí. La familia tradicional estadounidense se está desintegrando. Cada vez más el objetivo del estado es quitarle al padre la autoridad sobre el hijo. Si alguna vez ha leído los objetivos de las Naciones Unidas para el Año Internacional del Niño, no le quedará duda de sus intenciones.[28]

Considere esto: El mismo sistema que permite que una joven herida en un accidente de tránsito sufra y se desangre en una sala de espera sin anestesia ni tratamiento mientras no se notifique a los padres y estos firmen personalmente el permiso para una operación que le salvará la vida, asesina a la criatura que esa misma joven lleva en su vientre sin ningún temor, consejo, ni advertencia, e incluso sin que los padres lo sepan. Todo esto se justifica, dicen, debido al incremento de adolescentes embarazadas. Los padres no han podido resolver el problema, de modo que: «Nosotros, el estado, lo decidiremos en su lugar».

Usted dice: «Pues bien, no da resultados. El número de adolescentes encinta sigue subiendo con el bono adicional de las enfermedades venéreas epidémicas. Los padres deben entrar de nuevo en la ecuación. Trasmitámosles a nuestros hijos nuestros valores sin dejarnos socavar mediante programas y métodos que contradicen lo que creemos y tratamos de enseñar a nuestros hijos en casa. ¡Nuestros hijos nos pertenecen... no al gobierno!» Usted quizás se queda perplejo y se pregunta por qué las juntas escolares y los sindicatos de maestros no pueden ver lo obvio. Esto se debe a que usted vive aún bajo una ilusión. Piensa que es parte de un gran debate público respecto a lo que es mejor para sus hijos. Se imagina que el argumento correcto dará resultado. Ellos verán la lógica y cambiarán de parecer. Usted se engaña. No se trata de lógica. No se trata de qué es mejor para sus hijos. Se trata de poder, poder para educar a sus hijos a fin de que abandonen las creencias judeocristianas y se conviertan en títeres sumisos al Nuevo Orden Mundial.

¿Cuál es el valor de un diploma de secundaria en estos días?

John Silber, presidente de la universidad de Boston, afirma: «Lo que nos dice un diploma de secundaria es que un estudiante estuvo *recluido* aproximadamente doce años. No se sabe si el estudiante ha estado en un penal, un reformatorio o en un lugar para retrasados mentales».[29]

Un animador de un programa de radio de Boston vio su fama elevarse de la noche a la mañana cuando dirigió una encuesta entre mujeres, en el aire, sin restricciones. Las que llamaban se peleaban por la oportunidad de desnudarse síquicamente al describir los lugares favoritos para tener relaciones sexuales (las respuestas incluyeron una cerca de alambre y encima de la lavadora de ropa), las posiciones preferidas, encuentros homosexuales y el día en que perdieron la virginidad.[30]

El alma de los Estados Unidos está enferma. Hace poco en Nueva York docenas de motoristas se detuvieron para contemplar, pero no para intervenir, mientras un hombre según se dice violaba a su sobrina de tres años. ¿Pensaban tal vez que veían la producción en vivo de una telenovela?[31]

En los pasados treinta años se ha pasado la aspiradora al vacío y desinfectado las mentes de nuestros hijos. Se les ha envenenado contra Dios. Se les ha envenenado contra los Estados Unidos. Y a los padres fundadores de nuestra nación ahora se los presenta como lunáticos impulsados por la lujuria, y como oportunistas y antipatriotas. En algunas clases se dedica más tiempo a especular sobre las teorías sin prueba y revisionistas de la posible amante de Thomas Jefferson, que en los exaltados principios jeffersonianos que forman la base de nuestra Carta de Derechos. El setenta y cinco por ciento de los graduados de secundaria de los Estados Unidos no pueden mencionar los nombres de los últimos tres presidentes de estos Estados Unidos.

Woodrow Wilson dijo: «En Estados Unidos hay un poder tan organizado, tan sutil, tan atento, tan pervertido, tan mezclado, que es mejor no hablar más alto que un susurro al condenarlo».[32] El presidente de los Estados Unidos se refería a una camarilla de financistas y banqueros que controlaban a los Estados Unidos en su día. Durante nuestra generación gobiernan al Concilio de Relaciones Extranjeras.

Durante los últimos cincuenta años el Concilio de Relaciones Extranjeras sutilmente se ha apoderado del control del Departamento de Estado de los Estados Unidos, el Tesoro, la Reserva Federal, las fundaciones Rockefeller, Ford y Carnegie, las universidades de Harvard, Columbia y Yale, docenas de corporaciones internacionales y de toda estación importante de radio y televisión estadounidense. Desde 1940, cada Secretario de Estado, excepto uno, ha procedido de este exclusivo club. ¿Está empezando a aclarársele el cuadro?

Tratan de crear un gobierno único en el mundo que expulsará a Dios. Lo ven a usted como un estorbo y la única manera de neutralizarlo es atacarlo y moldearlo de nuevo a su imagen para que lo vean como alguien contrario totalmente al progreso de estos Estados Unidos.

La última advertencia

Si uno acepta la tabla bíblica del tiempo, algún día no muy lejano se presentará el mesías satánico. Muchos eruditos bíblicos esperan que surja en algún punto en la Comunidad Económica Europea. El antiguo profeta Daniel nos da una descripción muy clara de los últimos días de la Unión Europea reconstruida sobre las naciones del Imperio Romano de hace tantos siglos. Daniel describe a diez naciones que se unen, con tres naciones más pequeñas, fusionándose en realidad en un solo estado.[33] Mientras usted lee este libro esta idea la promueven políticos y banqueros en Bélgica, Holanda y Luxemburgo. Muchos europeos han empezado a llamarla Benelux.

El surgimiento del anticristo será súbito. En una sola hora esta nueva Unión Europea firmará sus escrituras y entregará los poderes legislativos y burocráticos a este nuevo dictador que lo aclamarán universalmente como la mejor esperanza para el mundo. La

Biblia dice que en esa hora todo el mundo se maravillará y le seguirá.[34]

La gente me dice: «Eso es imposible. No será tan rápido». Hace apenas pocos años eruditos profesores de historia enseñaban que esta era la edad del comunismo. El ex secretario de estado Henry Kissinger provocó un escándalo cuando un periodista canadiense le oyó susurrarle al oído a otro invitado en un banquete que la Unión Soviética iba ascendiendo y que la era de los Estados Unidos había pasado. Los profesores de ciencias políticas les decían a sus alumnos que harían falta cien años para que la muralla de Berlín se derribara. Pero cuando Dios le dio un ligero golpe, la pared se derrumbó en una sola noche. Y comprenda, Dios mismo va a permitir que todo esto ocurra.

La Biblia ofrece una descripción detallada del mesías satánico. Aparecerá en el escenario mundial como hombre de paz. «Hará prosperar el engaño en su mano».[35] Después de un colapso del Sistema Monetario Mundial, asumirá el control y luego habrá unos pocos años de prosperidad espectacular, y sin precedentes y paz.

Con el tiempo, tendrá seguidores, místicos y espirituales. La Biblia dice que será «herido en la cabeza» y, sin embargo, se recuperará milagrosamente. Tendrá seguidores de la Nueva Era. Un gran líder religioso, descrito en la Biblia como el falso profeta,[36] influirá en toda la religión organizada para que se una. «¿Por qué necesitamos a Cristo?», preguntará la gente. «¿Acaso no han muerto millones peleando por Cristo? Aquí tenemos un hombre de paz. Lo tenemos todo. Incluso lo asesinaron y resucitó. ¿Qué más se puede pedir?»

El anticristo entonces atacará incluso en los problemas de siglos en el Medio Oriente. Sus soluciones parecerán milagrosas y harán que el mundo se maraville y le siga. Agradará a los árabes y, al mismo tiempo, garantizará la seguridad de Israel mediante un tratado de paz por siete años. Pero no se engañe. Los mismos profetas que dicen que desfilará públicamente como hombre de paz advierten que es, en verdad, una bestia, el hijo de perdición, queriendo decir el principal hijo de Satanás.

Los profetas declaran que en los últimos días se reedificará el templo de Salomón, la séptima maravilla del mundo antiguo. A mediados de su tratado con Israel, después de tres años y medio de paz, el anticristo irá a Jerusalén y desde el mismo templo formalmente anunciará al mundo lo que muchos ya habrán estado diciendo: «¿Quieren Dios? Está bien. Ya lo tienen. Yo soy Dios».

Este es el momento cumbre de las edades. Daniel escribe al respecto. Juan también. La Biblia la llama «la abominación desoladora». Jesús dijo que los que vean esto ocurrir, «huyan a los montes».[37] Ni siquiera empaquen valijas. Corran. Será la última señal. No habrá otra advertencia. Y tendrán muy poco tiempo. Desatará un período de horrores sin precedentes. Incluso mientras el anticristo aparece como hombre de paz, como cumplimiento de la famosa canción de John Lennon, uniendo las religiones del mundo, acabando con todas las guerras, estará traicionando a Israel, ofreciendo a esa nación a sus enemigos para la carnicería y exterminación.

La Biblia describe un ejército de doscientos millones de hombres del «Oriente», que caerá sobre Jerusalén. Considérelo, estas asombrosas palabras se profetizaron en un tiempo cuando la población total del mundo era apenas de doscientos cincuenta millones. Solo hoy, durante nuestra vida, nación alguna ha podido siquiera aducir tener un ejército de doscientos millones de personas. Esa es la cifra exacta de los ejércitos en filas y la milicia de la República Popular de China. John Barron, en su asombroso libro *Operation Solo* [Operación solo], escribe sobre cómo los líderes chinos a menudo han expresado la ventaja de una guerra nuclear. «China surgirá como vencedora», dicen, «porque tiene habitantes en abundancia. Es nuestra única ventaja».[38] A lo mejor consiguen su deseo.

La guerra estallará en la tierra. No será cualquier guerra. Será la expresión máxima de violencia del hombre contra el hombre, irónicamente ocurriendo cuando la humanidad pensaba que había resuelto sus problemas. Un profeta la llama la «Gran Tribulación». Las vívidas descripciones bíblicas son horrendas. Es difícil imaginárselo como algo diferente a un holocausto nuclear. Una tercera parte de las criaturas vivas en la tierra y plantas será destruida. Una tercera parte de toda la vida en los mares quedará contaminada.

Sea lo que sea que los judíos piensan de Jesús, en ese momento muchos acogerán su consejo. Huirán a los montes, escondiéndose entre las riscos de Petra, Allí, con horror, esperarán a su Mesías, su libertador. El anticristo finalmente se erigirá a sí mismo como objeto de adoración en la ciudad de Jerusalén. La Biblia dice que: «Abrió su boca en blasfemias contra Dios».[39]

Literalmente, el anticristo, el mesías satánico, va a mirar a los cielos y va a decirles a los ángeles: «Si me hubieran seguido a mí, si hubieran seguido a mi maestro, Satanás, cuando lo expulsaron de los cielos, hubieran controlado estos reinos del mundo junto conmigo».

La Segunda Venida

Esa blasfemia, ese último desafío mezclado con los clamores del pueblo escogido que tiembla de terror en las rocas de Petra, es el momento decisivo de todos los siglos. Jesús volverá al Monte de los Olivos en Jerusalén. Será el mismo sitio desde donde ascendió al cielo hace dos mil años. Y en esta ocasión regresará con un ejército de ángeles y la Iglesia del Señor Jesucristo, arrebatada y resucitada.

Juan lo describe en Apocalipsis 19:11-21:

> Entonces vi el cielo abierto; y he aquí un caballo blanco, y el que lo montaba se llamaba Fiel y Verdadero, y con justicia juzga y pelea. Sus ojos eran como llama de fuego, y había en su cabeza muchas diademas; y tenía un nombre escrito que ninguno conocía sino Él mismo. Estaba vestido de una ropa teñida en sangre; y su nombre es: EL VERBO DE DIOS. Y los ejércitos celestiales, vestidos de lino finísimo, blanco y limpio, le seguían en caballos blancos[...] Y en su vestidura y en su muslo tiene escrito este

nombre: REY DE REYES Y SEÑOR DE SEÑORES[...] Y la bestia fue apresada, y con ella el falso profeta que había hecho delante de ella las señales[...] Estos dos fueron lanzados vivos dentro de un lago de fuego que arde con azufre.

Así que estos son los dos órdenes mundiales que se avecinan. Uno está dirigido por el mesías satánico. El otro está dirigido por el verdadero Mesías, Jesucristo. Lo más probable es que usted será parte de uno de ellos. Pablo dice que usted es siervo del Señor Jesucristo o esclavo del pecado y de Satanás.

Algunos de los que realmente leen este libro tal vez reciban la famosa «marca de la bestia», aquel número estampado en sus frentes y en sus manos derechas. Se engañarán. Han rechazado la Palabra de Dios. Han rechazado a Jesucristo. Dios no tiene lugar en su familia. Literalmente esperan al mesías que surgirá en Europa para que destruya a sus familias y su alma. Entonces se dirán: «No tengo otra alternativa. No puedo ni vender ni comprar sin ella». Y al recibirla perderán su alma por la eternidad.

Algunos de los que leen este libro verán el regreso de Jesucristo. Él establecerá su trono en la ciudad de Jerusalén. La primera vez vino como un bebé envuelto en pañales y acostado en un pesebre. La próxima vez vendrá llevando una corona y será llamado Rey de reyes y Señor de señores, y su reino no tendrá fin.

La primera vez que vino a Jerusalén montaba un asno. La próxima vez vendrá en el orden mundial final. Vendrá montando un caballo blanco y seguido por los ejércitos de los cielos. Será el más grandioso momento jamás visto en las nubes.

La primera vez que vino a Jerusalén lo arrastraron ante Pilato y Herodes. Los soldados le azotaron y le escupieron. La próxima vez que venga a Herodes y Pilato lo arrastrarán ante Él. A Adolfo Hitler lo arrastrarán ante Él. José Stalin se postrará. Nikita Kruschef se postrará. Jean Paul Sartre, que hace mucho predijo que a la Biblia pronto se la hallaría solo en los museos, se postrará. El profesor Theodore Altizer, que en 1989 declaró que «Dios está muerto», se postrará. El Dr. Muerte, Jack Kevorkian, se postrará.

El científico Carl Sagan se postrará. David Rockefeller se postrará. La Biblia dice que ante Él se doblará toda rodilla y toda lengua confesará que Jesucristo es el Señor.

La primera vez que vino lo crucificaron en el Calvario. La próxima vez vendrá a reinar en el trono de su padre David. Usted ha oído mencionar a Nueva Delhi, Nueva Brunswick y Nueva York. Pues bien, según los profetas antiguos, Jesús reinará en una «Nueva Jerusalén». Los gobernantes y dirigentes de su reino vendrán y saldrán de allí. La verdad de la Palabra de Dios de que Jesús es el Señor para gloria de Dios Padre será proclamada desde el monte de Sion.

No se engañe por lo que está ocurriendo en los Estados Unidos. No se quede perplejo por las afrentosas acciones de su gobierno, ni por la injusticia de los medios de comunicación masiva, ni por las señales económicas confusas. Jesús una vez dio esta advertencia y esta promesa: «En el mundo tendréis aflicción, pero confiad, yo he vencido al mundo».

Capítulo cuatro

¿Tierra de libertad?

La mayoría de los estadounidenses tienen una vaga y molesta opinión de la libertad y justicia que una vez disfrutamos y que lentamente va desapareciendo. Sin embargo, pocos están conscientes de cuán rápido ese desliz ha alcanzado proporciones de derrumbe. Si cree que vivir en Estados Unidos es vivir en un país donde el pueblo tiene el poder, que el voto del pueblo determina nuestro destino y que el derecho de la propiedad privada es inviolable, se ha perdido algunos de los episodios clave de los noticieros. Se ha dejado engañar.

Considere, por ejemplo, el aumento de cabildeo homosexual y su poder para imponer su agenda contra la opinión popular y la voluntad del pueblo. A estudiantes en las escuelas públicas en Massachusetts se les obligó a participar en un «drama marica». A las niñas se les exigió que se tomaran de las manos y actuaran como lesbianas. Un niño tenía que decir: «Es natural sentirse atraído por el mismo sexo». En Boston un niño de primer grado al llegar a su casa le dijo a su padre que si los muchachos quieren, pueden llegar a ser muchachas. La escuela invitó a un transexual a que les diera a los escolares de primer grado un poco de educación para la vida.

En Newton, Massachusetts, un padre decidió intervenir. Los profesores del séptimo grado habían estado dando clases con ilustraciones gráficas de relaciones sexuales orales y anales. Cuando Brian Camenker se presentó en la oficina de la escuela pidiendo ver el currículo, el director le dio un contundente:

—No.

—Pero la ley estatutaria les da a los padres el derecho de ver el currículo.

—Mala suerte —le dijeron—. Si no le gusta, llévese a sus hijos y póngalos en escuelas privadas.

Y esto es precisamente lo que muchos padres de Massachusetts han hecho. Los distritos de escuelas privadas de Boston son los más grandes de la nación y rivalizan con el sistema de escuelas públicas de la ciudad. Los padres que pagan la enseñanza en las escuelas privadas y los impuestos a la propiedad con los que se sostienen las escuelas públicas, por la fuerza tienen que pagar dos veces. Sin embargo, las familias pobres no tienen esa alternativa. La retirada del sistema de escuelas públicas de millares de padres interesados todo lo que ha conseguido es acelerar la nueva agenda homosexual. Los que quedan atrás se sienten abandonados y se ven en el caso de tener que lidiar con la nauseabunda jaula del sistema educativo público, obligados por las presiones políticas nacidas en las mismas entrañas del infierno.

En 1990, miles de personas en el estado de Colorado se alarmaron ante el creciente cabildeo homosexual en su estado. Ejercían presión en las juntas escolares locales para que distribuyera en las aulas materiales a favor de la homosexualidad y convencieron a los legisladores estatales a que se unieran al desfile homosexual legislativo. No queriendo que se repitiera en su estado el desastre de Massachusetts, delegaciones de ciudadanos visitaron a sus legisladores. Uno de los congresistas más atrincherado, liberal y embebido en su posición se rió de ellos. Mientras tanto, algunos legisladores locales animaron a que en privado organizaran grupos de ciudadanos y les advirtieron que si no se levantaba la oposición al cabildeo homosexual, este tendría carta blanca.

Al mismo tiempo se presionó a varias municipalidades de Colorado para que aprobaran ordenanzas que concedían a los homosexuales «estado de minoría». La puerta se abrió para que los homosexuales adujeran discriminación si se les negaba empleo, vivienda, así como servicios de salud y beneficencia pública. Ahora las escuelas cristianas temían que se les exigiera emplear profesores homosexuales y verse en los tribunales en caso de no hacerlo. Los dueños de casa cristianos enfrentaban el mismo dilema. Cualquier empresa podía verse enjuiciada si no demostraba que había contratado su cuota de trabajadores homosexuales.

Los líderes de la oposición arguyeron que el estado de minoría se otorgó a los negros y a otros grupos por la única razón que no se ajusta a la comunidad homosexual. Los tribunales definieron a las minorías como quienes sufren desventajas económicas debido a su raza. Durante ciento cincuenta años muchos negros fueron esclavos. Los homosexuales, por otro lado, ganaban mucho más que el ciudadano promedio, viajaban en avión con una frecuencia tres veces mayor y tenían, en general, mucho más educación que la norma. ¿Por qué debía concederse estado de minoría a alguien basándose en la conducta que escogió? ¿Cómo se podía conceder condición de minoría cuando el mismo grupo todavía estaba proscrito por muchas leyes estatales?

En 1992, varios grupos de ciudadanos de Colorado se propusieron enmendar legalmente la Constitución Estatal. A pesar de lo que la prensa publicó, ningún ciudadano abogaba porque a los homosexuales se les negara las mismas libertades que disfrutan los demás ciudadanos. El referendo sencillamente indicaba que la homosexualidad o bisexualidad no podía ser base para aducir condición de minoría ni preferencias en cuotas. Fue una iniciativa muy benigna y adrede también. Si esto no se aprobaba, el cabildeo homosexual hubiera acaparado al estado.

Miles de ciudadanos obtuvieron las peticiones, verificaron las firmas, vencieron las crónicas noticiosas tendenciosas publicadas por los medios de comunicación hostiles y lograron poner en la papeleta electoral su iniciativa. Ahora todo estaba en manos de los votantes, o al menos así lo dieron por sentado ingenuamente.

Por supuesto, los votantes de Colorado aprobaron abrumadoramente la iniciativa. A pesar de los ataques de los periódicos, nunca hubo duda. Encuestas nacionales independientes muestran que seis de cada diez estadounidenses desaprueban los matrimonios entre homosexuales y adopciones por homosexuales, incluso a pesar de que esto va en contra de las tendencias de la política de Hollywood y de los noticieros de Estados Unidos.

La prensa nacional se enfureció. No era políticamente correcto. Los magnates de Hollywood y líderes activistas homosexuales exigieron un boicot a Colorado para castigar a los votantes. Los intentos por explicar lo que en verdad sucedía en Colorado se pusieron en ridículo.

Y luego ocurrió. Reversión judicial. El Tribunal Supremo de Estados Unidos, que en 1986 confirmó las leyes estatales declarando ofensas criminales las acciones homosexuales, ahora le dijo al pueblo de Colorado que no podía enmendar su propia Constitución Estatal. Los votos no contaban. La preocupación por los hijos y sus creencias no contaban. El mismo Tribunal Supremo que proscribió los Diez Mandamientos en los salones de clase públicos en Tennessee y ordenó que se quitara la escena del pesebre del patio del edificio del Tribunal, en Connecticut, ahora le decía al pueblo de Colorado que las leyes que aprobaron, e incluso los cambios constitucionales que hicieron, tenían que encajar en los dictados de una agenda homosexual políticamente correcta e inspirada por Satanás. No se engañe. Los Estados Unidos dejó de ser la tierra de libertad donde su destino lo determinan sus ciudadanos votando según sus creencias. El destino de Estados Unidos lo determinan jueces activistas federales que no están sujetos al proceso de elección. ¡Es un gobierno mediante consentimiento! Es tiempo que los jueces federales enfrenten las urnas. Creer que los jueces federales activistas permitirán que los estadounidenses vivan según alguna convicción que no condonen, es engañarse.

Pero el asalto no concluyó allí.

Un gobierno impío

En 1993, un nuevo presidente de los Estados Unidos legitimizó la homosexualidad al exigir que se aceptaran a tales personas en las fuerzas armadas. Dios lo llama sodomía, una abominación. La sodomía es pecado. Una persona no nace homosexual. Es una elección personal. En su primera semana en la presidencia el nuevo mandatario dejó en claro que las fábricas de abortos pueden continuar el genocidio de millones de bebés. A los pocos días anunció el nombramiento a una nueva Ministra de Salud de Estados Unidos que, entre otras cosas, promovía la idea de que a los niños escolares se les debía enseñar la masturbación como una forma de «control sexual». Sin embargo, millones de creyentes nacidos de nuevo continúan apoyando a este presidente y a otros políticos debido a que «la economía es fuerte». Mamón le gana a la moralidad.

Un político llevando una Biblia ante las multitudes y cámaras de televisión no constituye un hombre consagrado. Asistir a la iglesia una vez a la semana no hace un hombre consagrado. Un político que llega a la Casa Blanca y toma posesión del mando jurando con la mano sobre la Biblia, mientras que con su izquierda firma documentos que financian con fondos federales los abortos, no es un hombre consagrado. Dios no juzga a la humanidad por el estilo, sino solo por la sustancia. Como pueblo, nos han engañado con el simbolismo por sobre la sustancia.

Hoy, como resultado directo de esa pérdida de discernimiento, los Estados Unidos tienen el liderazgo más perverso, diabólico y peligroso de sus doscientos veinte años de historia. Es un liderazgo saturado de ideales socialistas, marxistas, homosexuales y lesbianas. Las nuevas minorías selectas estadounidenses procuran destruir la Constitución de la nación. Atacan constantemente los valores familiares tradicionales, la herencia religiosa de nuestra nación y la economía de libre empresa. Son un grupo que se sirve a sí mismo, políticamente correctos, que usan la política del odio y la guerra de clases para socavar nuestros principios básicos.

¿El resultado?

El proceso que empezó con los jueces activistas de la década del sesenta se ha convertido en una avalancha. ¡Estados Unidos es una sociedad enferma! Nuestros niños reciben cada día un diluvio de mensajes de «relaciones sexuales seguras», lo cual solo estimula la promiscuidad. A los niños del quinto grado de escuela elemental se les da una banana y se les enseña cómo poner un preservativo. En Estados Unidos cada año un millón de adolescentes quedan embarazadas. La mitad de las adolescentes entre quince y diecinueve años se vuelven sexualmente activas. El sesenta por ciento de niños negros nacen fuera del matrimonio. El gobierno proyecta que para el año 2000, si continúa la cifra actual de nacimientos ilegítimos, el sesenta por ciento de niños serán ilegítimos.

El aborto solo ha acelerado la idea de que la vida es barata. Todos los días leemos titulares de tiroteos al paso, asesinatos por diversión y mujeres violadas a razón de una cada cuarenta y ocho segundos. La televisión de las horas principales glorifica la profanidad y la desnudez.

«Profesando ser sabios, se hicieron necios». Mientras tanto el sistema educativo estadounidense es un desastre. Miles de niños llevan armas de fuego a las escuelas públicas. Todos los días hay alumnos que atacan a los profesores. El aula, en un tiempo centro de aprendizaje, se ha convertido en un centro gubernamental de control mental. Educadores de filosofía humanista continúan envenenando las mentes de niños inocentes.

El pueblo quiere a sus niños

Hillary Clinton ha escrito un libro: *It Takes a Village*. La idea es que ninguno puede salir adelante solo. Necesitamos el pueblo, con sus varios talentos y protecciones. Suena hermoso, ¿verdad? Según Hillary Clinton es imposible criar a un niño sin la ayuda del pueblo. Inserte las palabras *mucho gobierno* en lugar de *pueblo* y tendrá el concepto de Hillary.

Criar hijos es un arduo trabajo, sobre todo si la madre sale para hacer algo en verdad satisfactorio con su vida, como por ejemplo llegar a ser abogada y promover causas liberales para el avance de la humanidad.

Ah, los niños también tienen derechos. Eso es parte de la fórmula. Es más, deberían tener los mismos derechos que los padres. Un niño debería poder divorciarse de sus padres. Los niños no les pertenecen a los padres, sino al pueblo y algunas veces este se los lleva. Otras, las necesidades de los niños son más importantes que las de los padres. Hillary Clinton llama a tal sociedad «un pueblo», pero la tendencia no es nueva; se ha estado imponiendo en nuestro país durante treinta años. Y no es un pueblo. Es un gobierno todopoderoso que dicta a los padres lo que pueden o no hacer con sus hijos.

Una maestra de tercer grado en East Lansing, Michigan, decidió según su criterio que un alumno era demasiado cohibido y que necesitaba a un «amigo». Sin que los padres lo supieran ni autorizaran, ordenó que el muchacho asistiera a sesiones de terapia sicológica con un consejero. Cuando los padres se enteraron del asunto y objetaron, surgió una negociación. Al final los padres aceptaron que su hijo podía «participar en juegos» y conversar con el consejero. Se imaginaban que sería una conversación amistosa mientras jugaban damas chinas. Dieron por sentado que el consejero era profesional. Por supuesto, el pueblo es así de competente.

Antes de que pasara una semana el muchacho empezó a mostrar señales de severos problemas emocionales. Los padres se alarmaron y empezaron a hacer preguntas respecto a las sesiones de terapia. Se les dijo sin tapujos que «se fueran a paseo». Tales sesiones son «confidenciales». Al muchacho se le dio instrucciones estrictas de que no le dijera a sus padres nada de lo que ocurría en las sesiones. Comprenda, el niño no es suyo. El pueblo es el propietario del niño.

Cuando los problemas del muchacho empeoraron, los padres le llevaron a un siquiatra que seleccionaron ellos mismos. El médico concluyó que el muchacho padecía de «desorden de ansiedad de separación y ataques de pánico». Algo en la escuela estaba agravando un problema serio. Los padres, sin poder conseguir que la escuela respondiera ni revelara lo que ocurría en las sesiones secretas con su hijo, entablaron pleito judicial contra la escuela.

Es más, el asunto llegó hasta el Tribunal Supremo. En el proceso descubrieron que el consejero no era ningún profesional, sino que apenas había recibido unos pocos cursos elementales de sicología. El juego que realizaban con el niño se llamaba: «Hablar, sentir y hacer». Lo recomendó el profesor de música. Voy a dejar a su imaginación adivinar lo que ocurría. Los padres reclamaron que se les había privado de sus derechos de padres para criar a su hijo y vigilar apropiadamente su bienestar médico.[1]

Por supuesto, los tribunales en estos Estados Unidos son el último lugar para hallar justicia. El Tribunal de Distrito de Estados Unidos naturalmente se inclinó al lado de la escuela y el Tribunal Supremo se negó a estudiar el caso. En un caso similar, la jueza de Texas, Melinda Harmon, dictaminó que «los padres renuncian a sus derechos en el momento que dejan a sus hijos en la escuela pública».

Y este es tan solo un caso. Créanme que hay otros igualmente perturbadores. En marzo de 1996 obligaron a cincuenta adolescentes de una escuela secundaria básica de East Stroudsburg, Pennsylvania, a someterse a un examen genital. Se les obligó a desnudarse y ponerse en fila mientras una pediatra hacía el examen. Dijo que estaba buscando verrugas genitales.

La Sra. Kate Tucker, madre de una de las niñas de once años, dijo que la pediatra obligó a las muchachas «a acostarse en una mesa, y abrir los brazos y piernas, sin nada para cubrirse». La hija dijo que le hicieron el examen a pesar de sus ruegos de que llamaran a sus padres. Muchas de las niñas lloraban y trataban de escapar, lo cual lo impidió una enfermera. Se requiere un pueblo, amigos.

«A mi madre no le va a gustar esto», dijo una de las niñas, «quiero llamarla». Se le dijo que no. La muchacha entonces con toda calma dijo que no quería que le hicieran el examen. «Mala pata», respondió la enfermera. La doctora rehusó hablar con las niñas y no ofreció explicación alguna por los exámenes.

Los padres se sintieron impotentes y después enfurecidos. Se enteraron que las normas de salud del Estado de Pensilvania exigen que las escuelas públicas notifiquen a los padres y les insten a estar presentes en los exámenes médicos. Sin embargo, nada se hizo, ni se pidió disculpa alguna. Las autoridades escolares investigaron el asunto, y decidieron que no se había cometido nada indebido.[2] Después de todo, los niños no pertenecen a los padres. Pertenecen al pueblo y si este quiere echar un vistazo, puede hacerlo. Recuerde lo que el tribunal dice: «Los padres renuncian a sus derechos en el momento que dejan a sus hijos en la escuela pública».

Una cosa es segura, tal vez ya no estemos en tierra de libertad, pero todavía sigue siendo el hogar de los valientes. Exige valor y valentía de los padres y de los hijos sobrevivir en estos últimos días en esta selva que ellos llaman «un pueblo».

La toma de posesión de la ANE

En los nuevos Estados Unidos algunos pueblerinos son más favorecidos que otros y ninguno es más favorecido que la Asociación Nacional de Educación (ANE). La ANE es el sindicato de maestros más grande de la nación, con más de 2,2 millones de afiliados. Aun cuando la organización es altamente política y partidista, el Congreso le ha concedido un «título nacional», otorgándole exención de más de dieciséis millones de dólares en impuestos a los bienes raíces, dinero que normalmente iría a las escuelas locales públicas. Este «título nacional» le concede el mismo estado que la Cruz Roja; pero, le garantizo, la ANE no tiene ningún interés en educar a sus hijos. No son sino un cabildeo político, liberal y financiado mediante impuestos, al cual no podría importarle menos la excelencia educativa en Estados Unidos.

En la década pasada, la ANE se ha dado a luchar por separar a los hijos de sus padres. Se le podría llamar «el fortalecimiento del pueblo». El ex presidente de la ANE, Keith Geiger, y ambos candidatos que se postularon para sucederlo, piensan que la participación de los padres resta la autoridad del maestro y, por tanto, hay que «proteger» a las escuelas.

A la vez que encabezaba la lucha para despojar a la *Christian Coalition* [Coalición Cristiana] de su designación como institución sin fines de lucro, aduciendo que participaba en «políticas partidistas», la ANE hipócrita y desvergonzadamente ha exhibido su poder mediante su agenda partidista. En el ciclo de la elección de 1996, la ANE gastó cinco millones y medio de dólares en fondos para comités de acción política para elegir políticos liberales y defender la agenda liberal, aparte de otros 20,7 millones gastados en preparar afiliados para trabajar en las campañas políticas y cabildeo. De los doscientos treinta y cinco candidatos respaldados que respaldaron en la elección de 1996, solo un republicano recibió más dinero.[3] La ANE usa abiertamente las cuotas obligatorias de membresía y millones de dólares en asignaciones federales para respaldar una agenda política liberal.

Procurando eliminar los estereotipos y la discriminación, la Resolución B-7 de la ANE decidió que la homosexualidad debía considerarse en la misma categoría de raza, género, situación migratoria, incapacidad física u orígenes étnicos. La idea es que las personas nacen homosexuales o lesbianas, que no tienen otra alternativa en el asunto y por tanto se deben aceptar sus prácticas y conducta. Lo que dice la Biblia no importa. A propósito, no se menciona ni interesa los estereotipos ni discriminación religiosa.

La Resolución B-7 es secuela de la B-9 aprobada en la convención de 1995 de la ANE. La B-9 exige planes positivos y programas continuos de preparación para enseñar sobre «los homosexuales a través de la historia», promover aceptación de la «orientación sexual diversa» y celebrar el «mes de la historia homosexual y lesbiana».

Ahora bien, permítame darle unas cuantas buenas noticias en medio de esta tormenta de decadencia. La Resolución B-9 quedó sin efecto después de la protesta de padres cristianos. Dos filiales estatales de la ANE la condenaron y numerosos maestros en toda la nación renunciaron a su membresía como protesta. La vasta mayoría de maestros rehusó participar en el «Mes de la historia homosexual». No se engañe. Las cosas andan mal, pero serían peor si se eliminara por completo de la nación la influencia cristiana. La respuesta no es huir ni esconderse en alguna cueva. La respuesta es ponerse firme y exponer las tinieblas. La respuesta es ser sal y luz en estos días de decadencia y engaño.

Sin embargo, la Resolución B-7 es incluso más peligrosa que su predecesora. Allí constan los mismos objetivos de promover el estilo de vida homosexual y lesbiano, solo que ahora se esconden en medio de programas honorables para las minorías y los incapacitados. A los que se oponen se les tilda de racistas, insensibles, intolerantes, homofóbicos, derechistas y promotores del odio con la Biblia.

Nada teme más la ANE que el sistema de comprobantes, un crédito de impuestos que permitiría a los padres matricular a sus hijos en la escuela de su preferencia. Saben lo que ocurriría. Muchos padres llevarían sus comprobantes a las escuelas cristianas. Y si los tribunales lo prohibieran, como es lo más probable que ocurra, al menos matricularían a sus hijos en escuelas que enseñen más cosas básicas y menos dogma político liberal.

En los últimos años el clamor público por un sistema de comprobantes ha ido en aumento. La ANE y Bill Clinton de repente se han aliado, declarándose como nacidos de nuevo proponentes de la nueva idea. Repito, no se engañe. Las nuevas escuelas propuestas por Clinton y la ANE serán exclusivamente irreligiosas y mucho más liberales y experimentales que lo que se ha visto en las escuelas públicas y a las que se les ha exigido al menos alguna medida de responsabilidad.

Una parte de la nueva apariencia de la educación tiene lo que se llama una «base externa».

Educación con base en la igualdad

En años recientes nuestros líderes educativos se han dado a un nuevo sistema llamado educación con base en la igualdad (EBI). Su misión es eliminar del salón de clase la competencia académica.

No habrá calificaciones. No habrá premios de fin de año. Nadie perderá el año. Nadie triunfará ni nadie recibirá honores. Recibir un honor puede ofender al que no lo recibe... ¡ni pensarlo! Hay que acallar a todos los que se esfuerzan con tesón a fin de que el grueso del estudiantado se sienta mejor. Se supone que esto restaurará la autoestima y estimulará un espíritu de comunidad. La EBI no enseñará materias tales como lectura, composición ni aritmética. En su lugar enseñará actitudes, cuestiones del medio, ciudadanía global y multiculturalismo.

El resto del mundo enseña a sus estudiantes matemáticas y ciencia, mientras que en Estados Unidos enseñamos a ponerse en contacto con su ser interior. Es más, el maestro evaluará la «actitud» del estudiante y si un niño tiene una actitud «políticamente incorrecta», se le negará el diploma. Es irónico, pero el único fracaso permitido será el ideológico. Incluso proponen que todas las empresas se pongan en contacto con la escuela antes de contratar a un graduado de ella, para asegurarse de que el estudiante tiene una actitud «políticamente correcta». ¡Bienvenido, Nuevo Orden Mundial!

Hasta aquí la nueva campaña secular y anticristiana en Estados Unidos no ha conducido al intelectualismo que algunos temían. Ningún gobierno ni ley puede inhibir la búsqueda humana intuitiva del mundo espiritual más allá. Pero en lugar de buscar la sabiduría de Dios, las religiones de la «Nueva Era» buscan respuestas espirituales en seres extraterrestres, adivinos y demonios. Paganos que dicen defender el medio adoran a la Madre Tierra. Cada vez más invocan a Gaia, la antigua diosa de la tierra que no es otra cosa que una versión reciclada de Baal, el dios pagano de la historia bíblica.

Un hecho poco conocido respecto a estos fanáticos defensores del medio es que consideran a los cristianos como enemigos. El proponente Lynn White, hijo, sostiene que el empeoramiento de la crisis ecológica continuará hasta que los estadounidenses rechacen el axioma cristiano de que la naturaleza no tiene razón de existir excepto para servir al ser humano.

Dios dijo: «Hagamos al hombre a nuestra imagen, conforme a nuestra semejanza; y señoree en los peces del mar, en las aves de los cielos, en las bestias, en toda la tierra, y en todo animal que se arrastra sobre la tierra».[4] Este párrafo nos da la perspectiva de Dios en cuanto a por qué exactamente se creó el mundo físico. Se creó para beneficio de la humanidad. Como beneficiaria de la tierra, la humanidad tiene una responsabilidad muy real de cuidar esta gran dádiva de Dios; pero Él está por encima de la naturaleza y la tierra pertenece al Señor.

El colapso de la ley moral

El libro de Isaías habla de un tiempo cuando la gente buscará la justicia y no la hallará. Ese tiempo ha llegado a Estados Unidos. Nuestros tribunales, en un tiempo considerados en el mundo entero como ejemplo de justicia y equidad, ahora son objeto de burla y desconfianza. Ya no importa el bien ni el mal.

En Estados Unidos personajes célebres cometen homicidios y andan en libertad, pero se expulsan niños de primer grado por dar un beso. ¡Nuestras prioridades están trastornadas! En la vida pública estadounidense se ha abandonado a Dios y junto con Él toda creencia en absolutos de bien o mal. Es malo solo lo que el estado dice que lo es; el mal no existe por sí solo. Así que la pregunta ya no es: «¿Violó y asesinó este hombre a esta niñita?» Aunque sepamos la respuesta, e incluso si el jurado la sabe, eso no basta. Las preguntas importantes ahora son: «¿Se le informó de sus derechos al acusado? ¿Hizo la policía el papeleo como es debido?» Si no, puede salir libre. En ausencia de ley moral, solo nos queda el procedimiento.

Las propias estadísticas gubernamentales muestran que el 6% del total de criminales violentos cometen más del 70% de los crímenes violentos. La misma gente comete los mismos crímenes una vez tras otra, mientras que los jueces liberales los dejan en libertad para que, como manada de lobos hambrientos, ataquen de nuevo a los contribuyentes. Es más, la mitad de todos los sospechosos acusados de crímenes violentos volverán a las calles aun antes de que empiece su proceso judicial. Durante ese tiempo el 20% de ellos escapará y el 16% cometerá otro crimen, incluso antes de que se les juzgue por el primero.[5] ¡Justicia demorada es justicia negada!

Incluso más espantoso es el gran número de criminales atrapados en el mismo acto a los que sencillamente se les deja en libertad sin juicio. Por cada cien crímenes serios cometidos en esta nación, solo cinco criminales irán a la cárcel.

Fue típica la experiencia de los agentes de policía de Nueva York, en una notoria redada de drogas ocurrida a plena luz del día en las calles de la ciudad. A las cinco de la mañana, los agentes patrullaban un área bien conocida por las drogas cuando notaron un automóvil que circulaba a poca velocidad y con placas de matrícula de otro estado. El auto se detuvo y aparecieron cuatro hombres con dos enormes talegas, que echaron en el portaequipaje del vehículo. Cuando la policía se acercó, los hombres huyeron en todas direcciones.

Algunos de los hombres y la conductora fueron apresados. Dentro del portaequipaje abierto la policía encontró ocho libras de cocaína. No eran agentes novatos. Ya habían tenido su experiencia en casos que el tribunal desechó por cuestiones de tecnicismos. Los agentes con todo cuidado informaron a los sospechosos de sus derechos según la regulación Miranda del Tribunal Supremo. Incluso así la conductora libremente confesó en la grabación en video que esa fue apenas una de muchas compras de drogas hechas ese mismo día en la ciudad.

La oficina del fiscal se entusiasmó. En esta ocasión la policía hizo todo en debida forma. El caso estaba garantizado; después de todo los sospechosos huyeron. La búsqueda realizada por los policías pasaba los rigurosos requisitos de «causa probable», que prohíbe que un agente de policía efectúe búsqueda en la persona o su vehículo sin razón. Los policías vieron a los hombres echando las talegas al portaequipaje del vehículo; es más, esa acción precipitó la fuga. El portaequipaje estaba abierto. Les leyeron a los sospechosos sus derechos Miranda, estos confesaron de todas maneras y todo se grabó en videocinta.

Lo predecible ocurrió de todas maneras. El juez federal Harold Baer, nombrado por Clinton, descartó el caso anunciando al sorprendido público en el tribunal que la búsqueda de la policía al fin y al cabo no fue razonable. Puesto que en el vecindario se considera a los policías corrompidos, fue natural que los hombres huyeran y por tanto no fue razonable que la policía sospechara. Como el columnista John Leo dijo: ¡los criminales tienen el derecho de sospechar de la policía, pero la policía no tiene el derecho de sospechar de los criminales!

Amo a los Estados Unidos. Creo que Dios ha bendecido a esta nación debido a su pacto original con Él. Es mi oración y esperanza que Estados Unidos despierte a la Palabra de Dios y vuelva a Él. Pero si usted todavía actúa bajo la ilusión de que esta es la tierra de «vida, libertad y justicia para todos», se engaña.

Si necesita más evidencia, considere estos casos:

- Un panel de tres jueces de un Tribunal de Circuito de Estados Unidos revirtió el veredicto contra un hombre que intentó matar, mediante una bomba, al fiscal que dirigió la acusación. El tribunal dictaminó que la bomba se construyó mal y, por consiguiente, no se podía considerar mortal ni peligrosa. Caso cerrado.

- Una joven, buscando protección contra el abuso de un ex amante, tuvo la mala suerte de hallarse en el tribunal de Nueva York ante el juez Lorin Duckman. El ex amante, violador convicto, ya había atacado a la mujer tres veces. Después de comentar que las contusiones que la mujer recibió no la habían desfigurado en realidad, el juez rebajó la fianza al hombre. Aconsejó a la mujer que su ex amante quizás dejaría de maltratarla si le devolvía su perro. Antes de que terminara ese mes el ex amante mató a la mujer de un tiro.

- La juez Rosemary Barkett, típica de las personas nombradas por Clinton, se opuso a las leyes de Georgia que exigen que los candidatos se sometan a un examen de drogas. Dijo que era injusto. Sería perjudicial para los candidatos que favorecen la legalización de las drogas. Cuando era miembro del Tribunal Supremo de Florida, insistió en que la policía cesara de buscar drogas en los ómnibus públicos, aun cuando los pasajeros dieran su permiso. Ahora ella pertenece al Tribunal de Apelaciones de Estados Unidos.

Sin Dios, sin absolutos, sin una creencia de bien y mal, la justicia en estos Estados Unidos ha quedado reducida a un juego de regulaciones. La moralidad no existe fuera de la ley. La culpa e inocencia no existe fuera de la ley. Y la ley ha dejado de estar en las manos de los ciudadanos. Jueces corruptos y activistas ostentan ahora el poder. La ley es lo que ellos deciden que sea y eso puede cambiar con la hora.

En Cleveland, Ohio, una mujer de diecinueve años estaba lista para declararse ante la jueza Shirley Strickland Saffold culpable de abusar de las tarjetas de crédito. Antes de aceptar su declaración, Saffold la sermoneó largamente. «Los hombres son fáciles», dijo. «Puedes ir a cualquier parada de ómnibus con una falda puesta, cruzar tus piernas y conseguir veinticinco. Diez de ellos te darán dinero. Si no lo logras con los primeros diez», aconsejó solemnemente la jueza, «todo lo que tienes que hacer es (sic) abrir las piernas un poco y cruzarlas en los tobillos y entonces se detendrán». La jueza le sugirió a la joven que busque un médico y se case con él. Esto resolvería sus problemas financieros.[6] Bienvenido a la justicia estadounidense. Bienvenido a los Estados Unidos impíos.

El profeta Isaías escribió: «Él convierte en nada a los poderosos, y a los que gobiernan la tierra hace como cosa vana».[7]

Agencias de injusticia

En la Biblia, David hablaba de la justicia trastornada, donde lo malo es bueno y lo bueno es malo. ¿Suena familiar? Mientras que los culpables andan libres por las calles de los Estados Unidos, a menudo a los inocentes los persigue y acosa un gobierno que ha perdido su creencia en el bien y el mal, y que está dirigido únicamente por reglas y regulaciones.

Un hombre que vivía en Knoxville, Tennessee, ahorró $3.33 al franquear su formulario de declaración de impuestos por correo regular. El pequeño ahorro, sin embargo, se convirtió en una trágica pérdida. James Carroll franqueó su documento de declaración de impuestos al Servicio de Rentas Internas (SRI) el 21 de enero de 1987. La fecha límite vencía en marzo de aquel año. Por alguna razón el SRI no recibió el documento y aun cuando el Sr. Carroll pudo demostrar que la envió, no pudo demostrar que el SRI lo recibió.

Una ley común de 1916, enmendada por el Congreso en 1954, parecía respaldar al Sr. Carroll. La ley establecía que con una prueba de una carta franqueada «puede presumirse que ha llegado a su destino y que en realidad se recibió». Una enmienda actualizada en 1954 añadía que un recibo mostrando que un documento se envió por correo registrado constituía «evidencia suficiente de entrega al SRI».

Le correspondía entonces al Tribunal de Circuito de Apelaciones interpretar la enmienda. ¿Cuál era la intención? ¿Fue solo añadiendo la idea de que el uso del nuevo servicio de correo registrado sería también prueba o estaba en realidad negando que la ley original se aplicaba al correo regular? Los Tribunales del 8º y 9º Circuitos, así como el Tribunal de Impuestos de Tennessee, ya había decidido en pro de la ley original común, que «puede presumirse que ha llegado a su destino y que en realidad se recibió». Pero el Sr. Carroll vivía en el distrito del Tribunal del 2º Circuito. Dependía de ella.

Lo que se perdió en toda esta discusión fue el hecho de que el Sr. Carroll era inocente. Nadie, ni siquiera el SRI, lo negó. La cuestión era puramente técnica. El Tribunal del 2º Circuito decidió que la antigua ley común de presunción ya no se ajustaba y que el Sr. Carroll era culpable por no haber enviado su declaración de impuestos mediante correo registrado. Un hombre inocente tuvo que pagar veintidós mil dólares en multas por tardanza y costos judiciales. Eso le enseñará a usar el servicio de correos estadounidense. Bienvenido al nuevo estilo de justicia en los Estados Unidos de estos últimos días.

En 1988 a la madre Teresa, Premio Nobel de la Paz, y a sus Misioneras de la Caridad, se les vendió por un dólar dos edificios abandonados en la ciudad de Nueva York. Las religiosas se proponían convertir estos edificios en viviendas para los desamparados. Un año y medio más tarde la ciudad finalmente aprobó el plan y la restauración empezó. Pero en cuanto los esfuerzos se pusieron en marcha, las Misioneras de la Caridad se encontraron frente a frente con la realidad de en verdad tratar de hacer algo en los nuevos Estados Unidos. Se les dijo que según el código de construcciones de Nueva York todos los edificios nuevos o renovados, de pisos múltiples, debían tener o instalar un ascensor. Las Misioneras de la Caridad explicaron que debido a su voto de pobreza nunca usarían elevadores y, en cualquier caso, no tenía el dinero adicional para instalarlos.

Aunque en Nueva York hay miles de edificios sin ascensores y a pesar de que los edificios que les dieron a las religiosas estaban abandonados y sin uso, y aun cuando las misioneras sencillamente querían proveer comida y refugio a los indigentes, se les negó la exención. La ciudad volvió a tomar a cargo los edificios. ¡Hasta hoy siguen vacíos! Es mejor tener a los indigentes durmiendo en las calles en la nieve, que durmiendo en una cama limpia y caliente en un edificio sin ascensores.

El gobierno y su propiedad

Pocos estadounidenses comprenden cuán importante fue la fe

para la fundación de esta nación. El Pacto del Mayflower fue uno con Dios. La mayor parte de nuestra Constitución y primeras enmiendas estaban arraigadas en las Escrituras. La Quinta Enmienda, que claramente prohíbe al gobierno incautar propiedad sin justa compensación, no es excepción. La Biblia enseña que la propiedad de un hombre es sagrada: «No reducirás los límites de la propiedad de tu prójimo, que fijaron los antiguos».[8]

En 1964, Gaston y Monique Roberge empezaron a buscar una inversión segura para su jubilación, tarea nada fácil en una economía que periódicamente sufre golpes de inflación desbocada. Por último, decidieron invertir en bienes raíces y su búsqueda les llevó a una parcela de tierra de un poco más de una hectárea cerca de la orilla del océano Atlántico en Orchard Beach, Maine.

Soñaban que un día, cuando el turismo y una urbanización cercana creciera, el valor de su tierra aumentaría. Para 1976 en verdad la región experimentaba rápido crecimiento. Con las urbanizaciones surgiendo vertiginosamente, el gobierno de la ciudad le preguntó a los Roberge si uno de los contratistas de alcantarillado podía arrojar en un sector de su lote el exceso de tierra excavada. Parecía una buena idea. Los Roberge querían cooperar. La ciudad proveería los permisos y una parte de su tierra pantanosa recibiría la tierra de relleno que tanto necesitaba.

Ya en 1986 Orchard Beach prosperaba y la salud del Sr. Roberge declinaba rápidamente. Había sufrido dos ataques cardíacos y los médicos le informaron que iba a perder la vista. Los Roberge decidieron que era tiempo de vender su tierra. Pronto, un urbanizador les hizo una jugosa oferta, planeando construir condominios en el área que se rellenó diez años atrás. Las autoridades de Orchard Beach aprobaron la zonificación. El Sr. y la Sra. Roberge finalmente podrían disfrutar de su inversión y empezar su tan esperada jubilación.

Pero la vida pocas veces es sencilla en estos Estados Unidos de los postreros días. Había un paso más. El gobierno federal. Y, ¿qué tenía que ver el gobierno federal con una minúscula transacción de bienes raíces en el estado de Maine?, tal vez pregunte usted. El urbanizador, sensible al creciente papel regulatorio de la Agencia de Protección Ambiental y el Cuerpo de Ingenieros del Ejército de los EE. UU., quiso asegurarse de que, por si acaso, todo andaba bien.

Por supuesto, el cuerpo de Ingenieros del Ejército decidió que la diminuta propiedad podía catalogarse como «tierras húmedas». Hubo una investigación. La venta se pospuso y después de cinco meses de espera finalmente al urbanizador se le negaron los permisos para construir. Los investigadores concluyeron que la tierra rellenada por el contratista diez años atrás era parte de un pantano que se extendía más allá de la propiedad de los Roberge. El Cuerpo insistió que los permisos federales debían haberse obtenido antes de que se efectuara el relleno. La ciudad, por supuesto, inició el proyecto y emitió los permisos necesarios para que se rellenara el espacio. Todo fue legal en su tiempo, pero ahora, retroactivamente, el Cuerpo de Ingenieros decidió que los Roberge eran responsables. Para añadir más absurdo a esta historia, ninguna agencia federal emitía tales permisos diez años atrás. La preservación de las tierra húmedas era un asunto político que todavía no había nacido. En ese tiempo los Roberge no podían haber obedecido tal regulación aun si Dios mismo les hubiera mostrado el futuro.

Ahora, tardíamente, los Roberge solicitaron el permiso federal. Se les negó. Contrataron expertos para que les ayudaran a obtener información técnica para un permiso «después del hecho», pero ese costoso proceso también fue en vano. Nuevas solicitudes de los Roberge solo desataron un continuo ciclo de peticiones de parte de la agencia solicitando más información.

Finalmente los Roberge encontraron un abogado que aceptó trabajar a consignación y empezó una batalla legal que duró cinco años. Entre otras cosas los abogados descubrieron una regulación interna que prohibía el procesamiento de aparentes violaciones legales ocurridas más de cinco años atrás. Esto era algo que la agencia comprendía: una regulación. Por último, el gobierno emitió los permisos que debían haberse concedido muchos años antes.

Luego vino la gran sorpresa. Investigación adicional reveló que el Cuerpo de Ingenieros tuvo desde el mismo principio toda la información respecto a los Roberge. La negación de los permisos no se ajustaba con las prácticas usuales. Por añadidura, descubrieron que un hombre del Cuerpo de Ingenieros fue el responsable de los continuos acosamientos y retrasos. Aburrido en su empleo, decidió «exprimir» a los Roberge para dar ejemplo del poder de la agencia. Incluso así, no se ofreció ninguna disculpa ni tampoco se castigó a nadie en la agencia. ¡Bienvenido a la tierra de libertad!

Cuando el gobierno teme a sus ciudadanos, se tiene democracia. Cuando los ciudadanos le temen al gobierno, se tiene tiranía. Después de Waco, Ruby Ridge y Travelgate los estadounidenses le temen al gobierno y con razón.

Ciudadanos, tengan cuidado. Miren a la historia como advertencia. Los dioses síquicos de la Alemania nazi condujeron a inenarrables horrores en Europa. Ocurrió una vez; ¡puede ocurrir de nuevo! Al nuevo estado ateo y secular en Estados Unidos no le faltan precedentes. Lo impusieron con precisión los comunistas soviéticos y produjo una población amoral, improductiva, descreída y atea que destruyó su propia economía y apenas ahora está aprendiendo cómo pensar y vivir en libertad. Sin embargo, contra toda lógica, los líderes estadounidenses tratan de imponernos un sistema de gobierno que ha fracasado muchas veces en Europa y Rusia. ¿Por qué? No hay respuesta lógica.

Pero, recuerde, no se trata de lógica. Un pueblo con lógica no rechaza un sistema político que les ha dado libertad y prosperidad. Un pueblo con lógica no regresa a la antigua adoración de Baal. No se trata de lo que es bueno o malo para los Estados Unidos. El otro lado ni siquiera cree que hay bien y mal. Se trata de principados, potestades, gobernadores de las tinieblas. Los Estados Unidos están en crisis espiritual. Es una batalla por el alma de Estados Unidos y aun cuando usted todavía no la haya experimentado en su peor clímax, sus hijos y nietos la verán. El sistema del anticristo ya está cobrando forma. El futuro de Estados Unidos cuelga en la balanza en estos últimos días.

Cómo luchar espiritualmente

Hay buenas noticias en medio de este deprimente recital de los males de Estados Unidos. Todo poder viene de Dios. La Biblia dice: «Sométase toda persona a las autoridades superiores; porque no hay autoridad sino de parte de Dios, y las que hay, por Dios han sido establecidas».[9] Todo político, todo juez, todo agente de policía y rey son siervos de Dios. Los líderes estadounidenses están bajo el mando de Dios.

Considere a Daniel y al rey Nabucodonosor de Babilonia. El rey tuvo un aterrador sueño, pero lo olvidó. Ordenó que su cuerpo de brujos le dijera lo soñado o de lo contrario los destrozaría extremidad por extremidad. Daniel, un cautivo israelita educado como sabio en la corte, pidió tiempo para orar sobre el asunto. «El Dios a quien servimos nos dará la respuesta», dijo. Cuando Dios le reveló el sueño y su interpretación, Daniel dijo: «Sea bendito el nombre de Dios de siglos en siglos, porque suyos son el poder y la sabiduría».[10] Dios tiene todo el poder y toda la fuerza. «Como los repartimientos de las aguas, así está el corazón del rey en la mano de Jehová; a todo lo que quiere lo inclina».[11]

Ahora, aquí está la ironía: ¿Quién controla como agua el corazón del presidente? ¡Dios! ¿Quién controla como agua los corazones de los senadores? ¡Dios! Y, al final, el único Tribunal Supremo que se distingue es Dios. «Porque ni de oriente ni de occidente, Ni del desierto viene el enaltecimiento. Mas Dios es el juez; a éste humilla, y a aquél enaltece».[12] Los Estados Unidos no están en las manos de los políticos; los políticos están en las manos de Dios.

El rey Belsasar de Babilonia estaba celebrando una fenomenal fiesta con mil de sus subalternos y se burlaban de Dios. «Bebieron vino, y alabaron a los dioses de oro y de plata, de bronce, de hierro, de madera y de piedra. En aquella misma hora aparecieron los dedos de una mano de hombre, que escribía delante del candelero sobre lo encalado de la pared del palacio real, y el rey veía la mano que escribía». La Biblia dice que «el rey palideció, y sus pensamientos lo turbaron, y se debilitaron sus lomos, y sus rodillas daban la una contra la otra».[13] El rey quedó aterrado. Dios le dio un tremendo susto.

Entonces llamaron a Daniel y, cuando este llegó, le dio la interpretación. Le dijo que Dios le decía que su reino había llegado a su fin; que lo pesaron en balanza y se halló falto. Ese gran imperio mundial se dividiría entre los medos y los persas.

Esa misma noche los persas desviaron la corriente de un afluente principal del gran río Éufrates y se metieron por debajo de las formidables murallas de Babilonia. Mataron al rey y, a la mañana siguiente, el mundo tenía un nuevo gobernante persa.

«Todo poder es de Dios».

Si Dios está al mando, ¿por qué no hace un mejor trabajo al seleccionar sus líderes?, alguien preguntará.

La respuesta es sencilla. Dios le ha dado a los hombres el don del libre albedrío. La elección es nuestra, no de Dios. La crisis que Estados Unidos experimenta hoy es algo que nosotros mismos nos hemos acarreado sobre nuestras cabezas. Las elecciones son más acerca del carácter de las personas que de candidatos para cargos. Cuando Israel viajaba por el desierto, Dios le enviaba maná del cielo. Nadie tenía que empacar las sobras en envases de plástico. El maná era nutritivo y Dios siempre les enviaba lo suficiente para la necesidad de cada día. Sin embargo, los israelitas se quejaron. Sabían más que Dios. Querían carne.

Así que Dios les dio lo que deseaban y les envió codornices, y Números[14] relata que «aún estaba la carne entre los dientes de ellos, antes que fuese masticada», cuando Dios los mató. Una de las peores cosas que pueden ocurrirle a alguien es conseguir lo que quiere. Creo que Dios le está diciendo a los Estados Unidos: «¿Cuánta corrupción van a soportar antes de que digan: "Ya basta"? ¿Cuánto van a soportar bajo la bandera de la "tolerancia"? ¿Cuánto tiempo va a pasar antes de que clamen por un resurgimiento de la justicia?»

La historia de los israelitas es la misma de Estados Unidos. Los padres fundadores peregrinos clamaron la bendición de Dios. En la moneda acuñaron la expresión «En Dios confiamos». Declararon un Día de Acción de Gracias como fiesta nacional para que sus hijos y nietos, por generaciones, supieran lo que Dios hizo por ellos. Los puritanos establecieron la Universidad de Harvard para enseñar a sus ministros a predicar el evangelio. Cada día de clases empezaba con un momento de oración. Cada sesión del Congreso empezaba con oración. Y Dios bendijo a Estados Unidos con prosperidad y libertad sin precedentes. Vehículos estadounidenses llenaban las carreteras de Europa, Asia y América del Sur. Estudiantes de toda nación venía a ganar el prestigio de un diploma de una universidad estadounidense. La medicina de Estados Unidos era la envidia del mundo. Nuestro poderío industrial creció formidablemente durante la Segunda Guerra Mundial, sepultando a los nazis de Hitler. Nuestra agricultura prosperaba. Los Estados Unidos alimentaban al mundo con las sobras.

Pero en nuestro poderío, en nuestra fuerza, nos hicimos arrogantes y nos alejamos de Dios. Escogimos el hedonismo, la filosofía humanista y el paganismo como nuestros nuevos dioses. No fue una decisión calculada de Hollywood. Cristianos nacidos de nuevo dieron su voto al marchar en procesión a cada película *Viernes 13* que aparecía. Nuestros hábitos y gustos impulsaban la maquinaria. Escogimos la pornografía y promiscuidad. Escogimos el materialismo, la codicia y el egoísmo que llevó al aborto y al incesto. En nuestra actitud permisiva creamos el vacío apropiado para un movimiento feminista agresivo, lleno de odio hacia los hombres y encabezado por lesbianas. Quisimos que nuestros hijos no se disgustaran, así que abandonamos el plan de Dios para la familia, les dimos todo lo que querían y esto resultó en una violencia salvaje y virulenta de los adolescentes.

La Biblia es muy clara. Nos recuerda que no somos de este mundo. Primera de Juan 2.15 advierte: «No améis el mundo ni las cosas que están en el mundo». A pesar de eso, buscamos la opinión y el favor del mundo antes que el de nuestro Creador. Tratamos de complacer los apetitos antojadizos de una caterva de periodistas embotados y corruptos. Buscamos el favor de una nueva casta de académicos arrogantes y sin Dios. Así como Satanás usó las palabras de Dios para tentar a Eva e incluso para tentar a Jesús, nosotros usamos las palabras de Dios para justificar nuestras componendas con una sociedad cada vez más secular. Después de todo, la Biblia dice que vivamos en paz. Le demostramos al mundo que no somos cristianos cavernícolas intolerantes, neardentales. Podíamos ser «liberales». Con nuestro voto elegimos gobiernos que nombraron jueces enemigos de Dios. Con nuestro voto elegimos juntas escolares contrarias a Dios y nos quedamos en casa mientras celebraban sus reuniones. Alimentamos al monstruo y ahora somos sus cautivos.

Dios responde a nuestra elección: no es la suya, sino la nuestra. ¿Quiere saber los que Dios está haciendo en el cielo precisamente ahora? Nos mira y dice: «Me pregunto, ¿cuánta más inmundicia van a aceptar estos antes de responder al llamado a despertarse?»

Antes de suplicar que Dios intervenga debemos preguntarnos qué estamos haciendo para cambiar las cosas. Podemos luchar. Podemos destacarnos. Como buenos mayordomos, ¿ejercemos nuestros derecho al voto? ¿Le enviamos peticiones al gobierno? ¿Cómo podemos criticar lo que no hemos enfrentado?

«Pues bien», dirá usted, «¿de qué sirve una sola carta?» Nuestra responsabilidad es hacer nuestra parte y la Biblia enseña confrontación. El gobierno es responsable ante Dios por su reacción. Los miembros de nuestra iglesia en San Antonio han tomado la delantera en muchas cuestiones de la comunidad y han visto que sus esfuerzos logran éxito. En una semana más de trescientas mil personas respondieron a nuestro llamado de bloquear las regulaciones burocráticas federales que impedirían que los trabajadores lleven una cruz al cuello en su lugar de trabajo. El senador republicano Dole y el senador demócrata Heflin se reunieron conmigo y se apresuraron a despertar un «modo en el senado», advirtiendo a las autoridades federales que tal decisión se derrotaría en el senado. La legislación impía murió en su canal de nacimiento debido a que los justos se levantaron y hablaron. La Biblia dice: «Díganlo los redimidos de Jehová».[15]

¡Somos estadounidenses! Herederos de los pioneros peregrinos que vieron esta tierra como un remanso para la libertad de culto. Herederos de los padres fundadores cuyos sueños morirán si nos damos por vencidos. ¡Debemos participar! Debemos dar nuestro voto por las cosas que más importan, el carácter e integridad de los candidatos. «Los que dejan la ley alaban a los impíos; mas los que la guardan contenderán con ellos».[16] Estamos en guerra por el alma de esta nación. No espere que lo maten. Jesús dijo: «Seréis aborrecidos por todos por causa de mí». No espere lograr justicia en el tribunal del enemigo. No espere recibir elogios en los periódicos del enemigo. El futuro de Estados Unidos, de nuestros hijos y nietos, está en juego, y el precio es la libertad. Es tiempo de que el pueblo de Dios se levante. Es tiempo que el pueblo de Dios hable, que «haga contienda» contra los impíos. Pero tome nota, el reloj sigue su marcha. La batalla avanza. Nunca se ganará mediante votos solamente. Requerirá un milagro.

¿Podemos recuperar a Estados Unidos? ¡La respuesta es sí!

¿Cómo? Mediante el poder de la oración, clamando que Dios envíe a Estados Unidos un poderoso despertamiento de la justicia, un despertamiento de la evangelización, de los valores familiares tradicionales, de la moralidad, integridad, ética del trabajo y responsabilidad individual.

Recuperar nuestra nación

Hace poco me reuní con un creyente nacido de nuevo que sirvió con dos presidentes de Estados Unidos. Trabajaba en el personal de más antigüedad de la Casa Blanca, veía al presidente casi todos los días y algunas veces participaba en las reuniones con otros jefes de estado. «Al principio vi el activismo cristiano como la única solución», me dijo. «Pero después de observar cómo funcionan las cosas, pronto me percaté que gobernar al país no es muy diferente a gobernar una familia. La oración es a menudo más poderosa que cualquier otra cosa que se pueda decir o hacer».

La Biblia hace eco a la sabiduría de esta declaración:

- «Clama a mí, y yo te responderé, y te enseñaré cosas grandes y ocultas que tú no conoces».[17]
- «No tenéis porque no pedís».[18]

Ahora a nosotros, no a Dios, nos toca tomar la iniciativa. «Todo lo que atéis en la tierra, será atado en el cielo; y todo lo que desatéis en la tierra, será desatado en el cielo».[19] Repito, la iniciativa es nuestra. Nuestras oraciones en la tierra determinarán lo que Dios hará en el cielo. La autoridad es dada para usarla, y la iglesia tiene el poder del nombre del Señor, su sangre y su Palabra. Jesús dijo a sus discípulos: «He aquí os doy potestad de hollar serpientes y escorpiones, y sobre toda fuerza del enemigo, y nada os dañará».[20] Los profetas y Jesús nos dicen que podemos ir directamente al Dios Todopoderoso y que Él nos dará los deseos de nuestro corazón. ¡Eso es poder! Debemos usarlo.

El futuro de Estados Unidos no está en las manos de los impíos, está en las manos de los hijos de Dios. Depende de nosotros buscar la ayuda de Dios. «Y vosotros me seréis un reino de sacerdotes, y gente santa. Estas son las palabras que dirás a los hijos de Israel».[21]

Cuando Nehemías, copero del rey Artajerjes, oyó de la destrucción en que se hallaba Jerusalén, se postró ante Dios y lloró. No solicitó un préstamo del gobierno. No pidió audiencia con el rey. Comprendió cómo actúa el poder espiritual. Puso su necesidad ante Aquel que tiene todo el poder en el cielo y en la tierra, y clamó a Dios por Jerusalén.

El rey le preguntó a Nehemías: «¿Qué te pasa? Pareces enfermo». Nehemías le contó al rey su preocupación por Jerusalén, y el rey le dijo: «Te daré madera, dinero y tiempo para que vayas y reconstruyas las murallas». Un hombre, una oración y Dios movió el corazón del rey como si fuera agua. Esa oración modificó la historia.

Cuando Israel se hallaba bajo el asedio del numeroso ejército asirio, la oración de Ezequías cambió el curso de la batalla. El ángel del Señor recorrió el campamento asirio y mató a miles de hombres que el día anterior se habían burlado del Dios de Israel. Mató a los centinelas en sus puestos. Mató a los oficiales que habían repasado los planes de batallas y a la tropa mientras dormían en sus tiendas. Súbita y contundentemente, el ángel del Señor recorrió el campamento asirio dejando a su paso ciento ochenta y cinco mil muertos e Israel fue librado de la aniquilación segura. ¿Por qué? Porque un hombre oró y Dios contestó la oración. La oración de un hombre remodeló la historia. ¡Eso es poder!

La iglesia moderna está repleta del mismo tipo de historias. Poco antes de la Segunda Guerra Mundial José Stalin les reveló a unos pocos subalternos de confianza que iba a ejecutar a los judíos en Rusia. Cuando las palabras se filtraron y salieron de la nación, creyentes en Inglaterra empezaron a ayunar y a orar que Dios salvara a los judíos. Al duodécimo día Stalin sufrió una hemorragia cerebral. Dieciséis médicos trabajaron sin éxito. Stalin murió y los judíos se salvaron. ¡Hay poder en la oración!

Pregúntese si la oración de un hombre como Ezequías o Nehemías pueden lograr cambios, ¿qué ocurriría si miles de creyentes en Estados Unidos empezaran a orar por un despertamiento de la justicia en nuestra nación? La oración es el arma más poderosa que tenemos; es nuestra conexión directa con Dios. Es «acceso». Comprenda, Dios no es un genio en una botella. No se le puede ordenar que haga mandados ni que haga realidad nuestras fantasías. Pero la oración en efecto liberta el poder sobre nuestros enemigos, nuestros acusadores, nuestros cuerpos enfermos o sobre el príncipe de las tinieblas. Pero, poderoso como es Dios, no puede contestar oraciones que no se elevan.

¿Ama a los Estados Unidos? ¡Ore! ¿Quiere a sus hijos? ¡Ore! Debemos aceptar esta responsabilidad o sufrir las consecuencias.

Cuando la crisis se cernía sobre nosotros en la década del sesenta, miles de creyentes oraron y ayunaron, y por un breve tiempo se detuvo el alejamiento de Dios. Dios está esperando que la iglesia del siglo veintiuno responda a este llamado a despertarse. Espera que nosotros una vez más nos levantemos contra el mal con oración y ayuno. Nos ha dado la asombrosa oportunidad de hablar con Él cara a cara. El velo del templo se rasgó de arriba hacia abajo. Tenemos el poder de recuperar a los Estados Unidos para Dios y la bondad en estos postreros días.

¡Hagámoslo! Si no ahora... ¿cuándo? Si no usted... ¿quién?

Capítulo cinco

Estados Unidos bajo una maldición

Por años, los predicadores nos han advertido desde los púlpitos que Estados Unidos va hacia el juicio de Dios. Y, según la Biblia, el juicio ya llegó. Voy a demostrarles por qué es cierto que ya está obrando en la nación y cómo lo hace.

Con Dios hay solo dos opciones. Podemos vivir bajo su bendición o bajo su maldición. Y recuerde, la elección es nuestra. Las bendiciones de Dios son el resultado de nuestra obediencia a Él y las maldiciones el producto de nuestra desobediencia.

La Biblia enseña que las maldiciones son muy reales. Pueden seguir a una nación o a una persona por generaciones hasta que se derrumben espiritualmente. Proverbios 26.2 dice: «Como el gorrión en su vagar, y como la golondrina en su vuelo, así la maldición nunca vendrá sin causa». Cuando alguien lo maldiga, si no está protegido por la sangre de Jesucristo, esa maldición se le puede quedar arraigada. Puede permanecer con usted y su familia por generaciones.

La «maldición del Génesis» ejemplifica una maldición que afectó a toda la humanidad. Cuando Adán y Eva pecaron comiendo del fruto prohibido, Dios habló maldiciendo a la tierra, a la mujer, al hombre, a la serpiente y a Satanás. Fue una maldición que cambió la existencia del hombre para siempre.

La tierra fue maldita produciendo espinos, abrojos y malas hierbas, y aún hoy existe dicha maldición. Nuestra habilidad de combatir las malas hierbas ha aumentado, las combatimos con poderosas sustancias químicas y tractores, pero las hierbas malas siguen con nosotros producto de la maldición del Génesis.

La mujer menstruaría y daría a luz con dolor. Igual ayer como hoy.

El hombre se ganaría EL sostén con el sudor de su frente. Hoy lo sigue haciendo. Y todo porque a Adán se le antojó comer de esa desdichada fruta. Le patearé las canillas en cuanto llegue al cielo y me lo encuentre.

La serpiente fue maldecida de manera que se arrastraría sobre el vientre desde ese funesto día en adelante. Cuando no crezcan más hierbas malas, cuando la mujer no tenga más dolor en el parto, cuando el hombre no tenga que trabajar para sobrevivir y cuando la serpiente deje de arrastrarse... la maldición cesará. Hasta entonces la maldición será muy real.

Los cristianos que creen que tales maldiciones no se pueden personalizar deberían considerar el relato bíblico de Jacob que, sin saberlo, destruyó a su esposa Raquel. Jacob informó a su suegro, Labán, que partiría hacia la tierra prometida. Raquel se llevó los ídolos de su padre con ella. Jacob no lo sabía, mas Labán al descubrir la falta de los ídolos salió tras ellos alcanzándolos en tres días. Al enfrentar a Jacob, Labán lo acusó de haberle robado sus ídolos. Jacob, creyendo que era un truco de Labán para hacerlo volver, pronunció una maldición: «Aquel en cuyo poder hallares tus dioses, no viva».[1] Un año después, su esposa Raquel murió mientras daba a luz.

Y esa no es la única ilustración que la Biblia nos enseña acerca de las maldiciones y sus resultados. Después de destruir Jericó, Josué pronunció una maldición: «Maldito delante de Jehová el hombre que se levantare y reedificare esta ciudad de Jericó. Sobre su primogénito eche los cimientos de ella, y sobre su hijo menor asiente sus puertas».[2] Cientos de años después, como lo relata 1 Reyes 16.34, un hombre de nombre Hiel intentó reedificar Jericó. Y tal como profetizó Josué, el hijo mayor y sus hijo menor murieron. ¿Y ha pasado desde entonces? Sí. Cuando visité Israel hace unos años, el guía turístico nos dijo que un hombre había tratado de reconstruir Jericó para convertirla en una atracción turística. Al comenzar, su hijo mayor murió de golpe y misteriosamente. De acuerdo al guía dejó la reconstrucción inmediatamente. Si hubiese continuado trabajando en la ciudad maldecida, su hijo menor hubiera muerto. Repito, las maldiciones son un asunto muy real.

Detrás de cada maldición hay una causa. El antisemitismo es un ejemplo. En Génesis 12.3, Dios le dijo a Abraham: «Bendeciré a los que te bendijeren, y a los que te maldijeren, maldeciré; y serán benditas en ti todas las familias de la tierra».

Es un hecho histórico que las naciones han recibido bendición mediante el pueblo judío. Jesús dijo: «La salvación viene de los judíos».[3] El pueblo judío dio al cristianismo los patriarcas: Abraham, Isaac, y Jacob. El pueblo judío nos dio los profetas: Daniel, Ezequiel, Jeremías e Isaías. No hay un bautista entre todos estos. Contrario a lo que cree la mayoría de los artistas del renacimiento, María, la madre de Jesús, no era italiana. María, José y Jesús, la principal familia, eran todos judíos. Todas las palabras en la Biblia las escribieron manos judías. Creo que por eso Satanás odia a los judíos con tanta intensidad. Produjeron la Palabra de Dios y produjeron al Hijo de Dios que derrotó a Satanás en su intento de atar a la humanidad. Creo que el antisemitismo es un espíritu demoníaco nacido desde las entrañas del mismo infierno que salió a vengarse del pueblo judío por todas las cosas buenas que hicieron para traer la luz de Dios a la humanidad.

Es hora de que los cristianos dejen de admirar las hazañas de Abraham, Isaac y Jacob odiando al mismo tiempo a los Goldberg que viven enfrente. Son la semilla de Abraham. Son especiales a los ojos de Dios y son la familia de Él. Si los bendecimos, Dios nos bendecirá. Si los maldecimos, el juicio de Dios caerá sobre nosotros.

Es un hecho simple, lo que hagamos a otros, Dios lo hará a nosotros. El faraón, quién ahogó a los bebés judíos en el tiempo del nacimiento de Moisés, murió ahogado por la mano de Dios.

Amán, quien mucho antes de Hitler planeó el genocidio del pueblo judío construyendo una horca especial para ejecutar al líder judío Mardoqueo, encontró finalmente su propio destino y su familia con él en esa misma horca. Lo que dispuso para los judíos, le ocurrió a él.

El juicio de Dios sobre un individuo

Una letanía de maldiciones cayó sobre el ciudadano estadounidense. Un padre puede dejar a su familia bajo una maldición debido a sus negocios deshonestos. «El que da mal por bien, no se apartará el mal de su casa».[4]

Hemos visto esta maldición en acción frente a nuestros ojos en la historia estadounidense, donde magnates ricos y poderosos, que han hecho sus fortunas de manera ilícita o explotando a personas de bajos recursos, ven cómo sus famosos y también poderosos hijos mueren bajo circunstancias extrañas o accidentes improbables. La Biblia enseña que estas maldiciones siguen por cuatro generaciones: ciento sesenta años. Hemos visto cómo los problemas han seguido a la tercera generación de estas familias. Padre, si sus ganancias se deben a falsedad, tratos ilícitos o engaños al prójimo, ¡no lo haga más! Somete a su familia a una maldición de Dios. ¡Y se quedará durante ciento sesenta años! Nada podrá quitar esa maldición: solo el arrepentimiento y la restitución.

Una maldición cae sobre el que deshonra a su padre y madre. Permítame decirle que millones de jóvenes estadounidenses están bajo esta maldición de Dios por rebelarse contra sus padres. La Biblia define claramente que se debe honrar al padre y a la madre: «para que tus días se alarguen en la tierra que Jehová tu Dios te da», «para que te vaya bien, y seas de larga vida sobre la tierra».[5] Algunos padres terrenales parecerían tolerar, hasta incitar o invitar, el maltrato y la negligencia, pero nuestro Padre celestial está mirando y Él no se entretiene. Él no lo permitirá. Entendámoslo,

Él tendrá la última palabra. Él controla el aliento y el latido del corazón, y Él tiene el poder para hacerlo.

La Biblia enseña que cualquiera que comete incesto recibirá una maldición. Deuteronomio declara: «Maldito el que se acostare con la mujer de su padre».[6] El incesto trae aparejado el juicio de Dios sobre el individuo. Y, debido a que el veinticinco por ciento de las muchachas estadounidenses son víctimas de incesto, muchos padres de Estados Unidos están bajo la maldición de Dios. Padre, si maltrata sexualmente a su hija, quizás tenga a su esposa intimidada y a su hija aterrorizada, pero Dios no está temblando. No mire atrás. El juicio de Dios está ante usted. Lo único que le ha detenido a aplastarlo como un insecto de un manotazo, es por compasión. Pero no salga de los límites de su compasión. ¡Él tiene el poder para aniquilarlo!

El profeta Zacarías habló acerca de una maldición que afecta a millones de personas en la tierra. «Todo aquel que hurta[...] será destruido».[7] ¿Le roba a su empleador? Dios le ha derribado. ¿Ha robado en una tienda por departamentos? Dios le ha cortado. Cuando el noticiero nos muestra un tumulto de personas arrasando algún vecindario robando indiscriminadamente la mercancías de los negocios, recuerde, Dios ha cortado a cada una de esas personas de sí mismo. Y hasta que esas personas no devuelvan o repongan lo robado, el juicio de Dios seguirá a sus familias durante ciento sesenta años. Si ha robado, devuelva lo robado. Procure reponer el daño.

Quizás la maldición más común que ha caído sobre el hombre es el que viene por violar el primer mandamiento. «No tendrás dioses ajenos delante de mí». Muchos pueden citar este texto, pero la mayoría desconoce el contexto: «No tendrás dioses ajenos delante de mí. No te harás imagen, ni ninguna semejanza de lo que esté arriba en el cielo, ni abajo en la tierra, ni en las aguas debajo de la tierra. No te inclinarás a ellas, ni las honrarás; porque yo soy Jehová, tu Dios, fuerte, celoso, que visito la maldad de los padres sobre los hijos hasta la tercera y cuarta generación de los que me aborrecen».[8] Eso significa ciento sesenta años. Dios dice: si tenemos una estatua de cualquier dios en la casa, lo aborrecemos. Jesús afirmó lo mismo, cuando le dijo a sus discípulos: «El que no es conmigo, contra mí es».[9] No podemos pertenecer a los dos bandos.

El hecho es este, los dioses falsos dan lugar a las maldiciones. Las imágenes, los cristales, los horóscopos, el satanismo, la brujería, el poder mental y las filosofías orientales están entre los adulterios espirituales que desatan la ira y el juicio de Dios. Y si pone una estatuilla en el tablero del automóvil o lleva colgado un amuleto del cuello, vive lo que la Biblia llama adulterio espiritual. Y eso trae aparejado la ira inmediata y permanente de Dios hasta que se arrepienta y rompa su control sobrenatural. Y esto no pasa solo algunas veces. Sucede siempre. Buscando la verdad, los que están en error, se han desviado hacia el mal y por sus propias manos están sometidos a la maldición de Dios. Es triste, pero no solo la maldición los somete a ellos, sino también a sus seres queridos, a sus futuras generaciones familiares, así como también a sus naciones.

Una mujer en mi iglesia hace unos años sufrió una pesadilla en la vida. Todo lo que trataba de hacer se derrumbaba súbitamente. Me dijo: «Creo que estoy hechizada. ¿Vendría usted a mi casa para decirme lo que el Señor le dice?»

Un día visité su casa. Al llegar, vi que todo el interior de la casa estaba llena de estatuas de dragones. La Biblia dice que Satanás es «el dragón, el diablo». Yo le dije: «Señora, estoy convencido de que si reconoce a Satanás en cualquier forma, ya sea con estatuas, con lo oculto, con brujería, con poderes mentales, con filosofías orientales, Satanás entonces tiene derecho legal a que sus demonios vivan en su casa. Tiene el derecho de reclamar su vida, su alma y la de sus hijos. Le recomiendo que se deshaga de todas esas figuras y que lo haga ahora mismo».

Así lo hizo y puedo decirle que su vida dio un giro inmediato y permanente porque obedeció la Palabra de Dios. No es suficiente reconocer a Dios como el primero y el más grande, debemos reconocerlo como el único Dios. Isaías 45.21 dice: «No hay más

Dios que yo». Jesús no puede ocupar un lugar entre los ídolos. Él debe ser Señor de todo o no será Señor de nada.

Recuerde, Dios sabe ser duro cuando tiene que serlo. No se sienta en el cielo quejándose, diciendo: «¡Ay! No me están obedeciendo». Controla la respiración. Controla el latido del corazón. Dios dice: «No puedo lograr su atención». Entonces corta el negocio, se encarga de que el automóvil nuevo se rompa una vez a la semana, permite que la suegra se mude a la casa, manda a que le llame el recaudador de impuestos diciéndole que quiere revisar los impuestos desde la Guerra Civil hasta ahora.

Lo lleva al hospital enyesado por completo, con los pies y brazos colgando en todas direcciones. Y entonces se pregunta: ¿Querrá Dios decirme algo? Pues sí, lo está haciendo.

La maldición sobre Estados Unidos

Como nación, Estados Unidos está bajo la maldición de Dios en este instante. Mire las Escrituras y decida usted mismo. La posición que hemos tomado con respecto al aborto. La que tomamos contra Dios en nuestras aulas escolares quizás han sellado nuestra caída. Deuteronomio 30.19 dice: «A los cielos y a la tierra llamo por testigos hoy contra vosotros, que os he puesto delante la vida y la muerte, la bendición y la maldición; escoge, pues, la vida, para que vivas tú y tu descendencia». Solamente el poder y la unción de Dios salvará a Estados Unidos.

Hace unos años, *USA Today* imprimió en primera plana una fotografía de cinco jóvenes armados con rifles, pistolas y las balas correspondientes con grandes cinturones. El artículo que acompañaba a la fotografía describía cómo estos jóvenes estaban preparados para incendiar la ciudad de Los Ángeles si un juicio notorio no fallaba de la manera que querían. Los oficiales de la ciudad estaban estupefactos. Los columnistas de los periódicos especulaban de lo que producía tal violencia en estos jóvenes.

El hecho es que esos jóvenes son producto de las escuelas

públicas estadounidenses donde el humanismo secular les ha enseñado que no hay bien ni mal. Ha enseñado a la juventud a hacer lo que le satisfaga. ¿Y cuál es la expresión práctica de esta filosofía? Si se siente bien haciéndolo, hágalo. Si lo quiere, róbelo. Si alguien se resiste, dispárele.

La juventud de Estados Unidos recibe grados escolares por los cuales no trabajaron, por maestros que están asustados de sus alumnos o que directamente no les dan importancia. Esta es una jungla de pizarras gobernadas por pistolas, cuchillos y terror, un ambiente de rebelión absoluta contra cualquier forma de autoridad. Nuestros estudiantes son las nuevas huestes bárbaras de Estados Unidos. Y a su vez son la generación del futuro.

David escribió en el Salmo 50.22: «Entended ahora esto, los que os olvidáis a Dios, no sea que os despedace, y no haya quien os libre». Sin duda, esto se refiere al Estados Unidos actual.

El espíritu de esta nueva generación nace en los estudios de cine y televisión de Hollywood donde la violencia machista se torna romántica, donde Satanás es señor, donde la brujería es la fuente de poder. La nueva generación estadounidense ha visto a Jesucristo personificado como un demoníaco, lujurioso, payaso cobarde, en películas como *La última tentación de Cristo*. Hollywood continúa mostrando su odio hacia Dios, porque Hollywood odia al cristianismo. Es una industria glotona, motivada por dinero y orgullo, un cáncer que se come el alma del país.

Durante el estreno de *La última tentación de Cristo*, veinticinco mil cristianos se reunieron frente a Universal Studios para protestar el sacrilegio. Sin embargo, los poderosos cinematógrafos y sus títeres en el periodismo categorizaron a esos manifestantes llevadores de Biblia como: «fanáticos religiosos al borde de la locura» o «extremistas de ultraderecha».

El *Detroit Free Press* llamó a estos cristianos: «La facción ignorante estadounidense, odiadores de la diversión, llenos de su propia autorrectitud».

En contraste, consideremos cómo Hollywood y los medios de comunicación respondieron a la preocupación mostrada por activistas de grupos protectores de animales. En 1990, tales activistas demandaron que Disney Studios eliminara una escena de la película *White Fang*. Consideraban que la película tenía un tema difamatorio contra los lobos. La película mostraba cómo un hombre recibía el ataque de un lobo sin previa provocación. Los activistas sostenían que eso nunca ocurriría, que no había evidencia científica que corroborara la posibilidad de que un lobo actuara de esa forma. Es mucho más popular en Estados Unidos ser anticristiano que antilobo.

En la película *Cape Fear*, un violento homicida y violador lo personifican como un cristiano pentecostal. Tiene tatuados crucifijos en su cuerpo y versículos bíblicos en sus brazos. Y mientras viola a sus víctimas les pregunta: «¿Estás preparada para nacer de nuevo y hablar en lenguas?» ¿Qué cree que pasaría si a cualquier otro grupo minoritario en Estados Unidos lo señalaran de esta manera? Los productores de una película tal estarían nadando en juicios, a su vez estarían ofreciendo montañas de disculpas y ofrecimientos de arreglos. Sin embargo, insultar al cristianismo en Hollywood resulta ser una forma de arte.

El cristianismo y la moralidad no se pierde solo en los teatros, el mismo tema surge en la música popular estadounidense. Los pandilleros juveniles que han tomado control de las calles de Estados Unidos usan música violenta de rap buscando inspiración. Time-Warner produjo la canción «Cop Killer» [Asesino de policías], que incitaba a los jóvenes de Nueva York a asesinar policías a sangre fría. La música rock en general promueve drogadicción, satanismo, violaciones, homicidios y suicidio.

En su libro, *Cults That Kill* [Cultos que matan], Larry Kahaner nos cuenta la historia de un muchacho de dieciséis años que después de presenciar un concierto de rock, recibió un mensaje de Satanás. Y jurando llevar a cabo dicho mensaje, regresó a su casa y asesinó a su padre y a su madre escribiendo en la pared con la sangre de ambos «Salve Satanás».[10] Estos son los Estados Unidos de hoy. «Los malos serán trasladados al Seol, todas las gentes que se olvidan de Dios».[11]

Los asesinatos superaron a los accidentes automovilísticos como la mayor razón de mortandad entre jóvenes de raza negra. La mayoría de estos crímenes ocurre entre jóvenes negros asesinando a otros jóvenes negros. Casi todos estos asesinos son producto de hogares carentes de padre. El veinticinco por ciento de la población de hombres adultos negros en Estados Unidos esta en prisión o bajo fianza. Y los hogares con padres ya sean negros o blancos promedian solo cuarenta y cinco segundos de conversación entre padre e hijo.[12]

Muchos padres que no tienen tiempo para sus hijos simplemente los ponen frente al televisor. El niño promedio mirará televisión alrededor de cuarenta y ocho horas semanales. El televisor se ha convertido en el gran niñero, maestro y lavador de cerebros. Las consecuencias son una generación cargada de violencia, lujuria, vanagloria, brujería y miedo. Mientras tanto, los padres estadounidenses permiten en su estado de ignorancia que un grupo de extraños enseñe y controle a sus hijos, todos los días, a través del televisor. La hora ha llegado de que los padres cristianos se conviertan en mayordomos y vigilantes de sus hijos. Si algún programa de televisión no glorifica a Dios ni la pureza de su santidad, apague dicho programa. Por ahora, todavía tenemos ese poder sobre nuestros enemigos.

La maldición sobre la casa

En el extraordinario capítulo veintiocho de Deuteronomio, Moisés describe las maldiciones que Dios mandará al pueblo o nación que le desobedezca. Es una terrible letanía de mal que comienza en los hogares, llega a las ciudades y, por último, afecta la economía de toda la nación.

Primero Moisés advierte: «Te desposarás con mujer, y otro varón dormirá con ella; edificarás casa, y no habitarás en ella». Hablando así de la destrucción de la familia tradicional. «Otro varón dormirá con ella» habla acerca del adulterio desenfrenado seguido por divorcio. Los hijos están heridos y dispersos como la paja azotada por un tornado.

El futuro de Estados Unidos no lo determinarán políticos en Washington, D.C., sino los padres temerosos de Dios enseñando a sus hijos los preceptos de su Palabra. Nuestros hijos deben conocer las enseñanzas de la justicia, verdad e integridad de Dios antes de que puedan aplicar estos principios a sus vidas y a su país. Esta es la base sobre la cual Estados Unidos se podrá sostener en pie.

Segundo, al describir la maldición de Dios sobre los desobedientes, Moisés advierte: «Tus hijos y tus hijas serán entregados a otro pueblo, y tus ojos lo verán, y desfallecerán por ellos todo el día».

¿Goza Estados Unidos de sus niños? Con pocas excepciones, la respuesta es no. Mueren abortados cuatro mil al día. *Home Alone* [Solo en casa] no solo es una película, sino una parodia subconsciente de una tragedia nacional. El maltrato infantil también es una tragedia nacional. La pornografía infantil es una terrible y baja realidad. Es una horrible industria multimillonaria en nuestra nación. Y mientras tanto, fotografías de desnudos infantiles en poses de adultos las subsidian con donaciones de nuestro gobierno y los medios de prensa las catalogan como «arte». ¡Los dólares de nuestros impuestos en acción!

¿Gozamos de nuestros niños? Preguntémosle a los miles de niños cuyos rostros aparecen en los recipientes de leche a través del país. Parecería que si un niño escapa al cuchillo carnicero del aborcionista, enseguida otros males lo esperan con ansia para consumirlo: los vendedores de drogas, los que quieren molestarlo, los satanistas, los homosexuales, las feministas. Incluso nuestro gobierno está a la espera de ellos para dictarles sus enseñanzas humanistas en las escuelas. Hace cuarenta años la gente no creía que el diablo existía. Hoy, cientos de miles adoran abiertamente a Satanás asesinando niños para ofrecerlos en sacrificio a su nombre. ¿Amamos a nuestros niños? Creo que la respuesta es clara. Exploraremos la maldición sobre el hogar con más profundidad en el capítulo 6: «Brujería en la casa».

Tercero, al describir la maldición de Dios sobre los desobedientes, Moisés declara: «Maldito serás tú en la ciudad».

La maldición sobre las ciudades

Observe bien las ciudades de Estados Unidos. Los tumultos que han azotado ferozmente a Los Ángeles son como una bomba esperando explotar. Las pandillas controlan muchas áreas del centro de la ciudad. Ciertos barrios de Nueva York todavía los controlan el crimen organizado, puede ser la mafia o algún sindicato chino. A San Francisco lo gobiernan los homosexuales. A Las Vegas los señores de los casinos. En Nueva Orleans las pandillas de prostitución gobiernan la ciudad. Las ciudades de Estados Unidos están sujetas a la falta de ley. Las cárceles están repletas de criminales. Asesinos y violadores andan libres porque antes de cumplir su sentencia salen de la cárcel bajo palabra. Y bien sabe que algo anda mal con el sistema judicial cuando un ladrón que le dio por la cabeza con un tubo para robarle sale antes de la cárcel que usted del hospital.

Cantamos que Estados Unidos es «la tierra del libre y la casa del valiente»; mientras tanto vivimos asegurados por puertas y ventanas con barrotes. Equipamos nuestras casas con sistemas de alarmas contra ladrones utilizando la tecnología más avanzada. Amarrados a las correas tenemos perros de ataque entrenados. Las damas llevan en sus llaveros frascos de irritantes utilizados para defensa personal. Las puertas tienen candados múltiples. Las pistolas están cargadas y listas para disparar. Hay barrotes cubriendo cada ventana. Nosotros, los que pagamos impuestos de en Estados Unidos, vivimos prisioneros en nuestras casas y víctimas en nuestras calles. Si cree que Estados Unidos es libre, lo están engañando.

Cuarto, Moisés advierte: «Maldita tu canasta y tu artesa de amasar». Por supuesto, se está refiriendo a la economía.

La maldición económica

¿Cómo le va a Estados Unidos económicamente?

• Los Estados Unidos de América está cerca de los cinco trillones de dólares en deuda y esta aumenta a razón de un billón diario.

• Solamente en pagos de intereses, la deuda nacional necesita de todos los impuestos de los ciudadanos al oeste del Mississippi.

• La deuda federal alcanza los dieciocho mil por cada persona en Estados Unidos.

• Un gran economista nos advirtió que «estamos en una carrera hacia la bancarrota que pondrá a nuestros hijos y nietos en una esclavitud económica dependiente de otros países. Estados Unidos se mueve ciegamente hacia convertirse en una economía de Tercer Mundo y no habrá recuperación simplemente porque hemos gastado más allá de nuestros medios durante cuarenta años».[13]

• En el libro *Banking on the Brink* [Trámites bancarios al borde], un economista importante presagia que pronto caerán más de dos mil bancos en Estados Unidos.[14] Los bancos no fallan, los anexan. ¿Se ha dado cuenta cómo hay más megabancos y menos pequeños? Eso implica que hay más riquezas en las manos de menos personas, esto fue una de las mayores causas del derrumbe económico de 1929.

• La crisis de los ahorros y créditos finalmente costará a las generaciones venideras 1.3 trillones de dólares más de intereses.

• Una crisis en cuanto a las pensiones cuelga sobre las cabezas de los trabajadores estadounidenses como resultado de la codicia. Bajo el deseo de enriquecerse rápido, invirtiendo en bonos sin valor en el mercado, ahora la mayoría de esos bonos son solo papel sin valor.

En el horizonte está el enfrentamiento con la mayor crisis económica desde la independencia. Por años el gobierno federal ha estado incursionado en los fondos del Seguro Social. Se han llevado billones de dólares de estos fondos, reemplazándolos con notas que indican que algún día lo repondrán si tienen los medios para hacerlo. En las últimas décadas, esta fuente se ha quedado sin los medios para proveer a sus beneficiarios y nadie sabe cómo solucionar el problema. Una arreglo sería aumentar la edad de retiro hasta los setenta años guardando así el dinero que le correspondería a los retirados. Otra idea es la de anular los beneficios para quienes el gobierno considera en condiciones de autosolvencia. Por supuesto, el gobierno decidiría lo que es idóneo.

El resultado de este trastorno es que el país más rico del mundo ahora enfrenta un futuro financiero incierto solo porque el gobierno no pudo controlar sus desmedidos gastos. Durante la administración del presidente Reagan, el *Grace Comission* condujo un estudio detallado para demostrar cómo Estados Unidos gastaba su dinero. Esta comisión descubrió que por cada dólar en nuevos impuestos, el gobierno gastaba ochenta centavos más.

Las opciones económicas para Estados Unidos son pocas. Algún día, en un futuro no muy lejano, un presidente estadounidense tendrá dos opciones: podrá declarar al país en bancarrota o podrá darle instrucciones al Departamento del Tesoro para que imprima más dinero causando así una superinflación que destruirá la economía.

Quinto, al describir la maldición de Dios contra una nación desobediente, Moisés advierte: «Jehová traerá sobre ti mortandad, hasta que te consuma de la tierra».

La maldición de la mortandad

El SIDA es una de esas plagas incurables. No importa el adelanto que surja en un laboratorio médico. El SIDA es todavía tan mortal como siempre lo fue. El que se contagia de SIDA, muere. Y el hecho es de que hay decenas de millares en Estados Unidos que son portadores silenciosos de esta enfermedad.

Pero hay buenas noticias. Todo aquel que ha nacido de nuevo por la sangre de Jesucristo tiene una póliza de seguro que nadie puede cancelarle. El Salmo 91.10 declara: «No te sobrevendrá mal, ni plaga tocará tu morada». Hay esperanza. El SIDA no puede hacerle frente al poder del Dios Todopoderoso.

Así como muchos han caído al SIDA, muchos más han muerto en los campos de batalla peleando por Estados Unidos. Examine lo que Moisés dijo en Deuteronomio 28.25: «Jehová te entregará derrotado delante de tus enemigos; por un camino saldrás contra ellos, y por siete caminos huirás delante de ellos». Dios juzga y destruye una nación por su pecado. Israel perdió la batalla de Hai por el pecado de uno de sus hijos. En nuestros tiempos hemos visto enemigos débiles sin mucha relevancia en el foro internacional, sin muchos recursos financieros, sin armas avanzadas. Perdimos en Corea. Perdimos en Vietnam.

La victoria incluso nos eludió en la Guerra del Golfo Pérsico. Aun después de destruir al enemigo demostrando superioridad en armamentos y posibilidades, este salió de debajo de la roca del que estaba escondido para burlarse de nosotros otra vez. ¿Qué cambió después de los millones de dólares gastados en la Guerra del Golfo? Sadam Hussein todavía está en el poder. Todavía está tratando de conseguir capacidad nuclear. Aun pretende amenazar a Israel. Aún desea conquistar Jerusalén. Y a las personas que fuimos a ayudar, hoy nos ven como un socio tan inseguro que están limitando nuestra presencia allí no sea que provoquen a Sadam Hussein.

Sexto, Moisés advierte a la nación desobediente que «el extranjero que estará en medio de ti se elevará sobre ti muy alto, y tú descenderás muy abajo». Oseas escribió: «Devoraron extraños su fuerza, y él no lo supo».[15]

La maldición de la servidumbre

Países extranjeros están comprando nuestra tierra, comercios, edificios e industrias de debajo de nuestros pies. Estos extranjeros no tienen la culpa. Pero cuando el terreno se venda, ¿cuáles intereses crees que protegerán en primer lugar? Nuestros líderes nacionales dicen que hay bombas de tiempo plantadas en Wall Street. Otras naciones tienen tanto interés en comprar acciones y bonos que mantienen a Estados Unidos como rehén. Si el Congreso no vota como les interesa, el congresista se tendrá que marchar. El resultado podría ser desastroso. No estamos controlando el destino económico de Estados Unidos. Otros países tienen el control.

La solución no radica en el Congreso ni en algún liderazgo nacional, la solución radica solo en la Iglesia de Jesucristo. La Biblia nos dice en 2 Crónicas 7.14: «Si se humillare mi pueblo, sobre el cual mi nombre es invocado, y oraren, y buscaren mi rostro, y se convirtieren de sus malos caminos; entonces yo oiré desde los cielos, y perdonaré sus pecados, y sanaré su tierra». Este es nuestro llamado, que seamos leales a la Palabra de Dios. Es nuestra esperanza para que nuestro país vuelva de las manos de poderes extranjeros que nos tienen como rehenes.

En nuestro llamado a la absoluta lealtad a Dios, debemos, como una nación, defender lo que es correcto y oponernos a lo malo. Recuerde, Dios nos está mirando. Él es el único al que debemos temer.

Cuando el presidente se dirija a la nación y diga que los homosexuales deben tener los mismos derechos que los demás permitiéndoles entrada a las fuerzas armadas, como una nación debemos pararnos y dejar que se escuche nuestra voz diciendo rotundamente: «¡No! Porque aunque tengamos amor por todo ser humano hay ciertas clases de comportamientos que Dios abomina. ¡No los aceptaremos!»

Cuando Hillary Clinton traiga al frente de su agenda el tema de que los niños deberían tener derechos para entablar juicio a sus padres divorciándose de ellos, debemos dejar que se escuche nuestra voz diciendo: «¡No! Hijos, honren a sus padres y madres, para que sus días sean largos sobre la tierra».

Si el Departamento de Bienestar Social continúa imponiendo impuestos sobre los trabajadores para después darle ese dinero a quienes no trabajan, debemos pararnos juntos y dejar que los líderes de nuestra nación nos escuchen decir: «¡No! El que no trabaja, que no coma».

Debemos hacer que nuestros niños conozcan la Palabra de Dios, que nuestros vecinos conozcan la Palabra, que los políticos también la conozcan. Es nuestra única esperanza. Si nos ridiculizan, ¿qué importa? De Jesús se burlaron. Si nos consideran fuera de la ley y nos encarcelan, ¿qué importa? David escapó de la ley y a Pablo y a Pedro los echaron en la cárcel.

Recuerde, la base para ser bendecido o maldecido es la obediencia a la Palabra de Dios. ¿Ha sido obediente Estados Unidos? La respuesta es obvia. El problema principal de Estados Unidos no es la economía, ni la taza de criminalidad, ni la corrupción de los políticos. El problema principal es el juicio de Dios, porque Dios odia al pecado y Estados Unidos está saturado de pecado.

La solución no está en las manos de los políticos, ni en las manos del Congreso, ni del Gobierno. La única solución está en las manos de cada cristiano que con fe debe orar y creer que Dios bendecirá a Estados Unidos una vez más y que la levantará como testigo en el mundo. Dios es el único que nos puede salvar. En Génesis levantó un poco de polvo, sopló aliento de vida sobre él y se convirtió en un ser viviente. Ese Dios que servimos es el Creador, nuestro Señor y nuestro Maestro. Él es el único Dios y nuestra única salvación.

SEGUNDA PARTE

Engaño en el hogar

Capítulo seis

Brujería
en la casa

El engaño en el gobierno y la vida pública no es comparable a la brujería que ha invadido los hogares de Estados Unidos en estos últimos tiempos. Los divorcios alcanzan grados epidémicos y se perciben como la lógica cura de cualquier conflicto matrimonial. En ciertos casos, algunas leyes estatales recientes simplifican más el divorcio que la obtención de la licencia de conducir. El feminismo nos trata de decir que hay muy poca diferencia entre los géneros. Los diseñadores de moda alientan a los varones a usar carteras y a las muchachas a llevar artículos deportivos. Las enseñanzas bíblicas acerca del matrimonio y el hogar, que han sido parte esencial de la civilización occidental desde Constantino, literalmente se pasan por alto.

Las consecuencias han sido catastróficas. Estados Unidos está de lleno en una verdadera epidemia de enfermedades venéreas, crimen juvenil y una nueva clase de pobreza: hogares con un solo padre. En los últimos treinta años Estados Unidos ha experimentado una constante y violenta caída moral.

Y la ironía es que mientras Hollywood se queja a viva voz de que activistas políticos cristianos quieren imponer sobre la sociedad principios legislando moralidad, ellos a su vez han impuesto su filosofía atea en la juventud estadounidense. La industria del entretenimiento, procurando justificar su perverso estilo de vida, favoreció y promovió la desintegración del matrimonio en Estados

Unidos. Tanto en películas como en series televisivas resulta romántico la promiscuidad y las relaciones sexuales extramatrimoniales con muy poca consideración hacia el dolor y las consecuencias que provocan. A las enfermedades venéreas se les ha dado un nuevo nombre de diseño: EST (enfermedades socialmente trasmitidas). Un joven dijo: «Creo que el herpes es atractivo». El abandono de relaciones monógamas es tan rampante que nuevas clases de verrugas genitales comenzaron a aparecer.

Pero tengo noticias para usted. El divorcio no es la solución. La socióloga Leonore Whitesmann dice que el estilo de vida declina en la mujer en un promedio de setenta y tres por ciento en su primer año de divorcio. Contrario a lo que Hollywood nos enseña, divorciarse no es un pasaporte al paraíso. Es un boleto a un infierno en vida. La posibilidad de que un segundo matrimonio sobreviva es solo de un treinta por ciento. El de un tercer matrimonio un quince por ciento; y de ahí en adelante los promedios cada vez son menores.

Diane Medved, la autora de *The Case Against Divorce* [El caso en contra del divorcio], nos ofrece una clara y convincente evidencia. Las consecuencias después de un divorcio casi siempre son peores que el problema original. Ex parejas de matrimonios y sus hijos muchas veces reciben daño físico además de emocional. El dolor dura años. La mayoría de los consejeros concuerdan que el dolor inicial durará al menos la mitad del tiempo de la relación misma. O sea, que el rompimiento de una relación de veinte años tarda al menos diez años en cicatrizar. Pero aun así, algunas cicatrices permanecen.[1]

Sin duda, el matrimonio, los hijos y la vida familiar en Estados Unidos están bajo ataque en estos últimos tiempos. Los valores y principios que guiaron a la civilización durante siglos se descomponen por minuto. Usted no podría ocultarlo. No podría echarlo. Y no puede permitir que se adormezca en un hechizo, autoengañado en un estado de ignorancia. Para sobrevivir debemos conocer y entender los hechos que nos rodean y después actuar según el plan de emergencia que las Escrituras nos enseñan.

La familia estadounidense

¿Qué es una familia? La palabra la han usado tantos grupos para referirse a tantas cosas que ha perdido la esencia de su real significado. En la película *El Padrino*, Vito Corleone describe a su pandilla de asesinos mafiosos como «familia». Cuando Charles Manson fue en su expedición de muerte a través del sur de California, dejó en las paredes mensajes de grafiti usando la sangre de artistas cinematográficos. Sin embargo, llamó a sus depravados seguidores su «familia». El equipo de béisbol de los Bravos de Atlanta se autodenominan «familia». En muchas iglesias a través de Estados Unidos cantamos canciones que pregonan acerca de «la familia de Dios».

Hoy, los revisionistas sociales de Estados Unidos quieren redefinir la palabra *familia* para que signifique «dos adultos de acuerdo y sus hijos». Hay un cabildeo masivo con el respaldo de millones de dólares. ¿La razón? Para que homosexuales vivan juntos, adopten hijos, obtengan beneficios como matrimonio y sean socialmente aceptables. Con un mayor respaldo financiero y sin familia que sostener, pueden formar comités de acción política, pasar leyes y controlar aspectos gubernamentales. Podrían echar en la cárcel a los que predican la Palabra de Dios, pero sin embargo, no serían una familia ni nunca podrían serlo según la Palabra de Dios.

Una familia no es una casa con una dirección prestigiosa. Ni un techo que cubre de la lluvia. Ni cuatro paredes que protegen del viento. Ni un piso que soporta el andar del niño o del anciano. Ni una puerta que se abre al amigo y mantiene fuera al enemigo. Ni una chimenea prendida que calienta a los que se acercan en una fría noche de invierno. Todo esto no es una familia.

Una familia es el cuadro de una madre cocinando para quienes ama. Una familia es la risa de un bebé. Es fortaleza y presencia de un padre. Una familia son corazones unidos en calor amoroso. Es luz en ojos llenos de alegría, bondad, lealtad. Es amor pactado y demostrado. La primera escuela e iglesia debería ser para el niño su hogar. Es allí donde debe aprender a orar. Es allí donde debe ver cómo el padre trata a la madre. Es allí donde la niña ve en el ejemplo de su madre cómo las mujeres se deben relacionar con los hombres. Es allí, donde mucho antes de asistir a una escuela, los niños deben aprender de sus padres lo que es bueno o malo.

Recurrimos a la familia a buscar consuelo por estar enfermos o hambrientos o cuando este mundo nos ha golpeado y maltratado. La familia abre las puertas del cielo y nos consuela. Cura nuestras heridas con aceite de alegría y nos acoge con brazos de amor.

La familia es donde el gozo se comparte. Allí habrá alegría al recibir una promoción en el trabajo. Allí habrá orgullo cuando se logra estar en la lista de honor de la escuela. Allí se comprará todo periódico posible cuando sea el héroe de un juego de fútbol de secundaria, o una estrella de debate, o el mejor alumno de la escuela.

En las familias los hijos respetan a sus padres. Nunca serán el «viejo» ni la «vieja». Cuando llega la edad avanzada, no se echan a un lado para olvidarlos. Aunque estén en una silla de ruedas o inclinados en un sillón muy débiles para sentarse derechos, estarán allí, porque pertenecen a la familia.

La familia es donde los hijos se consideran bendiciones del Señor. No se tienen como inconvenientes a una preciada carrera. No se estiman detestables porque quizás arruinen la figura juvenil de una madre. Son ángeles que Dios envió a los esposos por unos días hasta que puedan hacer sus propias contribuciones a la sociedad. La familia es donde la comida más sencilla es digna de un rey porque se consiguió con el esfuerzo y sudor de un día honesto de trabajo. Eso es familia, y que Dios las bendiga y preserve en Estados Unidos de América. Sin embargo, lo que ocurrió en el principio sigue ocurriendo hoy.

Lo que ocurrió en el principio, todavía ocurre

A Génesis se le llama el libro del principio. Todo lo que Dios quiso que comenzara, comenzó en Génesis. El mismo plan de salvación se inicia en Génesis. También Satanás emprendió su plan de destrucción del hogar en Génesis. El libro comienza con una crisis entre el hombre y la mujer.

- En Génesis 1, los cielos y la tierra se crearon por la Palabra hablada de Dios Todopoderoso.
- En Génesis 3, el hombre se revela contra la Palabra hablada de Dios. Satanás engaña a Adán y Eva diciendo: «¿Conque Dios os ha dicho?»
- En Génesis 4, hay homicidio cuando Caín mata a Abel.
- En Génesis 9, hay pornografía.
- En Génesis 15, Dios establece un pacto con Abraham prometiéndole la tierra prometida.
- En Génesis 16, hay adulterio.
- En Génesis 19, hay homosexualidad.
- En Génesis 34, hay fornicación.
- En Génesis 38, hay incesto y prostitución.
- En Génesis 39, la esposa de Potifar intenta seducir a José.

¿Por qué hay tanto conflicto en la familia estadounidense? Porque Satanás ha estado desarrollando activamente su plan de destrucción. Y ahora, miles de años después de las experiencias ocurridas en Génesis, vamos a nuestra casa, prendemos la televisión y las mismas tentaciones hacen su entrada a nuestro hogar. Surge el tema de hombre versus mujer, hay poligamia y pornografía. Hay adulterio, fornicación, homosexualidad, incesto, prostitución y seducción. Y todo nos penetra mientras nos sentamos frente al televisor. Papá, ¿cree que las líneas escritas por Norman Lear, un hombre que se dispuso destruir los valores familiares en Estados Unidos, puede edificar de alguna manera a los hijos? Mamá, cuando escucha cómo una estrella de televisión se refiere a su esposo con palabras vengativas y maliciosas, ¿cree que puede influir en usted?

Quizás diga: «En mí, no. Censuro todas esas cosas en mi mente. Sé lo que creo».

Permítame decirle algo. Las grandes corporaciones no gastan millones de dólares por minuto para anunciar lo que no ejercería una influencia. Todo lo que ven usted y su familia va directamente a la computadora. *Click*. Allí entró. Jesús dice que «de la abundancia del corazón habla la boca».[2] ¿Cuántas horas de televisión están en su subconsciente? Compárelas al número de horas que usted y su familia pasan leyendo la Biblia. ¿Quién es el Señor del hogar, el Espíritu Santo o Hollywood?

La mayoría de los hogares estadounidenses van rumbo a la destrucción porque hemos permitido que el intelecto, las emociones y el espíritu sean engañados por una sociedad secular que no hace más que tomar el plan seductor de Génesis, ponerlo en un guión de Hollywood y distribuirlo a través de todo Estados Unidos.

Este libro es una advertencia. Satanás está detrás deseando destruir la familia, el matrimonio y los hijos. Si no lo ve, lo han engañado. El anhelo de Dios es que prospere y sea saludable espiritual y materialmente, y que su Espíritu le llene. Le digo en el nombre de Jesús que lo mejor de la televisión secular es el botón de apagar el televisor.

Sintonícese a la Palabra de Dios y reciba la plenitud del Espíritu Santo. Tome del Agua viva, deseche el desperdicio tóxico que sale de Hollywood.

Y Dios creó a la mujer

La iglesia estadounidense le ha fallado a la mujer de esta nación. Ha fallado en mostrar a una mujer plena como madre. No hay nada más honroso en esta tierra que una madre temerosa de Dios. Y aunque los medios de comunicación aplauden a mujeres banqueras, políticas o juezas, la Palabra de Dios pinta un cuadro donde la madre es el máximo exponente de una mujer triunfante. Nada es más digno de admiración. Nada más santo. Nada más sublime. Dios no le dijo a Eva: «Ahora, transfórmate en la gerente principal de General Motors». Dios dijo a la mujer: «Fructificad y multiplicaos; llenad la tierra». Su prioridad debe ser la de ser madre. Es un mandamiento.

Gerente principal del hogar

Una madre es chofer, cocinera, directora social, banquera, jefa y cuidadora de zoológico. En la maternidad, la mujer lleva a cabo uno de los planes por el que Dios le dio existencia.

El mandamiento de Dios es el de fructificar y multiplicarse.[3] Cuando rechazamos el plan de Dios, rechazamos su verdad. Y cuando rechazamos su verdad, todo lo que queda es una mentira. La Palabra de Dios es muy clara. Si obedece al Señor, prosperará. Si se rebela en contra de Él, su castigo vendrá contra usted. Le afirmo, el castigo de Dios no llegó a Estados Unidos; el juicio de Dios está en Estados Unidos ahora. Y se manifiesta en un solo mandamiento: Fructificad y multiplicaos.

Escucho decir a algunas mujeres: «Bueno, me gustaría tener un bebé, pero bien sabe los tiempos tan difíciles que estamos pasando, hay que pensar muy bien en querer traer a una criatura a este mundo». Cuando Moisés nació, el gobierno mandó a echar en el río Nilo a todos los niños judíos varones. Cuando Jesucristo nació, el rey Herodes envió a lo más selecto de su ejército a que matara a cada niño a dieciséis kilómetros a la redonda del lugar de nacimiento de Jesús. Déjese de preocupar por la política de Washington y comience a preocuparse por la política de Dios. Viva de acuerdo a las leyes de Dios para que sea «próspero y tenga salud».

Maternidad

¿Qué espera Dios de la madre? Proverbios 31 nos pinta un cuadro.

Virtuosa. Proverbios pregunta: «Mujer virtuosa, ¿quién la hallará? Porque su estima sobrepasa largamente a la de las piedras preciosas». Damas, hijas jóvenes, la virtud las hace sin precio. Jovencita, si tiene un novio en el que pasa un huracán de hormonas con el deseo de consolidar una unión y dice algo estúpido como: «Si quieres probar que me amas, hagamos el amor», déle una bofetada que deje su oído zumbando como una campana en un día frío de Navidad. Luego salga del auto, llame un taxi y váyase a la casa.

Hay diferencias entre el amor y la lujuria, y muchos no conocen esas diferencias. Permítame darle tres rápidas lecciones:

1. El amor da. La lujuria quita.
2. El amor da un anillo. La lujuria un preservativo.
3. El amor es paciente, benigno y comprensivo. La lujuria es fría, cruel y demandante.

Debería escribirlo en algún lugar de manera que lo logre repetir hasta en sueños.

Provee alimento. «Se levanta aun de noche y da comida a su familia y ración a sus criadas». Sabe hacer algo para cenar más allá de las reservas.

Trabajadora. «Su lámpara no se apaga de noche». Se levanta temprano. Permanece despierta hasta tarde. No se sienta en un sillón comiendo bombones mientras mira televisión.

Es discreta. «Y la ley de clemencia está en su lengua». No es una chica fiestera de una escuela de alcurnia que corre más kilómetros que un sargento de infantería. Nos alegramos cuando algunas personas llegan. Nos alegramos cuando algunos se van. Siempre nos alegramos cuando vemos a la mujer de Proverbios

31. Está casada y es madre, en ese orden, algo que la juventud de Estados Unidos necesita hacer entrar en su cabeza.

Sumisa a su esposo. En el Antiguo Testamento se enseña. También en el Nuevo Testamento. Pablo lo enseña. Pedro lo enseña. No será popular, pero está en toda la Biblia. Sí, es eso, lo de la sumisión.

El asunto de la sumisión

Comparemos esos famosos versículos de Efesios 5.22-24 con lo que la Biblia dice en Colosenses 3.18. «Las casadas estén sujetas a sus propios maridos, como al Señor». Miren el relato bíblico a fin de reconocer los problemas que surgen cuando un hombre se somete al liderazgo de su esposa. No a la *necesidad* de su esposa, sino al *liderazgo* de su esposa.

Adán escuchó a Eva, y Dios los echó del huerto de Edén porque comieron del fruto prohibido. El propósito de Dios fue que su creación humana gozara del huerto de Edén. Y sin mosquitos. Pero Adán tomó del fruto y entre los dos comieron y nos dejaron fuera de hogar y casa.

Un día llegué a mi casa después de un largo día de trabajo cuando Diane preparaba la cena en la cocina; y mientras me quejaba del día, ella me dijo: «Toma, prueba este bocado». Obedientemente lo probé. «¡Viste!», dijo ella, «¿cuán fácil fue?» Está bien, pero de todas maneras le daré una buena patada en las canillas a Adán cuando llegue al cielo.

Abraham también escuchó a Sara, su esposa. Durante años trataron de tener hijos, pero sin resultado, ya que ella era estéril. Así es que Sara le dijo: «Ve a mi sierva, Agar, y ten un niño con ella».

Abraham dijo: «Tal parece que esta es la voluntad de Dios para mí». ¡Zas!... a la tienda de Agar. Poco después que Agar quedó embarazada, Sara se tranquilizó y también quedó embarazada. Ahora, al fin, Abraham y ella tendrían un hijo. Los sueños se hacen realidad. Pero cuando los hijos de Sara y Agar nacieron, Sara cambió de parecer. Decidió que Agar y su hijo Ismael se marcharan y que Abraham debía echarlos. Abraham obedeció. Fue así que Agar y su hijo, el primogénito de Abraham, recibieron la orden de ir al desierto.

Agar casi se muere, pero Dios observaba y Él siempre protege al inocente. El problema es que ese niño Ismael llegó a ser el padre de los árabes. El hijo de Sara, Isaac, es el padre de los judíos. Lo que comenzó en disputa familiar hace seis mil años es ahora una crisis internacional en el Medio Oriente. Todo se debió a que un hombre escuchó el mandamiento de su mujer, en vez del de Dios.

El tema principal que tratan los grupos por la «liberación femenina» no se refiere a que si el trabajo es el mismo, la paga debería ser la misma. El tema de la liberación femenina es el de la autoridad. Se trata de quién será el líder en el hogar y quién dirigirá en el lugar de trabajo. La batalla más importante en el hogar estadounidense es determinar quién tiene la autoridad. ¿Quién es la cabeza del hogar? Un cuerpo con dos cabezas es un monstruo. Una familia con dos cabezas es zona de guerra.

La autoridad Dios la dio al varón para que con amor dirigiera el hogar. Los reyes y todos los que tienen autoridad dirigen en el gobierno. Dios dijo: «He dado autoridad a Adán. Es de él. Para que gobierne su casa». Cualquiera que ataque el papel de líder del varón en el hogar, está atacando el plan de Dios. Dios actúa a través de autoridad delegada, esa es la autoridad justa. En el hogar, Dios obra mediante la autoridad del padre. En la nación, Dios actúa mediante la autoridad de los gobernantes, así como lo delineó en el octavo capítulo a los Romanos.

Satanás es el que da la autoridad injusta para rebelarse contra el plan que Dios le dio al hombre. Todo lo que Satanás hace es a través de la autoridad injusta y es diametralmente opuesto a la autoridad de Dios. La brujería[*1] es el método que Satanás utiliza

---

1 [*]Nota a la edición en castellano: El autor se basa en 1 Samuel 15.23. Donde la versión RVR-60 dice «pecado de adivinación», la versión *New King James* en inglés dice «brujería».

para desarrollar su injusta autoridad. Las tres manifestaciones de la brujería son manipulación, intimidación y dominio.

Permítame darle un ejemplo. La damita del hogar le dice al caballero que si hace lo que le pide o le complace comprando algo que quiere, el dormitorio cobrará vida esa noche. Pero, ¡ay si no cumple! Esa noche en el dormitorio el frío será más pronunciado que en una montaña de nieve.

Eso es brujería, lisa y llanamente. La Biblia dice: «La mujer no tiene potestad sobre su propio cuerpo, sino el marido».[4]

La mujer que controla el hogar mediante su estado anímico practica la brujería. Jezabel controló a Israel manipulando a Acab y lo hizo mediante un estado de ánimo. La Biblia dice que nunca hubo una mujer en la tierra como Jezabel. He escuchado a algunos esposos decir: «Tengo que hacerle caso a mi esposa o estará furiosa conmigo por días». Quiero que entienda algo, cuando sucumbe a esas actitudes, simplemente las alimenta. Crecerán. Se multiplicarán. No le hace un favor a su esposa. A la larga, la hará miserable. Ella da muestra de espíritu de brujería, y si da resultado, lo seguirá usando para dominarlo. Póngase los pantalones. Usted es el hombre de la casa. Salga de abajo de la cama y ocupe el lugar que debe.

El sentido de culpa es otra de las armas principales del manipulador. La esposa le dice al esposo: «Quiero recordarte que casi me muero al dar a luz a tu hijo». Por supuesto que ahora el esposo tiene sesenta y dos años, pero ella quiere que no deje de recordar ese dolor. «Me casé contigo a pesar de que mi madre, que en paz descanse, estaba en contra, y hace diez años llegaste tarde a cenar, no lo olvides». Eso se llama manipular creando sentimiento de culpa. Eso es brujería.

¿Cómo romper ese ciclo? No por evasión; la brujería controla sin confrontar. La Biblia dice que la enfrentemos «siguiendo la verdad en amor».[5] Así es que, cuando tenga un problema conyugal, no huya; mire el problema, cara a cara, y amorosamente con principios espirituales, resuélvalo.

Algunas esposas se quejarán: «No puedo confiar en el liderazgo

BRUJERÍA EN LA CASA

de mi esposo. No hace buenas decisiones». Él se casó contigo y tú con él. ¿No es cierto?

La mujer y la iglesia

La Biblia dice en 1 Timoteo 2.9: «Que las mujeres se atavíen de ropa decorosa, con pudor y modestia». Lo que usa dice mucho acerca de lo que es. Hay libros escritos acerca del tema. Tengo un libro de sicología en mi oficina que dice que una vestimenta extraña es señal de una mente perturbada. Y si eso es cierto, ¡la mitad de la población estadounidense debe estar sufriendo un colapso nervioso!

Esposa, de acuerdo a la Palabra de Dios, la ropa debe ser modesta. Si quiere que le traten con madurez, como un ser humano sensible, con sueños, con esperanzas como cualquier otra persona, vístase como tal. La ropa modesta es más que buen gusto, demuestra autorrespeto.

Asimismo, en la carta a Timoteo, Pablo dice que una mujer no debe ser una vitrina para la prosperidad de su marido. No debe ser una boutique andante de oro, perlas, vestidos de diseñadores famosos. Dios no es tosco. Tiene buen gusto. No es que sea uno que se acaba de enriquecer. Sus riquezas siempre han existido. Quiere enorgullecerse de nosotros, le importa lo que usamos y quiere enseñarnos qué usar.

La carta de Pablo es muy clara. La mujer no debe tener autoridad espiritual sobre el hombre. Ordenar a una mujer como pastor sobre un hombre claramente viola las claras enseñanzas del apóstol Pablo. Ordenar a una mujer no es progreso, es contrario a la enseñanza y predicación de la Palabra de Dios. La mujer puede tener un ministerio de sanidad. Puede tener un ministerio de enseñanza. Puede trabajar bajo la autoridad de su marido. Pero no debe ser pastor de la iglesia. Eso lo enseña la Palabra de Dios.

¿Por qué ser tan estrictos? ¿Por qué incluso Pablo dice que las «mujeres callen en las congregaciones»?

En una sinagoga ortodoxa, los hombres y las mujeres están

separados. Cuando Pablo o cualquier otro enseñaba, alguna mujer agresiva llamaría a su esposo: «Abel, ¿qué está diciendo? ¿Estás de acuerdo con lo que dice?»

Pablo dice: «Discútelo en la casa, no quiero que el culto de la iglesia se derrumbe por una discusión familiar».

En 1 Timoteo la Biblia expone claras instrucciones para las viudas. La Biblia dice que las viudas deben honrarse, cuidarse y ayudarlas en su sostén. Pero la Biblia tiene algunas calificaciones claras para recibir esa ayuda. La viuda no debe tener menos de sesenta años de edad. Se debe haber mantenido fiel a su esposo. Debe haber criado bien a sus hijos. Debe haber mostrado hospitalidad a los santos, ayudando a los necesitados y devota a las buenas obras. Eso es lo que constituye una viuda bíblica. Alguien que se pasaba la vida en una taberna y ahora viene a la iglesia para salvarse diciendo: «Ayúdenme», no es una viuda con características bíblicas. Así no resulta. Debe invertir su vida en el reino de Dios y después el reino de Dios le cuidará. Así es como resulta.

Hay más. Si una viuda tiene hijos o nietos, estos deben sostenerla. Recuerden que la Biblia dice que cualquiera que no provee para su propio sostén niega la fe y es peor que un incrédulo.[6] Y no se ajusta solo a los hombres.

Los capítulos dos y tres de la carta a Tito dicen que las ancianas deben enseñar a las mujeres jóvenes cómo «amar a sus maridos y a sus hijos[...] cuidadosas de su casa». ¿Es esto lo que aprenden los jóvenes en los hogares cristianos de hoy en día? No. Por lo general, las ancianas de los hogares estadounidenses dicen: «Querido, si el mocoso abre la boca, le dices: "Es a mi manera o te vas"».

Tenemos una nueva generación de padres que se han criado sin disciplina. Recibieron todo lo que querían cuando lo querían. Y cuando se casaron y tuvieron que trabajar a la par de un cónyuge, en lugar de los dóciles papás, no supieron cómo reaccionar.

¿Sabe por qué la compañía McDonald's contrata personas mayores para trabajar? Porque saben trabajar. Hay una generación de jóvenes que lo único que saben es usar una tostadora y apretar botones del control remoto del televisor. Y la generación que le sigue es aún peor. Los trabajadores sociales pueden decirle quién educa a los niños de Estados Unidos hoy. Son las cárceles, guarderías o los abuelos. Al menos los abuelos saben cómo cuidar a los niños. Esta generación de «primero yo» no sabe, no se les enseñó.

Los niños de hoy pueden decir: «Si lo quiero, dámelo ahora, si no me verás en un ataque de malacrianza y te abochornaré en público. Y si me das una paliza, te arrestarán».

Quiero que sepa que cuando acepta el cuadro familiar de Dios esta tontería termina. El padre dirige, la esposa se sujeta a ese liderazgo y los hijos le honran como autoridad en sus vidas... y si no lo hacen, sus nalgas arderán por unos días.

En los últimos treinta años los padres estadounidenses han abandonado a sus hijos entregándoselos al estado. Quiero decirle algo. No hay un versículo en la Biblia que diga que sus hijos pertenecen a Washington, D.C. Madre, los hijos en el hogar los dio Dios. Son sus hijos, necesita actuar como si fueran suyos y necesita pelear para que sobrevivan espiritualmente.

La Palabra de Dios está llamando a mujeres puras, castas, honorables que amen a sus hijos, cuiden a sus padres, muestren hospitalidad a todos. Ese es el cuadro de la mujer perfecta para Dios. Y ese cuadro se aleja del estereotipo de la «chica» del comercial de cigarrillo de la misma manera que una «dama de iglesia» no encaja en el programa de televisión *Saturday Night Live*.

Capítulo siete

Padres de engaño

Antes de que Dios fuera un juez, fue un Padre. Antes de ser Creador, fue Padre, y como tal estableció un patrón bíblico para el gobierno de una familia. Entiende nuestras necesidades sicológicas. Conoce acerca de nuestros deseos y dedicó tiempo para decirnos lo que espera de cada miembro de la familia.

En la Palabra de Dios, el padre es el proveedor, el sacerdote, el profeta y el rey. Como proveedor, trabaja. Como sacerdote, guía. Como profeta, protege. Como rey, gobierna.

El hombre como proveedor

La Biblia nos dice: «Si alguno no provee para los suyos[...] ha negado la fe, y es peor que un incrédulo».[1] Esto se ajusta sobre todo a la cabeza del hogar, el padre. Estas son palabras poderosas y Estados Unidos necesita escucharlas. Mientras el resto del mundo ha dejado de experimentar con el socialismo y declarado su muerte, una ignorante banda de ricos y minoría selecta de los medios de comunicación quieren apaciguar sus conciencias culpables guiándonos para que nos lo traguemos a la fuerza. Los medios de comunicación nos dicen que el gobierno tiene la responsabilidad de rescatarnos. Pero Dios espera que los padres ocupen su lugar trabajando y proveyendo para sus familias. Si está físicamente enfermo o incapacitado y no puede trabajar, es otra historia. Pero si está físicamente en condiciones y no trabaja, para Dios usted es peor que un incrédulo.

Usted dirá: «Pero, ¿no provee Dios?» Sí, Él provee. Provee gusanitos para los pajarillos, pero no se los pone en el pico. Se levantan y lo van a buscar. Mientras haga su parte, Dios hará la suya. El viejo dicho: «Trabaja como si todo dependiera de ti y ora como si todo dependiera de Dios», es muy cierto. Recuerde que la Biblia dice: «Si alguno no quiere trabajar, tampoco coma».[2]

Dios es proveedor. Es *Jehová-jireh* y espera que los padres de esta tierra provean para los suyos. Estados Unidos está hoy en día saturado de una subcultura creciente llamada «padres de una noche»; hombres que gestan hijos con su amante o esposa de turno dejándolas solas para criar a los pequeños sin dar señales de vida. Esto no es independencia sexual; es locura moral. Ciudadanos de Estados Unidos, necesitamos enviar un mensaje claro a este tipo de padres: «Provea para las necesidades de esa madre y los hijos o irá a la cárcel y se quedará allí».

Los encargados de relaciones públicas en Hollywood adulan a las estrellas del cine que crían y mantienen a sus hijos ilegítimos. Mientras tanto, el padre se enfrasca en alguna otra relación en busca de sí mismo. La serie televisiva *Murphy Brown* trató el tema, mostrándolo dentro de un aire de respeto. Madonna dio a luz fuera del matrimonio mientras Hollywood la aplaudía. Sin embargo, para una niña de dieciséis años que vive en un barrio pobre, quien arruinó su vida al quedar embarazada, esto no es motivo de risa, ahora está condenada a una vida de dependencia económica social por generaciones. La libertad sexual no es el derecho de hacer lo que quiera. Libertad es el derecho de hacer lo que se debe y la Biblia, el manual de instrucción de Dios, muestra el camino. Winston Churchill decía: «La responsabilidad es el precio de la grandeza».

Dios el Padre es también *Jehová-sama*, que significa simplemente: «El Señor está presente». No tenga la menor duda, Dios espera que el padre terrenal «esté presente». Muchos padres no están. Simplemente abandonan el hogar. Algunos no están aunque vivan en la casa. Su prioridad es la carrera o el trabajo en vez de su esposa y sus hijos. Algunos proveen cuartos llenos de juguetes y jardines llenos de artículos de plástico y metal, pero no proveen apoyo emocional, espiritual o intelectual. En estos casos están, pero en realidad no es así, abandonaron el hogar.

Los sociólogos le han puesto un nombre a esos padres. Los llaman «padres fantasmas». ¿Y quiénes son? Un estudio mostró que «69% de violadores, 72% de criminales adolescentes y 70% de presos con una larga condena vivieron en un hogar sin padre».[3]

Un 40% de niños estadounidenses viven hoy sin sus padres biológicos. Para el año 2000, el gobierno dice que 60% de los niños nacidos en Estados Unidos serán ilegítimos. Estamos viendo la muerte y la destrucción de Estados Unidos.

¿Qué piensa Dios acerca de esto? Malaquías 4.6 dice: «Él hará volver el corazón de los padres hacia los hijos[...] no sea que yo venga y hiera la tierra con maldición». ¿Tomaron en serio alguno de sus padres este versículo? Los míos sí lo hicieron.

Bill Bennett, ex secretario de educación y zar en la lucha contra las drogas, esbozó la información de lo ocurrido en los hogares carentes de padre en Estados Unidos durante los últimos treinta años. ¿Cuáles son esas estadísticas? Un 560% de aumento de violencia criminal; un 400% de aumento de arresto juvenil; un 200% de aumento de suicidio juvenil.[4] Todo esto mientras el pueblo estadounidense gasta billones de dólares para conquistar el problema.

En el capítulo 5 dije que el problema mayor en Estados Unidos no era la pobreza, el crimen y el gobierno. El problema principal en es el juicio de Dios y este está cayendo sobre el país porque los padres desaparecieron del hogar. Necesitamos un programa para que vuelvan al hogar y comiencen a criar a los hijos que gestaron. Dios tiene ese programa.

El hombre como sacerdote de su familia

Como sacerdote, el padre representa a su familia ante Dios. En Éxodo leemos la historia de la Pascua. A pesar de las plagas que devastaron la tierra, el gobierno tozudo del faraón no quería dejar ir a los esclavos israelitas. Dios entonces envió al ángel de la muerte a que pasara sobre la ciudad. El ángel se llevaría a cada primogénito de las familias egipcias. A cada familia israelita se le advirtió que sacrificara un cordero y untara su sangre en el dintel y los postes de la puerta. Esa fue responsabilidad del padre.[5] Sin esa sangre la familia recibiría la visita de la muerte. El bienestar de cada familia dependía de la acción del padre. Si el padre fallaba, el hijo mayor moría.

En nuestra generación, el ángel de la muerte está pasando sobre Estados Unidos de América y viene con drogas, enfermedades sexuales y rebelión. Papá, si no toma la sangre de la cruz y la vierte sobre la puerta del alma y sobre las almas de los hijos, su familia no sobrevivirá.

En el primer capítulo de Job, el padre ofrece sacrificio quemado por cada hijo e hija, por nombre, para que la protección viniera sobre ellos y fueran librados del juicio de Dios. Sabía que si fallaba en ofrecer un sacrificio que representara a sus hijos ante Dios, estos serían destruidos. Papá, ¿representa a sus hijos ante Dios? Y si no lo hace usted, ¿quién lo hará? Y si no lo hace ahora, ¿cuándo comenzará? A los hijos de Estados Unidos los destruyen padres que se niegan a ser sacerdotes de su hogar.

El sacerdote guía a la familia en la adoración. A mí me preocupa mucho menos la escuela que la casa, porque no es responsabilidad del maestro escolar enseñar al hijo a orar, tampoco es su responsabilidad enseñarle los principios de la Palabra de Dios. Es responsabilidad de usted.

Permítame contarle un secreto que aprendí después de años de consejería matrimonial. La oración produce intimidad, puede haber verdadera intimidad sexual. El matrimonio es espiritual y nada acentúa más la intimidad en el matrimonio que la oración.

Cuando Moisés subió al monte Sinaí, fue a un lugar de oración. Se quedó tanto tiempo que la Biblia dice que Dios le habló «cara a cara, como habla cualquiera a su compañero».[6] En otras palabras, Dios mismo se manifiesta íntimamente mediante la oración. En el día de Pentecostés, los discípulos oraron hasta estar de acuerdo. Lograron tal intimidad en esos diez días que salieron y vendieron todo lo que tenían para ayudarse mutuamente. Cuando hoy pasamos el platillo de la ofrenda en la iglesia, nos consideramos afortunados si nos lo devuelven.

El hombre como profeta en su hogar

Como sacerdote, el hombre representa a la familia ante Dios, como profeta hace lo contrario. Como profeta representa a Dios ante la familia.

La Biblia dice en Génesis 6.8 que «Noé halló gracia ante los ojos de Jehová». Y el Señor le dijo a Noé: «Entra tú y toda tu casa en el arca».[7] Dios habló a Noé, el padre, y le dijo qué hacer. Le describió la inundación que habría de venir. Le dijo cómo escapar y, al final, «quedó solamente Noé, y los que con él estaban en el arca».

Hebreos 11.7 dice: «Por la fe Noé, cuando fue advertido por Dios acerca de cosas que aún no se veían, con temor preparó el arca en que su casa se salvase». Escúcheme, papá. Vendrá sobre Estados Unidos el tiempo cuando su familia solo se salvará dependiendo de usted. Si escucha a Dios, llegará el momento en la vida en que su familia vivirá o morirá espiritualmente. Y dependerá solo de su comunicación con Dios. Usted es el sacerdote y el profeta.

Como profeta, el padre está en guardia

La Biblia dice que Satanás anda como león rugiente buscando a quien devorar, y quiere devorar su familia. Quiere devorar a su esposa y sus hijos. Usted los cuida enseñándoles la Palabra de Dios. Satanás no se impresiona de los dichos coloridos que quizás traiga a la casa de la cámara de comercio. No se apoca ante niñas y niños exploradores ni ante una liga deportiva infantil. Sin embargo, al diablo lo destruye la Palabra de Dios. Conoce el poder que en la Biblia existe.

En una parábola, Jesús describe a un hombre rico y a un mendigo llamado Lázaro. El hombre rico murió y fue al infierno. Lázaro murió y «fue llevado por los ángeles al seno de Abraham». Desde el infierno el hombre rico le pidió a Abraham que enviara a Lázaro para que hablara con los de su familia que todavía vivían en la tierra. Pero Abraham le reprendió diciendo: «Si no oyen a Moisés y a los profetas, tampoco se persuadirán [arrepentirán]».[8]

El salmista dice: «En mi corazón he guardado tus dichos, para no pecar contra ti».[9] La Palabra de Dios es luz para un mundo en tinieblas. Es pan, es agua viva. La Palabra es la espada de la verdad. Pablo se refiere a ella como leche para los niños y vianda para los adultos. La Palabra es un libro de amor, un libro de misterio, revelación, esperanza y profecía. ¿Quiere conocer el futuro? Lea la Palabra de Dios. La Biblia es el manual sobre las relaciones sexuales más importante en existencia. ¡Estas son maravillosas! La mayoría estamos aquí por ellas. La Palabra de Dios es un libro de planificación familiar. Y lo más importante es que presenta a nuestros hijos al Dios vivo.

Entendámoslo, Dios no es un conserje cósmico parado en los cielos esperando de usted una propina religiosa cada domingo. Tampoco es un abuelo senil benignamente sentado dando aprobación a la vida alejada de Él. Dios es un monarca, poderoso y majestuoso. Gobierna desde su trono. Tiene millones de agentes que vienen y van, de acuerdo a sus órdenes. Es un monarca de juicio e ira, así como también lo es de compasión y amor. Es el Dios que espera que haga lo que le dice en su Palabra. Jesús dijo: «¿Por qué me llamáis Señor, Señor, y no hacéis lo que yo digo?»[10]

Sus hijos no se encontrarán con Dios jugando al Nintendo. Ni tampoco mirando los programas de deportes. Usted, padre, es responsable de presentar sus hijos a Dios. Él le asignó esa tarea. Se llama liderazgo. Se llama ser la cabeza del hogar. Es ser profeta de la familia. Y algún día le demandará un informe que explique cómo fueron las cosas.

Como profeta el padre bendice a su familia

En la Biblia la bendición del padre determina el triunfo o fracaso de la familia. El padre es el líder espiritual. Padre, lo que le diga a su esposa e hijos literalmente predestina su desarrollo intelectual, emocional y quizás hasta el físico.

- Proverbios 15.4 dice: «La lengua apacible es árbol de vida».
- Proverbios 18.21 dice: «La muerte y la vida están en poder de la lengua».
- Santiago 3.6 dice: «La lengua es un fuego» y «contamina todo el cuerpo».

Ese es el tipo de poder que la Biblia dice que tenemos mediante las palabras.

Cuando Isaac era viejo, sus ojos eran tan débiles que no podía detectar a sus hijos sin tocarles la piel (Jacob tenía la piel suave, mientras Esaú era un hombre velludo). Jacob y su madre Rebeca conspiraron para robarle al mayor, Esaú, la primogenitura, la bendición paternal. Ya conoce la historia, está en el capítulo 27 de Génesis. Sepa que Jacob tuvo éxito. Isaac, el padre anciano, bendijo a Jacob en Génesis 27.27 y cada palabra de la bendición a su tiempo sucedería. Apenas Jacob salió de la tienda de Isaac, hizo su entrada Esaú con un guisado para su padre, dispuesto a recibir la bendición que le pertenecía por derecho.

Isaac tembló airado al conocer el engaño de Jacob. Pero la bendición que depositó en Jacob no podía quitarla. Isaac dijo: «Yo le bendije [a Jacob], y será bendito».[11]

Esaú suplicó a su padre pidiéndole que le bendijera. Isaac

pronunció sobre Esaú una bendición que parecía más una maldición: Esaú viviría en el desierto. Viviría por la espada y serviría a su hermano Jacob. Estas tres cosas sucedieron exactamente como Isaac dijo.

Años después, ya anciano Jacob y siendo la autoridad espiritual de su hogar, bendijo a sus doce hijos y todo lo que dijo sobre sus vidas ocurrió con el tiempo. Y no fue que sus palabras anunciaron en parte los acontecimientos que sucederían; su bendición patriarcal aconteció en cada mínimo detalle. Padre, las palabras tienen poder, tienen el poder para forjar la vida y destino de los hijos.

Las noches de cada viernes, madres y padres judíos bendicen a sus hijos. En el *bar mitzvah* les imponen las manos ante la congregación presente y les bendicen. ¿Qué les dicen? Muchas veces usan la bendición del capítulo 16 de Números e incluyen otras bendiciones que desean que vengan sobre ese hijo en particular. Y, con el poder recibido por la bendición impuesta, esos niños salen a enfrentar la vida para llevar a cabo estas grandes cosas que les han puesto. Se les dio autoridad espiritual para llevar a cabo estas cosas y el poder que la bendición les impartió está en ellos.

¿Cuántos padres miran a sus hijos y les gritan obscenidades? ¿Cuántos incluso usan el nombre de Dios para maldecirlos? ¿Cuántos los llaman estúpidos maldiciendo el potencial intelectual del niño? ¿Cuántos gritan: «No sirves ni nunca servirás para nada», maldiciendo el potencial económico de la criatura?

Usted es el profeta en su casa. Es la autoridad espiritual ante su esposa e hijos. Cuando le hable a la esposa, bendígala en el nombre del Señor. Cuando le hable a los hijos, bendígalos en el nombre del Señor. Lo que hable cobrará vida. La bendición o la maldición que pronuncie a hijos y nietos hasta el fin de los días.

Papá como rey

Finalmente, de acuerdo con las Escrituras, el hombre es el que gobierna su hogar. Es el rey. Muchos hombres imaginan que este es el plan de Dios para que miren cómodamente sentados los deportes en la televisión mientras las esposas les sirven limonada fría. Ser rey no se trata de eso. El rey gobierna. No es un holgazán en posesión del control remoto.

¿Por qué Dios eligió a Abraham para ser el padre de todos los creyentes? Génesis 18.19 nos dice: «Porque yo sé que mandará a sus hijos y a su casa después de sí, que guarden el camino de Jehová».

Esto implica que usted decide cuánto tiempo los hijos mirarán televisión y cuánto tiempo no la mirarán. Les dirá con quién podrán salir en una cita, cuándo podrán hacerlo y a qué hora deben regresar a la casa. Hágalo así. No les dé las llaves preguntando: «¿A qué hora piensas volver?» Cuando les dé las llaves, dígales: «Vuelve a las once o no sales».

Usted determina qué hacen, cuándo lo hacen, por cuánto tiempo lo hacen y si lo hacen. Déjese de actuar como si le arrastrara una carreta. Usted es el líder.

Pero antes de que abra la Biblia y la utilice como libro de texto, una advertencia, el Dr. Spock no editó ninguna Biblia. En ella al pecado se le llama por nombre. ¡La Biblia dice las cosas como son!

El joven estadounidense dice: «Tengo un problema». Si tiene «un problema», en este país recibirá infinitas muestras de simpatía. Puede conseguir consejería y le darán atención por todo el tiempo que quiera. Podrá encontrar grupos afines de apoyo. Pero cuando diga: «He pecado», todo lo que puede hacer es confesarlo y arrepentirse. Estamos en la generación Spock y nuestras cárceles así lo prueban. Están abarrotadas de personas que quieren que sus pecados sean explicados, no perdonados.

Hoy en día, uno de los problemas más graves en Estados Unidos son las pandillas. Algunas áreas metropolitanas de Los Ángeles y de Nueva York están literalmente controladas por pandillas. Las patrullas policíacas recorren estas zonas como si fueran de ocupación militar enemiga. ¿Quiénes son los miembros de estas pandillas? Jovencitos adolescentes rebeldes que nunca aprendieron otra cosa. Hijos que sus padres abandonaron. Hijas que recibieron maltrato sexual y que ahora mantienen relaciones sexuales con cada miembro de la pandilla para que estas las acepten. El lema que usan: «Sangre para entrar y sangre para salir», nos sugiere que la única manera de alejarse de una pandilla es pagando con la vida.

Lo más asombroso es que algunos, como los hermanos Menéndez, tienen padres de respetable posición económica. Le aseguro que lo único que mi padre tenía para captar mi atención era señalar. Solamente señalar. Trataba de leer en mi mente de dónde vendría su mano hacia mí. Aprendí desde pequeño que había una definitiva relación entre mi corteza cerebral y mis glúteos. Cuando estimule los glúteos, sus hijos recibirán una nueva revelación acerca de quién es.

Padre, necesita ir a la casa, apagar el televisor y presentarse ante los hijos, decirles quién es como padre y quién es su esposa como madre. «Hola niños, yo soy papá. Esta es mamá, y estamos tomando control de esta casa. No he sido justo con ustedes, pero todo eso cambiará. Habrá reglas. Al principio podrán parecer duras, incluso difíciles, pero al final, cuando tengan alrededor de treinta y cinco años me amarán por estas acciones».

Proverbios 13.24 dice: «El que detiene el castigo, a su hijo aborrece; mas el que lo ama, desde temprano lo corrige».

Proverbios 23:13 concuerda diciendo: «No rehúses corregir al muchacho; porque si lo castigas con vara, no morirá. Lo castigarás con vara, y librarás su alma del Seol».

Un padre cobardón una vez me dijo: «No puedo castigar a mi hijo; lloro cuando lo disciplino».

Entonces váyase a casa, déle una buena paliza y llore un buen rato. Llore ahora o llorará mañana cuando su hijo esté en la cárcel.

Estoy cansado de escuchar a padres que se quejan de que su hijo tiene un carácter dominante y autosuficiente. ¡Se equivocan! En Sea World he visto cómo se le enseña a un delfín a jugar al baloncesto. Sin duda puede enseñarle a su hijo a recoger el cuarto, sacar la basura y lavar los platos.

Cuando nuestro hijo venga y nos pregunte: «Si me porto bien

en la iglesia hoy, ¿me regalarías ese camioncito rojo?» Debemos contestar: «Si te portas mal en la iglesia hoy te regalaré un trasero rojo».

Los padres estadounidenses dicen: «Mi hijo consume drogas». Ese es un serio problema, pero no es una excusa para echar a un lado la responsabilidad de padre.

Cuando era joven, tuve un problema de drogas. Me «drogaba» con la iglesia todos los domingos en la mañana y en la noche. Me «drogaba» con la Escuela Bíblica de Vacaciones y cuando tuve suficiente edad me «drogaba» a enseñar en ella. Cuatro veces al año me «drogaba» con una campaña de evangelización durante tres semanas y no faltaba un solo día. Estaba «drogado» al altar familiar cada noche mientras mi padre leía la Palabra. Y cuando desobedecía, me «drogaban» a mi rincón de castigo. Esas «drogas» corren aún por mis venas. Afectan mi conducta. Son más fuertes que la cocaína, el crack o la heroína. Padres, les digo que vuelvan a sus hogares y les den ese problema de «drogadicción» a sus hijos y Estados Unidos será un mejor lugar para vivir.

Recuerde papá, la disciplina sin amor es maltrato. No deje nunca de abrazar y besar a sus hijos diciéndoles que los ama más que a la vida misma. Como padre no dejo pasar un solo día sin un abrazo y un beso a mis hijos diciéndoles cuánto los amo.

Un día mi hijo Chris salió de la casa camino a la escuela sin que me despidiera de él. Salí detrás de él, a la parada del ómnibus escolar donde él y varios de sus amigos adolescentes esperaban la llegada del mismo. Cuando me vio llegar, empezó a gritar: «¡No, No, No!» Sabía que iba detrás de él para besarlo y no quería que lo avergonzara frente a sus amigos. Varios adultos que observaban se inquietaron al no entender lo que pasaba. Alguno estaría incluso casi listo para llamar a la policía pensando lo peor. Pero alcancé a Chris y después de besarlo me di a la fuga de aquel lugar subiendo a mi auto y alejándome velozmente.

En el capítulo dieciséis de Hechos, Pablo y Silas están en la cárcel. Dios envía un terremoto y ellos salen caminando de la cárcel, las llaves en una mano y un convertido en la otra. El carcelero, quien de acuerdo a la ley romana debía cumplir la sentencia de cualquiera que se escapara, gritó aterrorizado: «¿Qué debo hacer para ser salvo?»

Pablo dijo: «Cree en el Señor Jesucristo, y serás salvo, tú y tu casa». ¿Y su casa? ¿Por qué? Porque la respuesta se le dio a un padre y es la responsabilidad de este guiar su casa a Dios.

No envíe a los hijos a la Escuela Dominical. Llévelos a la Escuela Dominical. Que escuchen de su boca más acerca de Dios desde el lunes al sábado que el domingo en la Escuela Dominical o desde el púlpito. Si no les escuchan hablar de Dios, está fallándoles como padre.

Efesios 6.4 dice: «Y vosotros padres no provoquéis a ira a vuestros hijos, sino criadlos en disciplina y amonestación del Señor». La palabra griega utilizada para traducir disciplina en este versículo es *gymnot*, de donde recibimos la palabra gimnasio. Dios espera que los padres enseñen a sus hijos a tener vidas justas. De la misma manera que un entrenador de un equipo de béisbol instruye cómo batear. O el que dirige un equipo de fútbol instruye cómo pegarle a la pelota, Dios espera que un padre imparta instrucción a sus hijos una y otra y otra vez en cómo servirle.

En el Antiguo Testamento Lot guió a su familia a Sodoma y allí los perdió. No los dirigió. Y debido a la carencia de liderazgo y de la presencia de Dios, perecieron. Compare lo que le ocurrió a Lot con lo que dijo Josué en el libro que lleva su nombre 24.15: «Yo y mi casa serviremos a Jehová». Y fue una orden. Josué no miró a su esposa para preguntarle: «¿Está bien si digo esto?» No fue un pedido. Fue un mandato. Todo padre y esposo debería mirarse en el espejo cada mañana al levantarse y repetir estas palabras. «Yo y mi casa serviremos a Jehová».

Esto me recuerda un principio bíblico poco popular. La Biblia no solo enseña que el hombre es el líder de los hijos, sino también lo es sobre su esposa. En 1 Corintios 11.3 encontramos: «Quiero que sepáis que Cristo es la cabeza de todo varón, y el varón es la cabeza de la mujer».

Hablamos acerca de la sumisión de la mujer a su esposo en el capítulo 6, ahora miremos la otra cara de la moneda.

Un hombre y su control remoto

Algunas esposas tienen un verdadero problema. Se casaron con el tonto más obvio del planeta, sin la más mínima capacidad para dirigir. La esposa no puede seguir un automóvil estacionado. Algunos hombres no han tenido una nueva idea en los últimos veinte años. Necesitan demostrarle a su familia liderazgo.

La adicción principal en este país no es la cocaína ni la marihuana, es la televisión, y poco a poco está lavándole el cerebro a cada nueva generación. El televisor es el nuevo gurú. Es una religión. Es el ídolo que recibe toda atención y veneración, y ante ella todos se inclinan. Los padres de hoy se criaron en el molde de un padre ficticio llamado Archie Bunker. Este personaje ficticio de lo que es un padre resulta ser para esa serie televisiva un gritón, arrogante, ignorante, racista y desaliñado. Lo personificaron como el padre tipo. ¿Gracioso? ¿Quién paga el precio?

Otro programa, *Soap*, personificó al padre como a un débil exponente humano, vacilando constantemente, percibido como un payaso. La familia recibía dirección de un hijo homosexual. Esa es la imagen de padre que los jóvenes de Estados Unidos grabaron en su mente. Esa es la percepción de «papá».

La cena era un momento ideal para disfrutar como familia. Hoy en Estados Unidos el problema radica en que los niños se agolpan alrededor del televisor para mirar asesinatos, violaciones, drogadictos, maltratos infantiles mientras el padre desaparecido lee el *Wall Street Journal* o la página deportiva de algún periódico. Quiero darle un mandamiento divino desde el mismo trono de Dios: «Apague el televisor durante la cena y háblele a cada miembro de la familia». Necesita conocer la vida de los hijos y de la esposa. Los hijos serán personas pequeñas, pero tienen sentimientos y futuro. Si no nos inmiscuimos en sus vidas ahora, alguien seguramente lo hará, y si ese alguien no es una buena influencia, perderemos a los hijos y al hogar, y será por nuestra negligencia.

David dice en el Salmo 101 que observemos con detenimiento quién va a entrar en la casa. Que sea quien no practique el engaño. Deben ser, en palabras de David, personas que anden «en el camino de la perfección». Pero, ¿quién entra a la casa mediante la pantalla del televisor? ¿No entran ciertos sujetos que no quisiéramos que se acerquen ni al portal de la casa? Sí, esos invasores que nos envían los medios de comunicación que les enseñan a nuestros hijos acerca de homicidio, violación y violencia social. El televisor es un cáncer intelectual que se ríe de nosotros en la cara, se burla de los valores y de la fe. Dispóngase a actuar. ¡Apague esos programas seculares de televisión! Expulse a esos diabólicos invasores. Escuche el consejo del rey David: «No pondré delante de mis ojos cosa injusta».[12]

Si los padres quieren ocupar el papel que Dios les ordenó que asumieran, deberán comenzar por ellos mismos a tener la disciplina de apagar el televisor y sintonizar la Palabra de Dios. Si el padre se niega a guiar a la familia, el sueño estadounidense se convertirá en una pesadilla y la nación se desplomará desde su propio interior.

La necesidad de la mujer

La Biblia claramente enseña que el esposo debe someterse a las necesidades de su esposa. No se somete a su *liderazgo*, se somete a sus *necesidades*. El liderazgo es de él.

La Biblia ordena: «Maridos, amad a vuestras mujeres, así como Cristo amó a la iglesia».[13] ¿Y cómo amó Cristo a la iglesia? Miremos la historia. Cristo le preparó el desayuno a sus discípulos porque ellos lo necesitaban. ¿Alguna vez le ha preparado el desayuno a su esposa? Y no solo porque ella esté con cuarenta grados de fiebre y convulsionando. Tampoco tienen que ser las bodas de oro ni de plata. A veces es solo para darle un respiro.

Jesús le lavó los pies a sus discípulos. ¿Por qué? Porque esa era la necesidad. Era un trabajo denigrante. ¿Qué necesita su esposa? ¿Necesita alguien que la ayude con los platos? «Yo nunca voy a lavar los platos, porque soy un hombre». Pues mira John Wayne, si un poco de jabón y agua le limpian de su hombría, lo que necesita es una urgente inyección de hormonas.

¿Qué necesita su esposa? ¿Necesita que vayas a ver un concierto de ópera con ella? «¡Ópera! Quizás George Strait, pero soportar una... definitivamente no. ¿Quién quiere escuchar a una italiana gorda cantar cantos de amor en un idioma que no entiendo?» Pero si esa es la necesidad de su esposa, vaya. Hágalo sin arrastrar los pies. ¿Necesita alguien con quién conversar cuando está ensimismado en el juego de los Dallas Cowboys y Washington Redskins? Apague el juego y escúchela con atención.

Repito: No siga su liderazgo, pero haga todo lo que esté a su alcance para atender a sus necesidades.

He hablado acerca del papel de padre, de esposo, de sacerdote, de profeta y de rey del hogar; pero hay algo más. Además de líder, el esposo es el amante. No se ría.

El esposo como amante

¿Qué quiero decir por amante? Moisés fue el primer rey de Israel.[14] Cuando Israel se rebeló contra Dios diciendo: «¡Ojalá muriéramos en la tierra de Egipto; o en este desierto ojalá muriéramos! ¿Y por qué nos trae Jehová a esta tierra[...]?» La congregación quería apedrear a Moisés. Dios habló desde los cielos diciendo: «¿Hasta cuándo me ha de irritar este pueblo?[...] Yo los heriré de mortandad y los destruiré, y a ti [Moisés] te pondré sobre gente más grande y más fuerte que ellos».[15]

Moisés podría haberse convertido en una nación más grande que Israel. Sin embargo, suplicó a Dios que perdonara al pueblo de Israel. ¡Eso es liderazgo! Eso es ser un amante.[16]

Jesucristo fue el Rey de reyes. Fue a la cruz y se dejó crucificar para nuestro bien. Cuando ama a su esposa y a sus hijos como

Cristo amó a la Iglesia, cuando sabe que está dispuesto a dar la vida por ellos y a someterse a sus necesidades sin cuestionar, a ellos les será fácil sujetarse a su liderazgo. No es posible que una mujer inteligente se someta a un hombre al estilo de un Hitler hogareño. Ustedes son compañeros en igualdad, mutuamente sujetos el uno al otro para la gloria de Dios y para que el hogar sea como «los días de los cielos sobre la tierra».[17] Esa es la voluntad de Dios.

Pablo dice en Efesios 5.28: «Los maridos deben amar a sus mujeres como a sus mismos cuerpos». Vaya al gimnasio más cercano y observe cómo esos levantadores de pesas se detienen y se miran frente a los espejos, parecería que se aman. Cuando mire a su esposa, a sus ojos, ella no necesita ver aceptación, necesita ver amor.

¿Qué pasó con el romance en el matrimonio? Leí un artículo que describía cómo la actitud sobre el matrimonio cambia a través del tiempo. Tomando un período de siete años y utilizando un común resfriado, se escribió esta sátira.[18] Dice así:

¿Qué sucede cuando su pareja se resfría?

En el primer año de matrimonio, el esposo le dice a su mujer: «Mi amorcito, no sabes lo preocupado que estoy por mi dulce bebé. Te llevaré pronto al hospital para que puedas descansar. Sé que la comida no te gustará, así es que te llevaré tu comida predilecta cada noche que tengas que estar allí».

El segundo año el esposo dice: «Escúchame amor, no me gusta nada como estás tosiendo. Llamé al doctor y ya viene para acá. Tú, acuéstate».

El tercer año: «Sería mejor que te acuestes por un rato».

El cuarto año: «Mira, mejor que seas precavida. Después de hacer la comida y lavar los platos, ¿por qué no te acuestas?»

El quinto año: «¡Por amor del cielo! ¿Por qué no te tomas unas aspirinas?»

El sexto año: «¿No puedes hacer gárgaras o algo? Haz algo. Pareces una foca».

El séptimo año: «Para de estornudar de una buena vez. Nos va a dar pulmonía a todos».

¿Qué sucedió con el romance en el matrimonio? Le diré. Pablo nos da la respuesta en 2 Timoteo 3.1-2 cuando dice: «Debes saber esto: que en los postreros días vendrán tiempos peligrosos. Porque habrá hombres amadores de sí mismos». No amantes de sus esposas, no amantes de sus hijos, sino amadores de sí mismos.

Vi el otro día una historieta de un hombre que miraba fútbol en la televisión. Rodeándole había tres cajas de cerveza y cuatrocientas libras de comida. El calendario que tenía en la pared marcaba el mes de septiembre, fecha en que comienza la temporada de fútbol. Mirando a su esposa, dice: «¿Hay algo que quieras decirme antes de enero, cuando termina la temporada de fútbol?»

Lo más importante que puede hacer un padre por su hijo es amar a su madre. El amor a sí mismo destruye el amor sumiso. El amor propio es idolatría. Es adulterio espiritual. El amor propio dice a la esposa: «¿Qué puedes hacer por mí? Cocinarme. Criar a mis niños. Limpiar la casa. Además, darme satisfacción sexual». Eso no es un matrimonio. Eso no es una relación. Eso no es amor. Eso es esclavitud y no tiene lugar en nuestra familia.

La Biblia instruye al esposo a que ame a su esposa como Cristo amó a la Iglesia. El amor no es una emoción; es un acto que nace en la voluntad.

Los esposos dicen: «No puedo amar a mi esposa como Cristo amó a la Iglesia. No puedo abandonar mi vida centrada en mí. No puedo dejar mi pornografía ni las películas prohibidas. No puedo abandonar mi carrera ni...»

La verdad es que el hombre puede, pero no quiere porque no está dispuesto a abandonar esa vida centrada en él mismo. No quiere abandonar lo que quiere y no está dispuesto a hacerlo ni por la esposa ni por Dios ni por nada ni nadie, porque el primer amor es él mismo. Esa idea cancerosa se le trasmite a cada niño que mira el televisor por más de treinta minutos.

Un hombre meticuloso en todo lo concerniente a la limpieza en el hogar vio un día el piano cubierto de polvo. Escribió en el piano:

«Esto necesita una urgente limpieza». Al volver al otro día encontró que su esposa había colocado sobre el piano un plumero. ¡Muy bien hecho!

El liderazgo eficaz no es dirigir para nuestra ventaja. Dirigir con efectividad implica guiar a la esposa en el camino que traza Dios. Sumisión amorosa significa que se le proveerá lo que la otra persona necesita aunque no lo merezca. Escuche lo que dije. Aunque no lo merezca. La Biblia dice: «Mas Dios muestra su amor para con nosotros, en que siendo aún pecadores, Cristo murió por nosotros».[19] Los que más necesitan amor son los que menos lo merecen.

Uno de los mayores problemas es este. El esposo ve la necesidad de su esposa, pero su mentalidad machista dice: «Aguantaré hasta que se dé por vencida». El problema con este modus operandi es que la mujercita de la casa tiene bastantes agallas. Puede volverse tan fiera como un perro de basurero. Entonces, se come su almuerzo. Al poco rato salen a ver a un abogado.

Antes de ceder mutuamente, ambos demandan lo que consideran sus derechos. Infinidad de veces lo he visto hacer erupción en una sesión de consejería matrimonial. Lo llamo una «pelea por los derechos». No hay familia que sobreviva a una «pelea por los derechos». Si empieza a hablar de «mis derechos» y «sus derechos», se acabó. Llame al abogado y prepárase para dividir todo lo que tienen. Permítame una pregunta: ¿Quiere estar en su derecho o reconciliado?

Cuando van a Jesucristo, Él dice: «Veo a ambos, o no veo a ninguno. Sométanse el uno al otro. Esposa, sigue su liderazgo; esposo, provee para sus necesidades. Ámense el uno al otro, así como yo amo a la Iglesia. Quiero que estés dispuesto a darte por ella, sin reservas, con un amor que descomunal».

Mucho se ha dicho de las mujeres que se casan con hombres con la disposición de cambiarlos. Pero resulta al revés también. Muchos hombres piensan: «Cuando me case con ella, la cambiaré». Lea mis labios. No sucederá. No hay un versículo en la Biblia que diga: «Maridos, cambien a sus esposas»; tampoco ninguno dice: «Trata a tu esposa como a tu hijo mayor».

Miremos lo que se ha dicho. El papel que Dios ordenó para el padre es el de proveedor, profeta, rey y sacerdote. Esposas, sométanse a sus maridos. Maridos, sométanse a las necesidades de sus esposas. Ese es el orden divino para nuestras vidas. Maridos, deben amar a sus esposas como Cristo amó a la Iglesia. Hay una sola manera de tratar a una mujer. Richard Burton lo describió cantando en una versión de *Camelot* en Broadway. «¿Cómo tratar a una mujer? Simplemente ámala, ámala, ámala».

No tenga dudas al respecto. Si la familia tradicional se desploma en Estados Unidos, la nación también caerá. Si no puede amar y sostener la familia, no podrá amar ni sostener a la nación. Si no puede ser leal a la esposa y a los hijos, no podrá serlo ni al gobierno ni a Dios. La familia tradicional en Estados Unidos poco a poco se va destruyendo por el divorcio, el aborto, la droga, el alcohol, el maltrato infantil, la pornografía, el homosexualismo, la lujuria y el materialismo. Los hombres persiguen ganancias, poder y placer por sobre los propósitos de Dios, por sobre ellos mismos y por sobre sus familias. La solución es hombres que sean de Dios. Estados Unidos necesita hombres que quieran seguir el papel que Dios les ordenó. Dios es el Creador. Dios nos entiende. Él puede traer armonía a nuestras vidas si tenemos el valor y la disciplina para hacer lo que Él dice.

Capítulo ocho

Engaño en la comunicación

Hablar no significa comunicar. Usted puede hablar todo el día sin una comunicación significativa. Las diferencias que tenga en el matrimonio nunca los resolverá hasta que no tenga el valor de franquearse emocionalmente. Algunas parejas que leen este libro tienen problemas matrimoniales profundos que nunca sacaron a la luz. Algunos son sexuales, otros financieros, otros emocionales. Sin embargo, por una razón u otra no pueden ni saben cómo expresar su angustia. Si esta situación no se resuelve, tarde o tempreano sobrevendrá una crisis por falta de comunicación.

Hay otras parejas que se comunican incluso sin hablar. Están sentados frente a una chimenea agarrados de la mano. La luz está apagada. Ninguno dice una palabra, pero la electricidad fluye y rebotan chispas en las paredes. Hablar no necesariamente es comunicarse. La mejor comunicación muchas veces surge sin palabras.

¿Ha notado que los jóvenes que se aman tienen mucha capacidad de comunicación? Eso se desarrolla después del matrimonio. Por lo general, el problema no radica en la falta de comunicación, sino en una comunicación equivocada.

Los problemas de comunicación en el matrimonio comenzaron con Adán y Eva. Y ellos tenían el único matrimonio ideal en sus tiempos. Adán no tuvo que escuchar acerca de todos los pretendientes que Eva tenía. Eva no tuvo que soportar el constante recuerdo de lo bien que cocinaba la madre de Adán. Cuando le preguntó a Adán: «¿Me amas?» Él podía responder con total sinceridad: «Eres la única, Eva. ¿Quién más?»

Hemos desarrollado un sistema de comunicación tan complejo que podemos hablarle a un hombre en la luna. Sin embargo, entre matrimonios a veces es difícil comunicarse, aun mirándose a través de la mesa de la cocina. El mayor peligro en el matrimonio no es algún problema ni diferencia. No obstante, cuando no sabemos cómo hablar y resolver ese problema o diferencia, surge el peligro.

En general, la mujer tiene mejores capacidades verbales que el hombre. Se expresa por lo que dice mientras que el hombre se expresa por lo que hace. No hay duda que cuando Dios repartió los regalos de comunicación el hombre se quedó corto, sobre todo cuando se refiere a comunicarse con su esposa. Hablar con otro hombre es otra historia. Muchas veces la única manera que la mujer tiene para saber lo que su marido siente es escucharlo hablando con otro hombre por teléfono.

En verdad, el hombre solo ha desarrollado unas pocas palabras en su vocabulario de esposo a esposa. La más popular de todas es: «Nada»

—¿Qué pasó en el trabajo hoy?

—Nada.

—¿Qué miras en la televisión?

—Nada.

—¿Qué te preocupa? ¿Pareces molesto?

—Nada.

Los esposos enigmáticos con dudas y temores siempre son dogmáticos, y un esposo dogmático es por lo general un marido inseguro. Nunca puede aceptar que se equivocó porque es un débil emocional. Tiene que dominar a su esposa.

Si como esposos exigimos que nuestras esposas acepten siempre nuestro punto de vista, somos incapaces de una relación matrimonial positiva y vital. Entendamos, no estamos obligados a tener siempre la razón. Hay otros que la tienen muchas veces. No somos omnipotentes. No somos el capataz general del universo. No somos ángeles, aunque estemos volando por el aire la mitad del tiempo.

Cuando le exigimos a nuestro cónyuge que acepte siempre nuestro punto de vista, en toda situación, le estamos quitando el estímulo emocional e intelectual que necesita para convertirse en una persona completa. Nadie puede sobrevivir en lo emocional y ser tan dominado. Se divorciará por el simple hecho de escaparse o encontrará a alguien que les permita comunicarse y expresar sus opiniones y emociones.

Cuando un hombre le dice a su esposa: «No quiero hablar más de este asunto. Esta conversación se terminó». Lea mis labios. No se ha terminado el asunto. Déjela expresar su opinión ahora porque el día menos pensado todas sus opiniones saldrán juntas en un torrente de palabras y, entonces, sí desearás haberla dejado expresar sus opiniones mucho antes.

Después de muchos años de consejería he identificado cinco niveles de comunicación. Todos recurrimos a ellos en diferentes momentos de la vida. Algunas veces las circunstancias o las personas así lo exigen. Si llegamos a entenderlos, quizás podamos desarrollar una comunicación más íntima con las personas que amamos.

Cinco niveles de comunicación

Primer nivel: Comunicación de cliché

Esta comunicación se desarrolla en una dimensión superficial. Todos permanecen aislados entre sí. Todo es fingido. De ninguna manera nos revelamos emocionalmente.

Si alguien pregunta: «¿Cómo estás?»

Por supuesto, la respuesta es: «Bien».

En realidad, no son preguntas ni respuestas. Quizás tenía cuarenta grados de fiebre, cerca de convulsionar. Pero de todas maneras la respuesta que saldrá es: «Bien». ¿Por qué? Simplemente porque no comunicamos verdades, solamente palabras.

Si alguien le pregunta: «¿Y la familia?

Ya conoce la respuesta. La ha dado más de mil veces. Aun cuando quizás su esposa no le ha hablado en dos semanas porque está enojada con usted. Y tal vez de sus tres hijos, dos están en cárcel y el tercero está libre bajo fianza. Pero su respuesta será: «Todos muy bien».

Mentiroso.

Y si de pronto se le ocurre contarle lo que en verdad ocurre, se desmayarían diciéndose: «¿Y a este qué le pasa? No me interesa conocer su historia clínica, solo preguntaba por preguntar. Yo tengo mis propios problemas». Esto no es comunicación. Este primer nivel es un pretexto. Es un engaño.

Nuestra sociedad le da mucha importancia a la autenticidad. Pero en realidad, la mayoría mentimos. Colocamos una máscara que nos cubre nuestra verdadera apariencia y ahí mismo comenzamos a actuar como el mejor artista de Broadway o West End. En los dormitorios de Estados Unidos muchos usamos una máscara.

Existe la máscara de John Wayne. Soy grande. Soy fuerte. Soy el invencible hombre de hierro. «Mi querida Ellie, todo eso de decirte que te quiero y andar en besuqueos no es para mí. En 1942 te dije que te quiero y nada cambió desde entonces. Te diré si algo cambia». Pero cuando ella deja de decirle que lo quiere y deja de mimarlo, lo vemos llorando: «¡Ya no me quiere tanto como antes!» Ella no sabía que él mentía. Pensó que le decía la verdad. Conozco a un hombre que no besó a su esposa durante diez años y cuando otro lo hizo, le entró a tiros.

Existe la máscara de mesías. Entre estos podrás contar con los perfectos ayudantes de Dios. Los salvadores del universo, administradores generales del planeta tierra y todos los planetas aledaños. Están divididos en tantas cosas que cuando llegan a su casa no les queda nada para dar a sus familias. Son tan celestiales que no sirven en la tierra. ¡Sea real! ¡Sea natural! Deje que Dios sea el sobrenatural. Quédese en casa y cuide a la familia. Permítame decirle algo. Los besos se gastan. El cocinar no.

Existe la máscara religiosa. Están tan llenos de fraseología religiosa, que suenan a un muñeco de cuerda.

—Me han dicho que tienes problemas familiares.

—Sí. Mi esposo me abandonó, pero la gracia de Dios es infinita.

—¿Está tu hijo en la cárcel?

—Sí. Pero a los que aman a Dios, todas las cosas les ayudan a bien.

A veces es bueno decir: «Las cosas no me van bien, estamos enfrentando problemas serios». Es bueno decir: «Estoy sufriendo momentos difíciles». Puede decir: «Soy cristiano, pero necesito alguien que ore conmigo para no perder el control». No trate de mostrarse como Pablo cuando en realidad le cuesta encontrar la carta a los Efesios sin la ayuda del índice.

¿Cuál es su jueguito? ¿Qué máscara está usando? Quítesela y preséntese ante su cónyuge, sus hijos, al cuerpo de Cristo. Jugar a ser quien no es resulta peligroso. Es un suicidio emocional. ¿Por qué? Porque cuando la pareja en el matrimonio y los amigos quieran que juegue otro papel no sabrá cómo reaccionar. Y en el proceso perderá contacto con alguien muy preciado. ¡Usted mismo! Estará perdido. Se despertará un día preguntándose: «¿Quién soy?» Y no sabrá. Es que usó tantas máscaras, pretendiendo ser tantas personas distintas, que ahora no sabe cuál es su verdadera cara. El único que necesitaba una máscara era el llanero solitario. Y la máscara que él tenía se la dieron a otro.

Un párrafo aparte para los solteros que están comprometidos. Las personas siempre se ponen una máscara cuando quieren impresionar. Siempre muestran el mejor perfil. Cualquier loco, inútil, orangután, puede verse bien por tres horas un sábado en la noche. Pero encerrada dentro de esa apariencia está la persona real, lista para surgir. Dése suficiente tiempo para conocer de verdad a esta «persona tan especial».

Segundo nivel: «Solo los hechos, señora»

La mayoría de los hijos de la posguerra reconocen al sargento Friday de la serie televisiva *Dragnet*. Siempre parecía llegar en medio de un interrogatorio para decir: «Solo los hechos, señora». En este segundo nivel comenzamos a interesarnos por los hechos de algún acontecimiento relacionado a alguien o algo.

Una esposa comenta con su marido:

—¿Viste el vestido nuevo que trajo la señora Pérez a la iglesia hoy?

—No.

—¿Notaste que los González no se sentaron en la primera fila... habrá alguien que les quitó los asientos?

—No.

—¿Viste el carro nuevo de la señora García?

—No.

—Pues me doy cuenta de que no prestas mucha atención cuando vamos a la iglesia —responde la esposa.

Hay cuatro preguntas que todo cristiano debe hacerse antes de hablar de alguien, sobre todo si es de algo negativo. Primero, ¿es verdad? Segundo, ¿es la información necesaria para la otra persona? Tercero, ¿cuál es el motivo que tiene para contar esta información? Recuerde, la Biblia dice que glorifiquemos a Dios en todo. Cuarto, si habla de un creyente, ¿edifica a la tercera persona y al cuerpo de Cristo la información que comenta? Si la respuesta a cualquiera de estas preguntas es no, calle.

«Pero lo dije sin pensar».

Le diré algo acerca de anatomía. No es posible que la lengua hable sola desconectada de la voluntad. No opera por reflejo. Tiene que recibir el permiso del cerebro. Si se le ordena, empieza a funcionar. No me diga: «Lo dije sin pensar». Quizás no mucho tiempo, pero algo se pensó antes de darle rienda a la lengua.

El nivel dos no revela al individuo. No preguntamos nada personal. No entregamos nada personal. Esta vacío, no tiene valor. Lo triste es que muchos matrimonios permanecen en este nivel, resultando en un triste reporte de hechos entre dos personas. Y si no fuera por la prensa y la página deportiva, no habría nada de qué hablar.

Tercer nivel: Expresar ideas

En este nivel la pareja comienza a expresar algunas de las cosas que piensan. Hablan acerca de algunas de las decisiones que tomaron y cómo llegaron a tomarlas. Quizás hasta lleguen a comentar alguno de sus sueños materiales y metas.

Se comunican: «Te daré una pequeña muestra de quién realmente soy, pero te estaré observando con cuidado. Si cambias la mirada, si tus gestos se transforman aunque sea un poco, si veo en tu boca cualquier signo que no apruebe, volveré a los niveles uno y dos. Cambiaré de tema. Hablaré por hablar. Te hablaré solo de cuestiones triviales, sin revelarme en lo más mínimo, de ninguna manera me permitiré revelar quién soy ni lo que sinceramente pienso. Ahora no. Quizás nunca».

Los que se comunican a este nivel deben tener cuidado de dos enemigos mortales: lágrimas y silencio. Las lágrimas las usan casi siempre las mujeres, pero algunos hombres también hacen uso de ellas. ¿Qué se dice al usarlas? «No me comuniques mis defectos o lloraré». En los primeros desacuerdos matrimoniales, ella por lo general abrirá las compuertas. Está comunicando hasta dónde puede llegar el esposo, si pasa la línea trazada, lo ahogará en un mar de lágrimas.

Muchos cristianos han aprendido con eficacia la ciencia del silencio. Van de aquí para allá con la cara larga reflejando su descontento en cada acción. Saben que no pueden perder el control ni explotar, entonces ponen cara de vinagre. En realidad, esa es solo otra forma de perder el control. Además, puede llevar a consecuencias físicas como presión alta, úlceras y otras enfermedades. Y a propósito, también es el mayor causante de divorcio.

El tercer nivel no es un engaño. Es cobardía.

Cuarto nivel: Revelación de las emociones

Jesús finalmente preguntó a sus discípulos: «¿Quién dicen los hombres que soy yo?[...] Y vosotros, ¿quién decís que soy yo?» Esta conversación surge de lo más hondo del ser. En este nivel comunico quién en verdad soy, lo que siento en lo más profundo de mi corazón. Estoy dispuesto a desnudarme emocionalmente y mostrar lo que soy en realidad. No hay máscara. No hay engaño.

La comunicación en el matrimonio empieza en este nivel, sin temor de perder el control, sin temor al silencio, al resentimiento, a la ofensa, ni a la manipulación.

Quinto nivel: «Symphono»

Por último, encontramos la cumbre de lo que a comunicación se refiere. La sinfonía del alma. Este nivel de comunicación ocurre cuando dos almas se unen en las más profundas sensaciones, como dos violines que alcanzan una perfecta armonización. Jesús habló a sus discípulos en este nivel de comunicación en la última cena cuando les explicó su muerte.

La Biblia muchas veces habla acerca del poder que viene sobre dos personas cuando se ponen de acuerdo en algo. Aquí, la palabra griega para acuerdo es *symphono*, dos corazones que comienzan a disfrutar un puro y exacto nivel de comunicación. En este nivel no hay lugar para la más mínima pretensión.

La relación con *symphono* descubre una hermosa experiencia de la presencia de Dios. En este matrimonio los ángeles dejan los balcones del cielo para observar cómo un hombre y una mujer encuentran unidad espiritual. Aquí expresan los sentimientos más profundos, sin que su compañero le crucifique ni desprecie. ¿Posee esto? Permítame decirle que esta debe ser su meta, porque al llegar allí es que comenzará a vivir.

El primer paso para *symphono* comienza al comprender los sentimientos, esperanzas y temores de la pareja de una manera única y especial. Yo lo llamo el «Método Ezequiel».

El método Ezequiel

En el tercer capítulo de Ezequiel, el profeta describe su viaje a un campo de cautivos israelitas cerca de Tel-abib. Dios ya le había dado a Ezequiel un mensaje para que se los trasmitiera y este le quemaba sus entrañas. Pero Ezequiel viajó hasta donde ellos moraban y se sentó «donde ellos estaban sentados» y allí permaneció «siete días atónito entre ellos».

La clave para una comunicación eficaz es esta: la comunicación sin engaños. Sentarse donde se sientan.

Dios envió a Ezequiel como profeta a un campo de concentración de judíos cautivos en Babilonia. Había esclavos y refugiados que habían perdido sus casas. No había libertad, no había esperanza. La Biblia dice que lloraban al recordar a Sion. Ezequiel quería comunicarse con ellos y durante siete días comió el pan corrompido que comían ellos, tomó con ellos la misma agua sucia. Durmió en las mismas camas infestadas de piojos, igual que ellos. Escuchó sus llantos y lloró con ellos. Se sentó donde ellos se sentaban.

Ezequiel se convirtió en un cautivo más, fue a vivir con ellos, permitió que los azotes de humillación descendieran también sobre él, miró el mundo a través de sus ojos. Vio un mundo sin esperanza donde todas las posesiones que un hombre tenía estaban sobre sus espaldas. Se sentó donde se sentaron. Sintió lo que sentían. Por estar con ellos cambió sus puntos de vista. Según sus palabras, estaba atónito.

Los esposos pueden comunicarse de esta manera tan poderosa. Uno de los encuentros matrimoniales más dramáticos que conduje incluyó el método Ezequiel. Algunos de los maridos no daban valor a las tareas que realizaban sus esposas. Uno de estos hombres era un verdadero orangután machista sin ningún aprecio hacia las tareas de ama de casa de su esposa.

—Te diré lo que necesitas hacer —le dije—. Uno de estos días necesitas cambiar de lugar con tu esposa. Elige cualquier día. Quédate todo el día en la casa con tus tres pequeños. Quiero que limpies la casa, mientras los niños se cuelguen de ti desordenando todo lo que vas ordenando. Quiero que laves todos los platos y cocines todas las comidas, quiero que limpies todos los pisos. Tienes que lavar platos, cambiar pañales. Al más pequeño recuerda de seguir enseñándole a que vaya solo al baño. Contesta el teléfono, siempre con dulzura cada vez que suene. Y a las cinco y media, cuando llegue tu esposa, recíbela vestido de gala con una rosa en los labios y una cena en la mesa.

Me miró y me dijo:

—¡Usted está loco! —dijo mirándome.

—Mi querido John Wayne —respondí—, veo que te cansaste con solo escucharme. Pero piensa acerca de lo que dije.

Siéntese donde ellos se sientan.

El método Ezequiel no solo es para esposos. Otros también pueden adoptarlo.

Los médicos son personas maravillosas; incluso unos cuantos son miembros de mi familia. Pero creo que cada médico debería enfermarse de vez en cuando para que lo ingresaran en su hospital, como uno que quiere escapar del complejo mesiánico que la mayoría de los médicos tienen cuando caminan en el hospital. Necesitan sentir lo que se siente cuando un grupo de médicos conferencian con sus colegas dejando a oscuras al paciente. Necesitan que se les pida la tarjeta de seguro mientras en sus brazos tienen a un hijo convulsionando.

Necesitan que enfermeras musculosas los despierten abruptamente a las cinco y media de la mañana para preguntarles cómo se sienten mientras les clavan una aguja que mide más de treinta centímetros de largo.

Cada patrullero debería recibir una multa por exceso de velocidad de algún engendro de Kojak con una Kodak,[*] que se pasa el día entero detrás de algún cartel con la misión de atrapar conductores desapercibidos mientras la comunidad sufre entre robos y violaciones.

---

[*] Nota de la edición en castellano: Kojak es el protagonista de un programa policíaco.

Cada predicador debería sentarse en un banco y escuchar esos largos y vacíos mensajes predicados desde el púlpito cuando no hubo preparación previa.

Cada miembro de iglesia debería sentarse en la oficina de un pastor por una semana y preparar tres sermones teológicamente profundos, además de entretenidos, novedosos, originales, que cambien la vida del oyente; sin dejar de tener sesiones de consejería con unos veinte neuróticos, sin dejar de visitar al menos una vez al día la guardería, además de los enfermos, besar a los bebés, casar a los vivos y enterrar a los muertos, atender banquetes y cenas de gala, escribir libros y artículos, administrar cuatrocientos ochenta empleados, hablar con periodistas, cuidarse de juicios y todo sin despeinarse. Todavía hay quien le pregunta a mi esposa: «¿Qué hace su marido los días entre semanas?» Tales personas deberían preparar un sermón mientras el teléfono no deja de sonar. Siempre digo que si escucho el teléfono en el cielo sabré que he muerto e ido al infierno.

Siéntese donde ellos se sientan.

Los niños tienen la maravillosa capacidad de entrar en sus respectivos mundos mediante la imaginación. Fui niño cuando estos no tenían doscientos juguetes cada uno. No existían tiendas especializadas en juguetes. Utilizábamos un palo y cualquier cosa sobre la cabeza, y salíamos galopando para conquistar el mundo. Enfrentábamos a todos los malvados, llegamos a conquistar y encarcelar a los malos, éramos la justicia. Los niños pueden imaginar grandes cosas. Está también es la clave para entender el matrimonio. Imagina las pruebas y dificultades que atraviesa su pareja. Piénselo y descubrirá el camino para sanar y edificar su pareja.

Una de las frases más insensibles que podemos decir en una hora de crisis es: «Sé cómo te sientes». Es imposible saber lo que alguien siente si no se pasa por la misma situación. Tenemos que sentarnos donde ellos se han sentado para tener una noción de lo que sienten.

Laura Hobson escribió un magnífico libro titulado *Gentlemen's*

Agreement [Acuerdo de caballeros]. A un amable periodista le asignaron el trabajo de escribir un artículo sobre el antisemitismo en esta sociedad. Así fue que adoptó un nombre judío, fue a vivir a otra localidad en la ciudad y se condujo como judío por un tiempo. De pronto le fue difícil entrar en ciertos clubes, incluso un hotel se negó a darle un cuarto. Vivió una y otra vez la experiencia del menosprecio. Entonces escribió su artículo expresando desde su nuevo punto de vivencia la experiencia con el antisemitismo en Estados Unidos.[1]

Hoy, en nuestra nación, muchos dicen que tenemos un problema con una fuerza laboral indocumentada. Todas las semanas escucho frases ofensivas dirigidas hacia mexicanos que cruzan el Río Grande para trabajar en este país. Póngase en el lugar de ellos. Si yo fuera un padre en México, y mis hijos y mi esposa estuvieran sufriendo hambre y miseria, no habría cerca muy alta ni zanja tan profunda que me impidiese venir a Estados Unidos en busca de trabajo. Y si resulta un problema, es porque el estadounidense no está dispuesto a trabajar con el ahínco del que disponen muchos de esos hombres.

En un reciente viaje realizado a una ciudad del este, pasé por un ghetto donde vi a un grupo de niños jugando en las calles. Sabía que casi todos estaban allí sin que los padres lo supieran y la mayoría de estos quizás tampoco le importaba mucho. Mi corazón se quebrantó. Allí estaban esos niños creciendo con un sentido distorsionado de lo que la vida es y puede ser. Es un engaño.

Adopte el método Ezequiel. Debe comunicarse mediante la compasión. Para alcanzar *symphono*, no solo debe entender lo que su pareja experimenta y ha experimentado en su vida, debe sentirlo.

Comunicación compasiva

Ezequiel sabía lo que estaba pasando cuando fue a Tel-abib. Hasta tenía el mensaje de Dios para ellos. Sin embargo, tuvo la necesidad de sentirse atónito para trasmitirles el mensaje desde lo más profundo de su ser. Hay momentos que las palabras no alcanzan a expresar el dolor del corazón. Al entrar en un hogar donde un ser querido acaba de morir trágicamente, lo único que puede hacer para comunicar lo que siente es abrazar al amigo y decirle con su presencia que lo ama.

Hay momentos en toda relación que el único lenguaje que puede comunicar un sentimiento son las lágrimas. Cuando hay verdadero sufrimiento, la compasión es imprescindible. De toda la música en la tierra, la más hermosa resulta cuando dos corazones componen una sinfonía de unidad en comunicación perfecta.

Alguno que lea este libro quizás se diga: *Podría tener una vida feliz y productiva, pero mis experiencias en la niñez me causaron conflicto y trauma.* Otros se dirán: *Podría ser feliz si no fuese miembro de un grupo minoritario.* Sacar conclusiones de esta manera es engañarse uno mismo. Jesús fue miembro de un grupo minoritario y vivió con éxito. Usted también puede hacerlo, arránquese el rencor y comience por aprovechar las oportunidades que tiene ahora.

Jesús, el Príncipe coronado en gloria, vino del cielo a sentarse donde usted se sienta. Nació en pobreza. Ni siquiera tuvo una cama ni sábanas limpias, solo estiércol y moscas en el pesebre que lo vio nacer. Trabajó como carpintero en su juventud, ganando seguramente el salario mínimo.

¿A usted le acusan de ser hijo ilegítimo? Todos los días que vivió Jesús hubo quien dijera: «Es ilegítimo».

¿Le han rechazado? A Jesucristo lo rechazó su propia gente. La Biblia dice: «A lo suyo vino, y los suyos no le recibieron».[2]

¿Alguna vez le traicionó un amigo, y no hablo de una traición cualquiera, sino una que le lleve a la muerte? Eso le ocurrió a Jesús. Judas lo vendió para que lo crucificaran como un animal.

¿Le han hecho una acusación falsa en una intriga fraudulenta? A Jesús lo acusaron y condenaron falsamente. Pilato dijo: «Ningún delito hallo en este hombre».[3] De acuerdo a la ley romana el juicio debió terminar allí, pero como Pilato era un cobarde, además de gobernador, permitió que la opinión pública violara la justicia. Y crucificaron a Jesús.

¿Le han torturado por la fe? Jesús lo fue. Le escupieron, pusieron una corona de espinas sobre su cabeza. Le clavaron en una cruz dejándolo suspendido entre cielo y tierra. Y aun cuando colgaba en la cruz, les perdonó. Jesús no les dijo a sus discípulos: «Salgan corriendo, sálvese quien pueda. No pensé que esto se pondría tan malo». No. Jesús dijo: «Confiad, yo he vencido al mundo».[4]

Sea cual fuere su situación, Jesús dejó su trono para sentarse donde usted se sienta, para conocer lo que siente. Por eso oramos al Padre en el nombre de Jesús. Él conoce nuestro dolor. Esa es la clave para una comunicación eficaz. Debe haber compasión.

Por último, siempre recomiendo seis pasos para que una pareja logre una comunicación efectiva en su relación y para vencer el engaño.

Seis pasos hacia una comunicación efectiva

1. Seguir la verdad en amor. La Biblia dice: «Siguiendo la verdad en amor».[5] Repítalo ahora mismo varias veces. Pero tenga esto en cuenta: La verdad es una espada de dos filos. Cuidado cuando enfrenta al cónyuge con ella. Al exponer la verdad, debe mostrar amor. Nada mejora más una relación entre una pareja que mostrar reconocimiento el uno al otro.

2. Planee un tiempo de comunicación con su pareja. Yo me despierto temprano y ligero. Si no me cuido, me lastimo camino a la ducha. Mi esposa, Diane, comienza a calentar los motores a las diez de la mañana. Así es que no hablamos en la mañana.

Damas, cuando el esposo regresa al hogar de trabajar con el aspecto de un hombre arremetido por una manada de búfalos, no le diga: «Se rompió la lavadora», ni «Te llamaron de la oficina de recaudación de impuestos para investigar los últimos siete años», ni «Te acabo de chocar el Mercedes esta tarde», ni «Te aplasté los palos de golf con el automóvil al salir del garaje». Hay momentos para las buenas noticias y hay momentos para las malas noticias.

3. No levante la voz. Proverbios 15.1 dice: «La blanda respuesta quita la ira». Aquí está la fórmula. Con cariño, exponga su objeción en amor y solo una vez. Correcto, una sola vez. Después confíe que el Espíritu Santo producirá un efecto positivo. Nada conseguirá con gritos. Con calma y gracia exprese su opinión y luego guarde silencio.

4. Permita que transcurra tiempo para la reacción. Recuerde que ha tenido la ventaja de prepararse y reflexionar acerca de lo que iba a decir. Pensó en cuál sería su reacción. Repasó mentalmente el encuentro. Se ha dicho: «Si dice tal cosa, contestaré tal otra».

Por su parte, él viene sin prepararse. No sabe que todo lo preparó usted, no sabe que lo acorraló, que no le dio tiempo para escapar, que la puerta se cerró. Pero al otro día se da cuenta que lo engatuzaron. «Me dio la vuelta», se dice. Y ese día cuando vuelve del trabajo dice: «¡Hablemos!» ¿Qué pasó? Está dolida. Cambió de opinión. Le prometió algo que ahora no cumple. No, lo que pasa es que reaccionó. Es él en realidad. Apenas tuvo tiempo de reaccionar.

5. Oren juntos. Cuando comiencen a orar juntos, a ambos les suceden cosas maravillosas. Empiezan a ver las cosas a través de los ojos de Dios. Comienzan a entenderlas. Y es imposible orar juntos enemistados.

6. Comente los detalles. El hombre odia los detalles. Y a la mujer les encantan. Se calcula que en un día de veinticuatro horas la mujer tipo habla veinticinco mil palabras y el hombre diez mil. Se calcula que el hombre y la mujer que trabajan en la calle usan nueve mil palabras. Si eso es verdad, quiere decir que al hombre le quedan mil y a su vez la mujer apenas comienza a tomar impulso. Un matrimonio feliz se acercará por ambos lados a un término medio.

TERCERA PARTE

Engaño
en las creencias
espirituales

Capítulo nueve

Los Estados Unidos y el ocultismo

Mi conocimiento del ocultismo y el satanismo no se forjó en una biblioteca. No provino de periódicos ni libros. Vino de experiencias directas ocurridas durante un período de unas cuantas semanas en 1971. Mi conocimiento del satanismo vino de una invasión literal de poderes sobrenaturales que golpeó a San Antonio, Tejas, la ciudad donde resido. Fue como un capítulo salido de un libro de Frank Peretti.

Hace veinticinco años el *San Antonio Light*, periódico de la ciudad donde resido, publicó un sorprendente relato acerca de la ascendencia del ocultismo en nuestra ciudad. En el artículo se citó a Robert Pugh, Director de Salud Mental del Condado de Bexar, diciendo que más de cincuenta y cinco mil ciudadanos de San Antonio practicaban abiertamente la brujería. Se le dijo a los lectores que los miembros del culto satánico realizaban sistemáticamente asesinatos con tortura bajo órdenes del diablo. Pugh mismo hizo referencia a tres recientes relatos de asesinatos aislados acompañados por ritos extraños. En un caso se le ordenó a un hombre castrarse. ¡Y así lo hizo! A otro miembro de la secta se le ordenó que le sacara los ojos a alguien. Cuando se disgustó y fracasó en la tarea, se llenó de depresión. Finalmente, como prueba de su compromiso con Satanás, él mismo se sacó los ojos.

Solo días después del artículo en el periódico una mujer muy atractiva, bien vestida y educada vino a mi oficina para consejería. Su familia la había enviado. Deseaban averiguar por qué esta mujer parecía tener una habilidad tan extraordinaria para controlar a otras personas. Mientras se sentaba, me miró directamente a los ojos y comenzó a hablar.

—Adoro a Satanás. Satanás es dios. Su presencia es más poderosa que Jesucristo. Ustedes los cristianos se arrodillan y le ruegan a Dios por lo que desean. Pero yo le pido al diablo y él responde, ya sea poder o dinero o relaciones sexuales o maldiciones o encantamientos sobre mis enemigos. Puedo controlar personas cuando lo desee solo con agujas y muñecas.

Mientras me miraba profundamente, sus ojos parecían brillar.

Agarré mi Biblia y comencé a leer, pero antes de comenzar ella golpeó el libro como una gata acorralada.

—¡Ese libro es una mentira! —gritó—. Nada más que un montón de mentiras. Échelo a un lado.

Uno no tenía que ser un Phi Beta Kappa en teología para saber que estaba poseída por el demonio. La miré a sus ojos y dije:

—Jesús es Señor y Satanás está derrotado, y no lo olvide. Usted y todas sus agujas y muñecas de vudú no pueden siquiera tocar a uno de los hijos ungidos de Dios cubiertos por la sangre de la cruz.

»Odia este libro porque es la vida y la verdad, y usted representa una mentira. La Biblia dice que Satanás es un mentiroso y el padre de mentiras. Lo ha sido desde el principio del tiempo. No tiene poder en un medio de verdad.

Me volvió a mirar y gritó:

—¡Cállate! —y siguió repitiendo—: ¡Cállate!, ¡cállate!

Salió disparada de la oficina repitiendo las palabras.

Me senté allí por mucho tiempo y finalmente me dije: *En verdad, no se enfrascan minuciosamente en esto en la clase de Sicología de lo Anormal 101, pero lo que acabas de experimentar, John Hagee, sin duda está en la Biblia. Está en una y otra página de los Evangelios.* En la universidad me enseñaron a creer que las susodichas experiencias se basaban completamente en la ignorancia y la superstición, pero eso no fue lo que había acabado de ver en la mujer en mi oficina. Estaba engañada pero no era ignorante, una hija del diablo que obviamente estaba ungida por el poder demoníaco.

Muchas veces me he preguntado por qué la actividad espiritual demoníaca prevalecía tanto en casi todos los continentes excepto en Norteamérica, Asia, África, Sudamérica y hasta partes de la sofisticada Europa, como Francia. Relatos de esas actividades aparecían en las Escrituras, sin embargo, muy ausentes de la vida pública moderna estadounidense. A menudo me he preguntado por qué el diablo y sus demonios no parecían cruzar el Río Grande.

El engaño espiritual en Estados Unidos

Uno de los cumplimientos más sucintos de la profecía bíblica en años recientes ha sido la ascendencia del ocultismo en los Estados Unidos. Lo que comenzó en la década del sesenta como un coqueteo divertido con el horóscopo, ahora se ha convertido en un extenso movimiento popular con sus libros y la música rock. De noche los síquicos dominan las ondas televisivas. La antropóloga Margaret Mead ha declarado a la parasicología como un brazo legítimo de la ciencia a pesar de que la mayoría de las leyes estatales prohíben la enseñanza de la creación, aun en las universidades privadas dirigidas por iglesias. Los principales reportes noticiosos revelan que las industrias de defensa soviética y estadounidense han invertido millones de dólares en impuestos cada año investigando el ocultismo. Hasta la CIA ha empleado síquicos para que le dijeran dónde se estaba escondiendo Saddam Hussein y qué estaban haciendo los rusos. Los detectives policíacos procuran rutinariamente la orientación de síquicos para solucionar casos difíciles de asesinato. Los principales éxitos de librería en el país describen experiencias fuera del cuerpo y visitas de ultratumba. La ex primera dama Nancy Reagan planificó el calendario de la Casa Blanca bajo la orientación de su astrólogo. Durante su término como gobernador de Massachusetts, el candidato presidencial Michael Dukakis apareció en *National Geographic* honrando la principal bruja del estado. Como mencionara en el capítulo 1, Hillary Clinton le habla a los muertos con la asistencia de Jean Houston, una síquica de la Nueva Era.

¿Cómo sucedió tan rápidamente? ¿Acaso Estados Unidos no se fundó bajo la promesa de libertad religiosa? ¿Acaso el Tratado del Mayflower no era un compromiso con Dios? ¿Acaso no imprimimos nuestras monedas con la consigna «In God We Trust» [En Dios confiamos]? ¿Cómo una nación tan sofisticada como Estados Unidos puede rechazar al Dios que la bendijo y prosperó solo para abrazar una renovación de adoración pagana y ritos ocultistas desacreditados y abandonados hace ya tanto tiempo por los seres humanos modernos?

La generación anterior a la nuestra no podía contar diez libros acerca del ocultismo en la biblioteca pública. Las publicaciones ocasionales sobre el tema se imprimían en privado, pero ninguna compañía editorial reconocida tocaría un manuscrito así. Los que leían las palmas de las manos vivían en casas móviles o en casuchas en barrios pobres.

Entonces vino la guerra del gobierno contra las iglesias. Se prohibió legalmente la oración en las escuelas. Se arrancaron los Diez Mandamientos de las paredes de las aulas estadounidenses. Las organizaciones de escuelas bíblicas se cancelaron. Estados Unidos se proclamó como una nueva sociedad secular. La ACLU [Unión Estadounidense de Libertades Civiles] ha luchado agresivamente por la libertad de la religión, no por la libertad religiosa, bajo el manto de la «separación de iglesia y estado».

El vacío lo ocuparon Jeanne Dixon, Edgar Cacey y toda una nueva generación de síquicos. Los estadounidense se divirtieron. «Solo es un juego», dijeron. Se publicaron los horóscopos en los periódicos. Pero la diversión pronto cedió a la fascinación. Explicaban: «Todo es mental». «Autosugestión, pero, oye, da resultados». Las librerías a través de la nación comenzaron a dedicar estantes completos al ocultismo. Hoy en día esas publicaciones ocupan secciones prominentes de las principales cadenas de librerías. A excepción de la Biblia, venden el doble de los libros cristianos. Año tras año las líneas telefónicas síquicas resultan mejor económicamente que cualquier otro infomercial en la televisión. No se equivoque. Esos números lo impelen la demanda y el interés público. Las evaluaciones de Nielsen de estos infomerciales satánicos revelan audiencias televisivas mucho mayores que los principales programas religiosos en la nación. La Nueva Era está fascinada con los «ángeles», que no son sino guías espirituales demoníacos dirigiendo a sus cautivos más profundamente en el engaño.[1]

La ascendencia del satanismo

Mientras que muchos estadounidenses enredados en el ocultismo juegan inocentemente a sus márgenes, algunos lo han llevado a sus conclusiones definitivas y abrazado sus ritos y manifestaciones más extremistas. En 1966, Anton LaVey fundó la Iglesia de Satanás. Dos años después escribió la *Biblia Satánica*, y miles y miles de estadounidenses, en su mayoría jóvenes, comenzaron a inundar la nueva «iglesia». De este caldero nació una nueva forma de música de rock ácido con letras de adoración al diablo. Los Rolling Stones grabaron canciones como «Sympathy for the Devil» [Simpatía con el diablo], «Their Satanic Majestic Request» [La petición de su majestad satánica] y «Goats Head Soup» [Sopa de cabeza de cabra]. (En la adoración satánica se utiliza una cabeza de cabra. Esto se certifica en la Escritura donde los seguidores de Cristo son «ovejas» y los seguidores de Satanás son «cabras».[2])

El rock ácido satánico

Permítame decirle algo. La mayoría de los conciertos de rock ácido no son sino servicios de adoración satánica. He asistido a ellos. Lo he visto por mi cuenta. Cuando el alcalde de San Antonio le pidió a un comité especial de clérigos que lo apoyaran para contrarrestar la influencia demoníaca de la música rock, fue a un concierto de rock para verlo por su cuenta. Si nosotros los clérigos íbamos a sostener una conferencia de prensa para condenarlo, quería saber por experiencia propia contra qué estábamos batallando. ¡Me espanté y me enfermé!

Vi a los líderes pisotear el suelo con el saludo satánico y gritar sus juramentos y cantar canciones que glorificaban el uso de drogas, la violación y el asesinato.

«Ah, ellos simplemente son artistas», dicen los jóvenes con inocencia. «Realmente no creen en nada de eso».

No es así. Algunos miembros famosos de los grupos de rock han dicho públicamente que le han vendido sus almas al diablo por la popularidad pública. Deseaban ser como dioses, recibiendo la adoración y la adulación de las masas. La deseaban y la tienen.

Ozzy Osbourne, el otrora cantante principal de *Black Sabbath*, cantaba abiertamente acerca de demonios en «The Devil's Daughter» [La hija del diablo]. Osbourne argumenta: «No soy un adorador maniático del diablo. Simplemente hago un papel y me divierto con él».

Richard Ramírez, el *Night Stalker* [Acechador nocturno], estaba obsesionado con los temas satánicos en la grabación *Highway to Hell* [Autopista hacia el infierno] por la banda de *heavy metal* AC/DC. Su canción favorita, «Night Prowler» [Merodeador nocturno], trataba acerca de entrar inadvertido en los cuartos de mujeres confiadas. No es coincidente que Ramírez entraba así en los cuartos de sus víctimas femeninas, las mataba y luego pintaba pentagramas satánicos en las paredes.

Dea Lucas, una suma sacerdotisa en la Iglesia de Satanás en Van Nuys, California, reclama que el *heavy metal* es la principal herramienta de reclutamiento para su iglesia. «Los grupos de *heavy metal* influyen en los chicos para que se entreguen a Satanás[...] Los grupos están de lleno en el satanismo aunque lo nieguen. Simplemente al leer las letras, ya que soy satanista, puedo leer entre líneas».[3]

Las letras de las bandas contemporáneas de *heavy metal* y *black metal* son más perversas y satánicas aún, se ocupan de temas tales como la muerte de Dios, sentarse a la siniestra de Satanás, relaciones sexuales con cadáveres, llamar a Jesucristo el engañador, glorificar el sacrificio humano y los nombres de Satanás.

Dirá usted: «Bueno, nuestros niños solo escuchan la música». Está equivocado. No pueden vivir en una dieta musical de drogas, asesinato, violaciones, suicidio, satanismo y doctrinas de diablos sin dañar sus almas eternas; y si lo permite en su casa, tiene la responsabilidad de lo que suceda.

Juegos dramáticos satánicos

A finales de la década del setenta comenzaron a aparecer en las tiendas de juguetes a través del país nuevos juegos «dramáticos» popularizados por los *Dungeons and Dragons*. Para la década del noventa hasta los padres cristianos inocentemente le permitían a sus niños que jugaran con ellos. Esta nueva generación de «juegos para la mente» puede jugarse a solas o con un grupo. Mientras más avanzados sean los juegos, más elaborados los ritos satánicos.

«Solo es un juego, solo es un juego», protestaron los padres. «Después de todo, hay hechiceros, brujas y diablos en la literatura de niños y en la Biblia». Pero estos juegos distan mucho de los cuentos de hadas infantiles trasmitidos por Charles Perrault y los hermanos Grimm. Estos eran libros integrales, de texto ilustrados acerca de la hechicería y brujería, incluyendo sacrificios humanos, ritos suicidas y sadomasoquismo.

Algunos jóvenes no podían quitarse algunas escenas de la mente. Hace varios años, mientras realizaba mi propia investigación acerca del ocultismo, ocurrieron tres muertes aisladas, la mayoría de ellas con pocos días de diferencia entre sí. En septiembre de ese año, el cuerpo de un brillante joven californiano de diecisiete años de edad apareció en una playa de San Francisco. Fue víctima de un suicidio. Días después, en Colorado, un niño de doce años de edad mató a tiros a su hermano de dieciséis años y luego se mató él. Dos días después en un vecindario de Chicago un niño y una niña, ambos de diecisiete años, cometieron suicidio al encender el auto de la familia en el garaje cerrado. En Arlington,

Tejas, un adolescente entró a su salón de clases con una escopeta recortada, se la puso en la cabeza y disparó. Finalmente, en Goddard, Kansas, James Kirby, un niño explorador de rango Águila de catorce años de edad, le disparó a su escuela intermedia local con un rifle de caza. El Director estuvo entre los muertos. Cada incidente tenía en común el complejo juego dramático llamado *Dungeons and Dragons*.

Ritos de asesinatos satánicos

Hace apenas unos años, los reporteros de las noticias estaban denunciando los temores públicos en cuanto a la ascendencia del satanismo. Los reportes de niños perdidos se ridiculizaron como sensacionalistas e histéricos. Se nos informaba que todo hacía recordar los juicios contra las brujas de Salem, Massachusetts. Hoy, aparece un relato tras otro en nuestros diarios. El asesinato satánico ritual de Mike Kilroy despertó a muchos cristianos de su letargo. Kilroy era un joven estudiante de medicina, secuestrado de las calles de Matamoros por miembros de lo que la prensa llamó el «Rancho del diablo». En una ceremonia satánica se le cortaron las piernas, le extirparon la columna vertebral y le sacaron el cerebro con un machete.

El 4 de julio de 1984, la policía encontró el cuerpo de Gary Lauwers en un terreno boscoso de Northport en el área de Long Island en Nueva York. De acuerdo con la declaración de la policía, Ricky Kasso, de diecisiete años, admitió haber matado a Lauwers apuñalándolo en el rostro y sacándole los ojos. Kasso dijo que le había gritado a Lauwers: «Declara que amas a Satanás», antes de que matara al niño en un rito satánico que duró un período de cuatro horas. Al final, misericordiosamente, lo quemaron vivo. Mientras moría, Lauwers gritó: «Mamá, te amo».

Por varios años Kasso y al menos otros veinte pertenecían a una secta satánica llamada «Caballeros del círculo negro». Kasso tenía una cruz invertida tatuada en su brazo y lo arrestaron el pasado abril por sacar cuerpos para usarlos en ritos. Se robó la mano izquierda de un cadáver. (La mano izquierda es una porción codiciada de la anatomía de un cadáver porque los satanistas son hijos del diablo que, en el día del juicio, Dios Todopoderoso los forzará a pararse a su mano izquierda.[4]) Mi investigación revela un relato tras otro demasiado asqueroso como para imprimirlo.

Algunas personas dicen: «Ah, eso es en raras ocasiones. Solo sucede de vez en cuando». Está mal. Sucede a cada momento en Estados Unidos.

La ola actual de crímenes, asesinatos o «sacrificios» satánicos está bien documentada. Larry Kahaner, un reportero investigador que ha ganado premios que ha escrito para *The Washington Post*, y una larga lista de los periódicos más prestigiosos de la nación, han escrito el chocante libro: *Cults That Kill* [Sectas que matan]. (Es probable que sepa que *The Washington Post* no es una publicación evangélica cristiana.) Kahaner viajó a través de Estados Unidos entrevistando a detectives policíacos que se especializaban en crímenes ocultistas. Los resultados fueron extraordinarios. El problema es epidémico.

Kahaner averiguó que el momento de poder supremo para un satanista está en la contaminación de un niño inocente, tanto mediante el maltrato sexual y, en definitiva, a través del asesinato ceremonial. La ofrenda ceremonial se considera la expresión definitiva de lealtad al diablo. ¿Y de dónde sacan a estos niños para la matanza ritual? Los secuestran de las calles. (Sus fotos adornan los envases de leche en su mesa de desayuno.) Los roban de sus camas de hospital. Los compran de madres adictas a las drogas. En algunas sectas satánicas, se requiere que las madres entreguen a sus niños. Un relato de la Prensa Asociada habló acerca de una mujer en El Paso que entregó a sus cinco hijos para una matanza satánica. Ella dijo que era un honor. Muchos niños perdidos son víctimas trágicas del satanismo y jamás aparecerán. (No es una coincidencia que los números aumentan drásticamente durante la semana de *Halloween* [Víspera del Día de todos los santos].)

De acuerdo con el capitán de la policía retirado Dale Griffis de Tiffin, Ohio, los infantes son los mejores sacrificios. «Los satanistas creen que los infantes son mejores porque son puros. No han pecado y todavía no están corrompidos. Poseen un poder mayor que el de los adultos. Cuando uno sacrifica a un infante, obtiene mayor poder que si sacrifica a un adulto. Una de las posesiones más preciadas de un satanista es una vela hecha de la grasa de un infante que no se haya bautizado».

Las satanistas quedan embarazadas para dar a luz niños para las ofrendas ceremoniales. Los médicos en los grupos satánicos sirven de parteros, sin llenar certificados de nacimiento. En lo que al estado respecta, la persona jamás existió. Pero de todas maneras, el estado no se ocupa mucho de proteger a los niños, en el vientre o fuera de él. Se mata ritualmente al infante, se quema y la grasa se usa para hacer velas para la adoración satánica en una fecha posterior.

La policía reporta que la mayoría de los cuerpos usados en esas matanzas jamás se encuentran. Hijos de satanistas condenados de asesinato le cuentan a la policía que la mayoría de los cuerpos simplemente se enterraron en cementerios, bajo las narices de las autoridades. De acuerdo con el testimonio, los miembros de la secta encuentran una tumba lista para el entierro al día siguiente. Excavan unos cuantos metros más, entierran el cuerpo, presionan la tierra y, al día siguiente, ocurre el sepelio planificado donde se baja un ataúd sobre la víctima asesinada. Una vez que el cuerpo oficial se entierra hay poca oportunidad de que se vuelva a desenterrar para buscar un segundo cuerpo. Los familiares dueños del lugar oficial de sepultura no querrán que se perturbe los restos del ser amado. Jamás se encuentra a la víctima del asesinato.[5]

El segundo método favorito es la cremación. Cada miembro de la secta se lleva parte de las cenizas a la casa en donde se esparcen en cincuenta direcciones.

¿Y por qué no escuchamos más acerca de esto en la prensa? Kahaner dice que los departamentos de policía mismos suprimen con cuidado los relatos. Policías de toda la nación le dijeron a Kahaner que si la palabra *Satanás* o *satanista* aparece en un reporte policíaco oficial, el abogado representando al acusado aboga una capacidad reducida o locura, y el criminal sale completamente libre. Al fin y al cabo, ¡todos sabemos que no hay ningún diablo! La policía se cuida mucho para que no aparezca esa palabra en ningún reporte oficial ni que se filtre en la prensa.

Hay otra razón cínica por la que la policía suprime esos relatos. Algunas veces los oficiales de la ciudad y los jefes de la policía sellan la información por temor a que bajen los valores de bienes raíces. Sorprende que algunos de los crímenes más asquerosos ocurren en vecindarios adinerados.

La razón más perturbadora por la que usted no lee más en cuanto a la epidemia en su periódico local se debe a que algunos editores, padres de la ciudad, y hasta oficiales policíacos están a veces involucrados en prácticas ocultistas. Por lo general, temen que esas historias de horror vayan a darle mala reputación a los que creen son «actividades ocultistas responsables». Pero en otras ocasiones están enredados en los crímenes y no desean una investigación. Varios policías le informaron al periodista Kahaner que su profesión era la preferida de un pequeño, pero mortal, número de satanistas.

¿Quién es él y cómo llegó aquí?

Los estudiantes de religiones comparadas pueden decirle que el concepto de Satanás, o un «gran espíritu maligno», es tan antiguo como la humanidad. Hasta las regiones más remotas y aisladas del mundo han tenido sus encuentros con la personalidad que la Biblia llama el diablo. Podrán tener distintos nombres para él, pero siempre estuvo allí. La adoración pagana incluía la automutilación y siempre hubo ese horrible concepto del sacrificio humano. Los aztecas asesinaron decenas de miles para vengar a su dios. Apocalipsis 12.9 se refiere a «la serpiente antigua, llamada el diablo». Antigua porque ha andado por allí desde el huerto del Edén.

De las enseñanzas de Jesús y los profetas tenemos siete descripciones de Satanás. Primero, es un rebelde. Por definición, un *rebelde* es alguien que siempre encuentra defectos con la autoridad delegada.

Satanás, el rebelde

El Antiguo Testamento describe a Satanás como un arcángel creado por Dios. Era uno de los principales tres seres sobrenaturales en el génesis del tiempo. Era hermoso. Tenía gran conocimiento y poder. Y debido a ello, se enorgulleció y dirigió una gran rebelión contra Dios, llevándose un tercio de los ángeles celestiales con él.

Isaías narra la historia de esta rebelión. «Subiré al cielo», proclamó Lucifer, «junto a las estrellas de Dios, levantaré mi trono, y en el monte del testimonio me sentaré a los lados del norte; sobre las alturas de las nubes subiré, seré semejante al Altísimo».[6]

Satanás quería la autoridad de Dios, y todavía la desea. Odia toda autoridad. Aun ahora, inspira a las personas a sabotear la autoridad delegada de Dios en la tierra, para sabotear esa autoridad en el hogar, así como en la iglesia. Satanás le encontró defectos al liderazgo de Dios en el huerto del Edén, y le sugirió a Eva que Dios solo fue un egoísta al advertirle que no comiera del árbol de la ciencia del bien y del mal. Fue la inspiración tras la crítica de María y la rebelión contra Moisés en el desierto, hasta que Dios le dio lepra. Entonces, finalmente dejó de hablar. Y fue la inspiración tras la rebelión de Absalón contra el rey David al decir: «Si fuera rey en Israel, no permitiría que continuara esta injusticia».

El adolescente que encuentra defectos en sus padres está en rebelión y ese espíritu rebelde no procede de Dios. La esposa que censura a su esposo está en rebelión contra la autoridad delegada de Dios. El miembro de iglesia que siempre encuentra defectos en el liderazgo de la iglesia muchas veces está bajo la influencia de espíritus demoníacos a fin de traer discordia en el cuerpo de Cristo.

O está bajo la autoridad delegada de Dios o actúa bajo la

autoridad del príncipe de las tinieblas, Satanás mismo. O es esclavo de Satanás o es un siervo de Cristo.

Satanás no solo es un rebelde, sino un maestro del engaño.

Satanás, el maestro del engaño

Satanás es semejante a «un lobo vestido de oveja».[7] La Biblia también nos advierte que Satanás era astuto «más que todos los animales del campo». Muchas veces se le compara con una serpiente.[8] Se arrastra hacia su vida. De pronto, se encuentra sobre usted y ataca furiosa y sin cesar a su punto más débil en el momento de más debilidad. Cuando tentó a Jesús, lo hizo con pan cuando estaba hambriento tras un ayuno de cuarenta días. Entonces le tentó para que probara que verdaderamente era el Hijo de Dios. En cada ocasión Jesús le respondió con: «¡Escrito está!»[9]

¡Escuche esto! Satanás no negó que la Palabra de Dios era verdadera. Las universidades seculares podrán negar que la Biblia es cierta, pero hasta el diablo sabe que la Palabra de Dios es verdadera.

Segundo, Satanás le citó la Escritura a Jesús, pero la torció al querer que Jesús saltara desde el punto más alto del templo. Si Satanás torció la Escritura con el Hijo de Dios intentando destruirlo, la torcerá con usted para destruirlo. La verdad distorsionada lleva al engaño, produciendo doctrinas falsas, divisiones en la iglesia y desconfianza en la verdad absoluta de la Palabra de Dios.

Una y otra vez a través de los años he tenido sentados en mi oficina a madres y adolescentes alterados explicándome que todo comenzó muy inocentemente abriéndole sus mentes a la parasicología y al mundo del ocultismo. A millones de personas les sedujeron las enseñanzas de Jeanne Dixon. «Solo es la mente sobre la materia», decían. Sin embargo, en su autobiografía describe que un día se acostó y vio una serpiente arrastrándose en la cama con ella, que la miró a los ojos y le dio el extraño poder.[10]

Satanás es un espíritu, y cuando usted abre la puerta, entrará como un león rugiente y lo poseerá. El satanismo no es moda que pueda olvidarse. Una vez que abra la puerta, toma el dominio.

Jim Hardy de Carl Junction, Missouri, comenzó a experimentar con drogas cuando estaba en sexto grado y a los trece años ya era adicto. Dos amigos y él forjaron una relación fraternal de sangre alrededor de las drogas, la música *heavy metal*, películas espantosas, la brujería y el satanismo. A los diecisiete cometieron un sacrificio humano. Luego Jim explicó: «Era como si le orara a Dios y a Satanás al mismo tiempo para ver quién era más poderoso, y poco a poco me aparté de Dios y comencé a caer en Satanás[...] No puede simplemente probar. Te chupa con mucha rapidez».[11]

Uno no puede deshacerse de Satanás con un siquiatra ni la meditación. Se hace mediante el nombre y el poder, la sangre y la autoridad de Jesucristo.

De acuerdo con Larry Kahaner, las personas se unen a las organizaciones satanistas primordialmente con un propósito: obtener poder, poder sobre otras personas, poder sobre las circunstancias, poder para ganar dinero, poder sexual, algún tipo de poder. Los satanistas en Matamoros que asesinaron al joven Kilroy deseaban poder para vender drogas y para escapar de la policía.

La Biblia enseña que Satanás tiene poder, y le dará ese poder, por un breve período. ¡Lo único que le cuesta es su alma eterna!

Esos famosos miembros de los grupos de rock que le vendieron sus almas al diablo han pagado el precio de su almas eternas. «El que en Él cree, no es condenado; pero el que no cree, ya está condenado».[12] Así que cuando anda cambiando canales a través de la estaciones de televisión de su agencia de cable y ve uno de esos famosos sumos sacerdotes satánicos del rock escupiendo sus letras de alabanza a Lucifer, simplemente recuerde que está viendo a una pobre alma pérdida que solo dista del infierno eterno por un latido del corazón, no como un dios, alardeando como un pavo real, sino un absoluto idiota que le ha vendido su alma al diablo.

Satanás es un rebelde, Satanás es un maestro del engaño, sin embargo, Satanás se disfraza como «un ángel de luz».

Satanás, el ángel de luz

A pesar de que la Biblia habla de la sutileza de Satanás como «ángel de luz», advierte que puede cambiar su disfraz, en un momento, y convertirse en una criatura terrible. Pedro lo describe como intimidador y aterrador: «Como león rugiente, anda alrededor buscando a quien devorar».[13] Satanás usará el temor para paralizar y controlar las vidas de las personas.

Vi cómo Satanás cambia su disfraz de ángel de luz a león que busca algo para devorar ese día en 1981 cuando la mujer vino a mi oficina y anunció: «Adoro a Satanás». Luego de que se marchara, me senté callado y oré. «Señor, dijiste que si a alguien le faltaba sabiduría que orara y la pidiera y que la darías. Y que la darías abundantemente. Bueno, estoy pidiéndola. Enséñame la verdad. Muéstrame lo que sabes que no sé».

Entonces abrí la Biblia y leí el relato en Lucas 8 del endemoniado gadareno que estaba poseído por espíritus demoníacos. Estaba encadenado, el asilo de sus tiempos. Tenía fuerza sobrenatural. Las personas le temían. Tenía poder. Leí el relato varias veces sin saber que en menos de veinticuatro horas cambiaría mi vida para siempre.

A la mañana siguiente llegué a la oficina a las ocho. El teléfono estaba sonando. Una voz femenina al otro lado preguntó:

—¿El pastor Hagee?

—Sí.

—Pastor Hagee —dijo ella—. Creo que tengo un espíritu demoníaco.

Había demasiada coincidencia. Dije:

—¿De verdad?

El tono de mi voz revelaba sospecha y duda. ¿Estaba mi amiga del día anterior tratando de acorralarme? Le pregunté su nombre, pero no lo reconocí.

—Usted no asiste a mi iglesia, ¿cierto?

—No, no asisto a ella.

—Entonces, ¿por qué me llamó?

—Porque paso por su iglesia todos los días de camino al trabajo —dijo ella—. Vi su nombre, vi su número telefónico y simplemente creí que podía ayudarme.

Ella me contó su historia, me dio su dirección, y accedí de mala gana a detenerme y orar por ella.

La mujer vivía en una zona muy exclusiva, no era lo que esperaba. Pulsé el timbre, planeando marcharme si no abría la puerta de inmediato. Ella estaba asfixiada.

—Gracias, gracias —dijo ella—. Temía que no vendría.

Ella también lee la mente, pensé.

Fuimos al gabinete. Se sentó; yo me quedé parado. Dijo que su esposo era un negociante muy influyente e importante que trabajaba primordialmente en Nueva York. Ella había jugueteado ligeramente con el ocultismo, sobre todo con el tarot. Aliviaba el aburrimiento y la soledad. Parecía inofensivo (recuerde que Satanás se disfraza como un ángel de luz). No había sucedido nada malo hasta el último jueves.

—Estaba a solas en la casa, cerca de la medianoche, sentada en este mismo sofá —dijo ella—. Oí que la puerta del frente se abrió. Podía oír los pasos de algo que caminaba por el pasillo, por el piso de mármol.

—¿Algo? ¿O alguien? —le pregunté, deseando aclarar eso.

—Era algo —dijo—. No sonaba a humano, pero sin duda no era un perro ni tampoco un animal cuadrúpedo. Grité: «¿Quién es?» Siguió caminando por el pasillo muy lentamente. Podía escuchar cada paso. Entonces entró a este cuarto. No podía ver nada, pero a la vez sentía su presencia a mi lado. Y entonces entró dentro de mí.

—¿Hizo qué? —pregunté

—Entró dentro de mí.

—¿Y qué le hace pensar que todavía está ahí?

—Lo sé —dijo ella—. Mi vida ha cambiado dramáticamente. Mi mente está llena de las escenas sexuales más terribles y vulgares. Tengo pensamientos violentos. De pronto maldigo con violencia a las personas en público, personas que ni siquiera conozco ni tengo razón alguna para herirlas. Entienda, jamás he maldecido en mi vida. Esa no soy yo. Tengo pensamientos asesinos. Algo anda muy mal. ¿Podría ayudarme?

Satanás estaba mostrándole sus verdaderos colores a esta mujer.

El Señor parecía susurrarme al oído: «John, ¿recuerdas el relato que leíste el otro día, en Lucas 8? Bueno, sácalo».

Mientras comencé a leer el relato del endemoniado gadareno de la Biblia, al instante noté un cambio en la mujer. Sus ojos se cristalizaron. Tenían la mirada vacía de un gato; allí no había humanidad. Sabía que estaba confrontando algo que el profesor no había mencionado en la Sicología de lo Anormal. Continué, actuando como si todo andara normalmente.

—Notará que Jesús le ordenó a los demonios que se identificaran —dije, y entonces les ordenó marcharse. Ellos tenían que obedecer. ¿Está lista para que suceda esto?

Mi voz estaba muy calmada, muy profesional. Pero era como si no estuviera allí.

—En el nombre de Jesús —dije muy calmadamente, sin emoción alguna—, por el poder de su sangre derramada, mediante la autoridad de su Palabra, le ordeno a este espíritu malvado que salga de esta mujer.

Lo que sucedió después hizo que se me pararan los pelos de la cabeza. La dama comenzó a retorcerse. Ella era una mujer alta, probablemente seis pies, y muy esbelta. Estaba sentada en el sofá, pero se agarró los tobillos con sus manos y levantó las rodillas al aire sobre su cabeza. Ahora, su cabeza estaba bajo sus pies. Literalmente estaba doblada. Diez cirujanos no podrían colocarme en esa posición. Y mientras bajaba, me miraba con esos ojos felinos vidriosos y exhalando un gruñido largo, gutural y escalofriante.

Pensé: *Señora, dónde desea la nueva puerta de su casa, ¡porque estoy listo para hacerle una! Será como unos dos metros de altura y un metro y medio de ancho.* Jamás vi algo semejante en mi vida. Levantó su cabeza lentamente, silbándome como una serpiente, con puro odio en sus ojos; luego habló con una profunda voz de barítono.

—Te odio, John Hagee.

Oye, sabes que acabamos de conocernos. Por lo general, le toma a las personas un día o dos para odiarme, pensé.

Por supuesto, sabía que el espíritu demoníaco hablaba a través de la mujer. Esto era una batalla espiritual, y en cualquier confrontación cada fibra de mi ser dice: «¡Ataca, ataca, ataca!» Así que subí el volumen y la miré directamente a los ojos y dije:

—¡Sal de ella en el poderoso nombre de Jesús!

A través de todo esto no toqué a la mujer ni una vez. Pero si la hubiera golpeado en el rostro, ella no hubiera saltado de manera tan veloz como lo hizo ante esas palabras.

La profunda voz de barítono del demonio me respondió:

—No voy a dejarla quieta.

Comencé a citar las Escrituras: «Y todo aquel que invocare el nombre del Señor, será salvo».[14] «Así que, si el Hijo os libertare, seréis verdaderamente libres».[15]

Luego de cuarenta y cinco minutos de intensa batalla espiritual, la dama gritó de forma escalofriante y cayó al suelo como si estuviera muerta. Unos momentos después se sentó con una radiante sonrisa en el rostro. La apariencia felina ahora era la imagen de paz.

—Estoy libre —dijo—. Se fue. Se fue. Se fue. Estoy cambiada. Gracias a Dios. Gracias a Dios.

No había duda en mi mente de que Satanás había poseído a esta mujer. Entró en su vida a través de lo que aparentaba ser un pasatiempo inofensivo, leer las cartas del Tarot, y entonces trató de destruir su mente, su cuerpo y, finalmente, su alma.

Satanás es un rebelde, es un maestro del engaño, se disfraza de ángel de luz y es un acusador de los hermanos.

Satanás, el acusador de los hermanos

La Biblia enseña que Satanás es el acusador de los hermanos.[16]

Cuando acusa a otro creyente, realiza la obra del diablo. Sí, resista al mal. Resista al diablo. Pero Dios espera que seamos perdonadores y amables con los hermanos en la fe. Espera que nos llevemos bien.

Santiago dice que la lengua se enciende con fuego del infierno mismo. Puede asesinar a otra persona con su lengua tóxica. Puede asesinar su reputación. Puede asesinar su carácter y su influencia. Puede asesinar sus relaciones matrimoniales plantando palabras de duda y sospecha. Puede asesinar sus esperanzas y sueños. Esta es la obra de Satanás.

Satanás es el acusador de los hermanos y Satanás también es un tentador.

Satanás, el tentador

El Evangelio de Mateo enseña que Satanás incita a los seres humanos a pecar. Recuerdo mi conversación con un joven adicto a las drogas. «¿Y cómo se llama lo que usas?», le pregunté.

«Es *angel dust* [polvo de ángel]», dijo.

Eso me despertó la curiosidad así que aprendí un poco más. Hay una droga llamada «éxtasis». Hasta hay una llamada «cielo». Pero por supuesto, cuando uno se hace adicto, es el infierno.

Satanás es un tentador y también un homicida.

Satanás, el homicida

Juan 8.44 dice que Satanás «ha sido homicida desde el principio». Por eso es que demanda sacrificios. De ahí que le gusta la sangre inocente, las jóvenes, las miles de vírgenes sacrificadas por los aztecas y los millones de niños sacrificados en los altares a Moloc. Se deleita en el daño realizado al alma del asesino.

La respetada historiadora Gitta Sereny, procurando resolver el enigma de los monstruosos crímenes del régimen de Hitler, escribe acerca de una entrevista con una de las secretarias cercanas a Hitler que atestiguó todo su desenvolvimiento. Luego de muchas entrevistas, cuando Sereny finalmente se ganó la confianza de la mujer, explicó sin deseos que al fin resolvió en su mente qué fue lo sucedido. Quizás no parezca muy intelectual, admitió ella, pero creía firmemente que Hitler llegó a estar poseído por el demonio.[17]

El detective Chip Wilson, del departamento de policía de Denver, le dijo a Larry Kahaner: «Donde fallan todas estas sectas es cuando las personas no están satisfechas con el medio que crearon. No basta tener poder sobre sí mismos. Desean controlar los cielos y todos entre sí. A medida que aumenta la necesidad de poder, aumenta el crimen ocultista».[18]

El teniente Mike Davison, investigador principal de la unidad de investigaciones especiales de los alguaciles del Condado de Monroe en Michigan, da otra evidencia de que Satanás es un asesino al reportar el asesinato a sangre fría de Lloyd Gamble, de diecisiete años, por su hermano de quince.

El de quince años llamó al departamento de policía e informó calmado que acababa de dispararle a su hermano dos veces en la cabeza a quemarropa.

Dijo que esperaba que sus padres llegaran en cualquier momento y si la policía no lo detenía, los mataría también cuando llegaran a la casa.

Cuando la policía llegó a su casa, se entregó sin resistencia alguna. La policía encontró el cuerpo de su hermano en el primer piso, con dos disparos en la cabeza según lo reportó.

Tres días después, los padres llamaron a la policía y le pidieron que volvieran a la casa. Cuando la policía llegó, los padres sacaron una bolsa de vinilo verde que estaba escondida en un armario. Contenía una capucha, una larga toga negra, un cáliz de plata, una vela azul oscuro, una botella de cristal llena de líquido rojo y once cintas magnetofónicas de *Mötley Crüe*, *Black Sabbath* y otros grupos de *heavy metal*. Había un libro titulado *The Power of Satan* [El poder de Satanás], un pentagrama de papel, una espada y una cruz invertida.

El libro, *The Power of Satan*, procedía de un grupo satánico en Canadá. Los padres creían que su hijo obtuvo la información en cuanto al grupo cuando asistió a un concierto de *Mötley Crüe*. El libro ofrecía instrucciones detalladas acerca de cómo realizar un rito satánico.[19]

Permítame advertirle. Satanás es un asesino. Usted no le cae bien.

«Bueno», dirá, «¿y si estoy de su parte?» No hay un «bando satánico». De permitírselo, lo usará a usted, lo poseerá y, de poder hacerlo, hará que se suicide. No hay dos bandos. Solo hay uno, el de Dios; y usted o está de parte de Dios o está perdido, vulnerable y en peligro.

Escribo este libro para aclarar que Satanás es real. Fue un Satanás muy real el que apareció en el huerto del Edén. Un verdadero Satanás atacó a Job. Un verdadero Satanás tentó a Jesús y un Satanás muy real ha engañado a Estados Unidos de América y a la mayoría de su gente. Algunos padres luchan contra un Satanás muy real en sus hogares porque sus hijos participan de lleno en prácticas ocultistas.

Cómo luchar contra el satanismo en el hogar

La mayoría de los padres se estremecen al pensar que sus hijos podrían estar enredados en el satanismo. Y no los culpo. Algunos padres llegan a negar la posibilidad hasta que es demasiado tarde. En su lugar le sugiero a todos los padres que anden pendientes de las señales de que están en el ocultismo. He aquí algunas señales indicativas basadas en *Satanism: The Seduction of America's Youth* [Satanismo: La seducción de los jóvenes estadounidenses], de Bob Larson, un hombre que ha trabajado con jóvenes por muchos años:

- Una preocupación malsana con juegos dramáticos de fantasía como *Dungeons and Dragons*. Recordará el joven de doce años de Colorado que mató a tiros a su hermano de dieciséis y después se suicidó, el joven y la joven de

Chicago que cometieron suicidio, el adolescente de Arlington, Tejas, que se mató en la escuela de un tiro y el niño explorador de catorce años que le disparó a una escuela elemental local. Todos estaban involucrados con *Dungeons and Dragons*.

- Interés en el tarot, la ouija y otros juegos ocultistas. La mujer que me llamó tan desesperada ese día había jugueteado con las cartas tarot antes de caer bajo la opresión satánica.

- La adicción a las películas de horror como *Friday the 13th* y *Nightmare on Elm Street*, cuyos personajes principales matan y mutilan.

- Una obsesión con la música *heavy metal*, sobre todo bandas *black metal* como *Slayer, Venom, Ozzy Osbourne, Metallica, Megadeth, King Diamond, Iron Maiden* y otros grupos que evocan el simbolismo satánico.

- Aislarse de la iglesia y calificaciones malas. El niño podría comenzar a mostrar una actitud hostil hacia el cristianismo y sus antiguas amistades cristianas.

- Una atracción hacia la literatura satánica y libros como *The Satanic Bible* [La biblia satánica], el *Necronomicon* [Necronomicón] y los escritos de Aleister Crowley.

- Enredarse con amistades que se visten de negro, se saludan entre sí con el saludo satánico (el dedo índice y el meñique extendidos, con la palma de la mano hacia adentro), hablar y escribir al revés, y organizar reuniones secretas.

- El uso de drogas y/o alcohol.[20]

Estas son las señales iniciales de participación en el ocultismo. Si las ve, debe andar alerta, pero como dice Larson: «Protéjase de la tentación de husmear en el cuarto del niño o leer su correspondencia, lo cual podría quebrantar su confianza en usted. No demande de repente que cada cartel ofensivo salga de su pared y que cada grabación de mal gusto termine en la basura. La acción precipitada provocará más enojo y rebelión. En lugar de eso, ande pendiente de otras pistas de participación satánica».[21]

Las señales de andar en el satanismo son:

- Una preocupación por fenómenos síquicos como la telepatía, la proyección astral, I Ching y la parasicología.
- Afinidad con los efectos satánicos, incluyendo calaveras, cuchillos, cálices, velas negras y togas.
- Una inclinación a escribir poemas o cartas acerca del satanismo o a realizar diseños de cruces invertidas, pentagramas, el número 666, nombres del diablo o calaveras y otros símbolos de muerte. (Ejemplos de esos símbolos los encontrará en la página 190.)
- Mantener un diario privado como libro de las sombras (una crónica creada personalmente acerca de las ideas y las actividades satánicas).
- Obsesión con la muerte y el suicidio.

Larson le advierte a los padres: «Si su hijo muestra algún interés en el ocultismo, no espere hasta que haya un fuego para encender la alarma. A la primera señal de humo, pida ayuda rápidamente. Póngase en contacto con un ministro, consejero o experto policíaco que esté familiarizado con el satanismo».[22] Larson sugiere que muchos centros de tratamiento de salud mental públicos y privados reconocen los problemas de la participación juvenil en el ocultismo y tienen excelentes programas de tratamiento para las sectas. Sus números telefónicos generalmente aparecen en las páginas amarillas.[23]

Cada cristiano necesita estar alerta a las posibilidades de la participación satánica a fin de estar preparado. Sin duda, jamás olvidaré los últimos incidentes en ese par de semanas en 1981.

Símbolos satánicos[24]

MANO CORNUDA

La MANO CORNUDA es una señal de reconocimiento entre los que están en el ocultismo. También la utilizan los que asisten a conciertos de *heavy metal* para afirmar su lealtad al mensaje negativo de la música.

ANARQUÍA

El símbolo de la ANARQUÍA representa la abolición de toda ley. En un inicio se usó en la música *punk,* ahora lo usan ampliamente los fanáticos de música *heavy metal.*

ANKH

El ANKH es un antiguo símbolo egipcio para la vida y la fertilidad. La porción superior representa lo femenino, la inferior lo masculino. Este símbolo se supone que tenga significado sexual mágico.

LA CRUZ DE LA CONFUSIÓN

La CRUZ DE LA CONFUSIÓN es un antiguo símbolo romano que cuestiona la validez del cristianismo. Se usa en grabaciones del grupo de rock *Blue Oyster Cult* [La secta de la ostra azul].

LA CRUZ DE NERÓN

Este símbolo representaba la paz en los años sesenta. Entre los grupos actuales de *heavy metal* y los grupos ocultistas, significa la CRUZ DE NERÓN. Muestra una cruz invertida con una ancla de cruz quebrada hacia abajo, implicando la derrota del cristianismo.

PENTAGRAMA

El PENTAGRAMA (sin el círculo, LA ESTRELLA PENTÁGONO) se usa tanto en la magia negra como la blanca. La parte superior representa al espíritu. Los otros puntos representan el viento, el fuego, la tierra y el agua. Se cree que tiene el poder para invocar espíritus buenos y repeler al mal.

ANTIJUSTICIA

El símbolo romano de la justicia era un hacha de doble filo parada. La representación de la ANTIJUSTICIA invierte el hacha de doble filo.

BAFOMET

El pentagrama invertido, muchas veces llamado BAFOMET, es satánico y representa la cabeza de una cabra.

SWASTIKA

La SWASTIKA o la CRUZ QUEBRADA originalmente representaba los cuatro vientos, las cuatro estaciones y los cuatro puntos cardinales. Sus brazos estaban en ángulos de noventa grados invertidos, como aparece aquí, y virados según las manecillas del reloj, mostraba armonía con la naturaleza. La SWASTIKA muestra a los elementos o las fuerzas en contra de la naturaleza y fuera de armonía.

Un último asalto con el diablo

Una vez que llegué a mi oficina después de visitar a la mujer en aquel exclusivo vecindario, me sentí exhausto. Todavía no eran las diez de la mañana y ya me sentía como si hubiera corrido tres kilómetros. En una hora mi teología se destruyó por completo. Pensé: *Jamás volveré a ver algo semejante a eso en toda mi vida. Es mejor que aprenda lo que pueda de ello.*

Pero el día no había terminado. Estaba en el aula de Dios. Había pedido su sabiduría en cuanto al tema y me estaba ofreciendo una dosis pesada de realidad espiritual.

Esa noche, un miembro de la iglesia me llamó con un relato raro:

—Pastor —me dijo—, acabo de terminar una llamada telefónica tras hablar con un hombre que dijo que me asesinaría mañana.

Casi me reí en voz alta. ¿Ha tenido uno de esos días? ¿Tuvo un tanto más de excitación de la que podía manejar? (Y en medio del día, una pareja, pequeños ayudantes de Dios, llamaron ofendidos porque su nombre estaba mal deletreado en el periódico de la iglesia por haber traído palillos de dientes de colores al asado de la iglesia. No entendían por qué no podía apreciar el dolor de tal ofensa.)

—Bueno, ¿qué le hiciste? ¿Cuál es el problema? —le pregunté al hombre.

—Pastor —dijo—, no he visto a este hombre en veinte años. Mire, sé que esto suena loco, pero se ha enredado en la hechicería. Todos los días está en contacto con una aparente «bruja» en California que le trasmite instrucciones. Ella le dijo que yo soy la causa de una maldición sobre su vida. Ni siquiera sé qué es una maldición, pero al parecer está convencido de que soy culpable de sus problemas.

La voz al otro lado de la línea algunas veces estaba llena de pánico, otras veces sonaba excusada.

—¿Puede creérmelo, pastor?

Me agarraste en un buen día, me dije. *Ayer, no te hubiera creído. ¿Hoy? Hoy puedo creer cualquier cosa.*

—Logra que el hombre venga a verme mañana en mi oficina. Ven tú también. Dile que puedo solucionar su problema con la maldición.

La voz al otro lado de la línea titubeaba.

—Pastor, no sé si podré hacerlo, pero lo intentaré.

A la mañana siguiente los dos hombres entraron en mi oficina. El hombre que me había llamado por teléfono lucía muy bien. Abrí la caja de Pandora de inmediato. ¿Para qué perder tiempo? Miré a su atormentador directamente a los ojos y dije:

—¿Cree que hay poder en la hechicería? La sangre de Jesucristo le da a todo creyente autoridad absoluta sobre todos los demonios del infierno.

Saltó como si lo hubiera aguijoneado en el trasero con un tridente. Estuvo confuso por un momento. Cuando se recuperó, comenzó precisamente donde había estado la dama la mañana anterior.

—Sé que hay poder en la hechicería —dijo—. Puedo maldecir a cualquier persona que quiera con muñecas de vudú y polvos. Puedo hacer que le sucedan cosas malas a las personas que me enojan.

Obviamente me estaba amenazando. Recogí la Biblia, en donde la lucha había terminado la última ocasión, y dije:

—Satanás es un mentiroso, y de acuerdo con este libro, es un engañador y un asesino. Cualquiera que le siga va a pasarse la eternidad en el infierno, incluyéndolo a usted. ¿Eso lo enoja?

Ciertamente lo hizo. Saltó a sus pies, salió disparado y azotó la puerta, diciendo cosas muy feas acerca de mí.

El siguiente miércoles en la noche comencé a enseñarle a mi congregación basado en Lucas 8. Creí que les hacía falta saber qué estaba descubriendo. Por supuesto, algunos no querían saber. Una dama me dijo: «Pastor, deje de enseñarnos acerca del diablo. Yo no molesto al diablo y el diablo no me molesta a mí».

Permítame decirle que eso es una broma. La Biblia enseña que

Satanás ha venido a matar y a destruir. Usted está en esta pelea, le guste o no, y es una lucha hasta el final. O derrota a Satanás y sus huestes demoníacas mediante el poder de la sangre o lo destruirán a usted. Pablo le ordenó a la iglesia que peleara «la buena batalla».[25]

¡Peleen para ganar! ¡Peleen con confianza! Peleen con las armas espirituales de Efesios 6.

Mientras enseñaba a la congregación acerca de este capítulo en particular de la Biblia en un culto vespertino un miércoles, el hombre que jugaba con muñecas vudú entró a la iglesia. Tenía una arma de fuego, cargada y lista para disparar, maldiciendo el nombre santo de Dios mientras andaba por el pasillo. Se detuvo en el banco donde estaba sentado el hombre que había amenazado de muerte, puso la pistola tras la cabeza del hombre y rugió como un animal. Tomó a su rehén y lo llevó por el pasillo con la pistola pegada de su cuerpo e hizo que se parara a mi lado en el púlpito.

—Ahora ustedes dos —gritó—, arrodíllense y rueguen por sus vidas. Voy a matarlos aquí mismo.

—Esta es la casa de Dios —dije—. Estamos bajo la autoridad de Jesucristo y usted aquí no tiene poder. La Palabra de Dios dice: «Ninguna arma forjada contra [nosotros] prosperará».[26] Aquí ordenamos nosotros. Usted no.

—Uno, dos... —comenzó a contar y después abrió fuego.

Era algo surrealista. Nos apuntaba con una pistola cargada y nos disparaba. En realidad tenemos una grabación de ese culto. Las personas en la congregación algunas veces lo ponen. Le helaría el espinazo. Se lo aseguro, este no fue un culto aburrido de oración de miércoles en la noche y apareció al día siguiente en la primera plana de los periódicos. Ni una bala nos dio a ninguno de nosotros.

Eso fue hace veinticinco años. Solo fue el comienzo de mi nueva educación en cuanto al mundo espiritual. Olvídese de todos esos conceptos ridículos de la niñez, pero créame esto: en verdad hay un diablo muy real. Es un ser demoníaco que puede usar a las personas en un esfuerzo por controlar el mundo físico. Su objeto es destruir corazón, alma, mente y cuerpo; para destruir todo lo que usted ama, todo a lo que aspira y todo lo ha soñado. La Biblia dice que Satanás viene «para hurtar y matar y destruir».[27]

Cada persona que lea este libro está salvada o perdida. Usted está en uno de esos grupos. No hay un punto medio. O son ovejas o cabras; trigo o cizaña. O ha confesado y recibido públicamente a Cristo, o es propiedad de Satanás. Dirá: «Predicador, jamás me uniría a una secta». Permítame decirle algo: sin Jesucristo usted está tan mezclado en el ocultismo como esas personas que asesinaron a Mike Kilroy en Matamoros. Es de su propiedad en este instante. Le pertenece a él. El primer paso de separación de Jesucristo es su primer paso hacia el príncipe de las tinieblas. Cuando rechaza la verdad, lo único que queda es una mentira y un engaño.

Santiago 1.14-15 dice: «Sino que cada uno es tentado, cuando de su propia concupiscencia es atraído y seducido. Entonces la concupiscencia, después que ha concebido, da a luz el pecado; y el pecado, siendo consumado, da a luz la muerte». Romanos 6.23 dice: «La paga del pecado es muerte».

¿Qué es el pecado?

Santiago 4.17: «Y al que sabe hacer lo bueno, y no lo hace, le es pecado». Romanos 14.23 dice: «Todo lo que no proviene de fe, es pecado».

¿Hay un pecado inconfesado en su vida? De ser así, Satanás tiene sus colmillos en su alma. Nadie se recupera del pecado sin la sangre de Jesucristo. Hebreos 9.22 dice: «Y sin derramamiento de sangre no se hace remisión [de pecados]».

Jesús dijo: «El que no es conmigo, contra mí es; y el que conmigo no recoge, desparrama».[28] No puede ser las dos cosas. O es propiedad de Jesucristo o es un esclavo al pecado y Satanás. Hay dos señores: el Señor Jesús y el señor Satanás. Hay dos familias: la familia de Dios y la familia de Satanás. Hay dos destinos: el cielo y el infierno.

Las buenas nuevas

Ahora, las buenas nuevas. Si usted es cristiano, si le ha comprometido su vida y ha renacido, Satanás es un enemigo derrotado. Cuando Jesucristo subió el monte Calvario, derrotó las fuerzas del infierno. Se convirtió en el sacrificio, el único necesario para expiar los pecados. El poder de Satanás se quebrantó para siempre. Le agradezco al Señor por su sangre derramada. Le agradezco al Señor por la sangre de la cruz, porque mediante esa sangre tenemos victoria y liberación; tenemos libertad del pecado y de su dominio. Cada grillete se ha quebrado. Si es adicto a las drogas, puede ser libre hoy. Si lo controlan las salvajes emociones de la ira, el temor, el resentimiento o la depresión, puede ser libre. Hemos sido hechos reyes y sacerdotes, hijos en el reino de Dios por la sangre de Jesucristo.

El nombre de Jesucristo es *El Shadai*, el Todopoderoso. Solo Él tiene todo el poder y nos lo ha dado a nosotros. Antes de partir hacia el Padre, dijo: «Toda potestad me es dada en el cielo y en la tierra[...] y he aquí yo estoy con vosotros todos los días, hasta el fin del mundo».[29] Cuando Satanás ruge contra usted como un león, defiéndase en el nombre de Jesús y el poder de su preciosa sangre. La Biblia dice que hasta los demonios tiemblan temerosos.[30] La victoria es nuestra. La Biblia dice: «Resistid al diablo, y huirá de vosotros».[31]

Hay liberación de los engaños de Satanás.

Capítulo diez

Brujería en la casa de Dios

«Hagee, ahora ha ido demasiado lejos. ¿¡Brujería en la casa de Dios!?», podría pensar. «¿Está realmente seguro de que el diablo puede operar entre las paredes de la iglesia? ¿Puede usar clérigos, predicadores, y laicos?»

Sí, el diablo puede. Lo hace, y lo ha hecho por siglos.

Recuerde lo que Jesús les dijo a algunos de los líderes religiosos de su día: «Ustedes son de su padre el diablo».[1]

Jesús aclaró que al final de la era los engaños más sutiles de Satanás golpearían a la iglesia misma. Advirtió que sus propios creyentes peligraban.[2]

Permítame ofrecerle algunos ejemplos muy concretos: el movimiento de la diosa dentro de muchas denominaciones, el involucramiento de clérigos homosexuales, y la filosofía errónea así como manifestaciones extrañas del espíritu en la iglesia evangélica.

El movimiento de la diosa

Es posible que la herejía más sorprendente surgida en la iglesia cristiana sea la creciente adoración a la diosa Sofía. Un ministro metodista unido se sorprendió al encontrar a Sofía en su iglesia.

En 1993, Thomas Oden, profesor en una escuela teológica

estadounidense, asistió a un servicio de Santa Cena un jueves en su escuela.

El primer himno, «Sofía», entonaba alabanzas a la diosa Sofía, que «*ordena* lo que Dios quiere hacer». «Ella es la maestra que estimamos, y el tema de nuestra vida».

Oden comenzó a sentirse incómodo. *¿Estoy en un lugar en donde se adora a otro Señor aparte de Jesucristo?*, se preguntó.

No le tomó mucho tiempo percatarse de que era cierto.

El sermón no se enfocó en un texto de la Escritura, sino en un acontecimiento en la experiencia de la mujer como predicadora feminista. Ella habló acerca de un «triunfo», en el que un «piadoso» laico metodista y otros miembros fueron obligados a irse a otra iglesia después que retaron su autoridad de ofrecer la Cena del Señor en el nombre de la diosa Sofía. Describió orgullosa un sermón que predicó para relatar su desaprobación, en el que invitó a todos los miembros que no concordaban con ella a buscar otra iglesia.

La Escritura en ese servicio era principalmente en los Salmos, Proverbios y los libros apócrifos, en especial pasajes que deificaban a la sabiduría. Entonces, increíblemente, ese ministro igualó el yugo del discipulado con el sexo sadista y masoquista.

Thomas Oden se preguntó: *¿Puedo recibir la Santa Cena con una conciencia limpia bajo estas circunstancias?*

La pregunta le fue respondida cuando la predicadora ofreció la invitación a acercarse a la mesa del Señor, no en el nombre del Señor, sino en el nombre de la diosa que hablaba a través de Cristo. Se invitó a la congregación a la mesa de Cristo, pero en el nombre de Sofía.[3]

La experiencia de Thomas Oden no es única. El movimiento de la diosa en la iglesia se catapultó finalmente al debate público luego de una conferencia internacional ecuménica sostenida del 4 al 7 de noviembre de 1993, en Minneapolis, Minnesota. Inspirado por la celebración de una década del Concilio Mundial de Iglesias, el evento «Solidaridad con las mujeres» atrajo a miles de participantes de cincuenta estados, veintiocho países y docenas de denominaciones cristianas. Veinte organizaciones religiosas fundaron la conferencia, incluyendo a la Iglesia Presbiteriana, la Iglesia Metodista Unida, los Luteranos Evangélicos, la Convención Bautista Americana, la Iglesia Unida en Cristo, y cuatro comunidades religiosas de la Iglesia Católica romana. Los presbiterianos sacaron $66,000 de su «fondo misionero» para ayudar a auspiciar el evento.[4]

No solo se celebró a la diosa Sofía en adoración abierta, sino que Jesús fue completamente difamado. La teóloga Delores Williams, hablando acerca de la doctrina de la expiación, declaró: «No creo que necesitemos personas colgando de cruces, sangre derramándose y cosas raras».[5] Una profesora del William Patterson College declaró que la cruz simbolizaba a Dios como un padre abusivo. Se dijo que la expiación era «una doctrina salvaje que promueve la violencia en nuestras calles».[6] Dos mil delegados iniciaron la noche entonando, «Bendice Sofía. Sueña la visión. Expresa la sabiduría que mora muy adentro».

Los conferencistas animaron a los participantes a examinar sus almas e identificar sus propias «diosas» y no inhibirse por antiguas tradiciones restrictivas. Sobre todo, se les dijo a los delegados que fueran «inclusivos». Los participantes nombraron docenas de diosas: «fuego de amor, aquella que es eterna, madre tierra, mujer espíritu, yin y yang». Un delegado del Seminario Teológico Unión le presentó a la conferencia a Kali, la diosa hindú, Quani, la diosa budista, y Enna, la diosa animista de las Filipinas.

«Buda murió a los ochenta», dijo el conferencista, «Jesús a los treinta y tres, quizás este fue llamado muy joven como para entender».[7]

Los participantes se rieron y gritaron su aprobación.

Una feminista de India ungió las frentes de los delegados con puntos rojos para celebrar «lo divino en cada uno» y para protestar la opresión que llevaron a India los misioneros cristianos. Chung Hyun Kyung, un teólogo coreano, le dijo a la conferencia que «mi vientre es shamanista, mi corazón budista, el lado derecho de mi cerebro es confucionista, y el izquierdo es cristiano. Le llamo la familia de los dioses y están todos juntos».[8]

Algunas veces la conferencia no solo era anticristiana, sino anti-Dios. Chung Hyun Kyung mordió una manzana, simbolizando el pecado de Adán y Eva mostrando insolencia a Dios el Padre, y le preguntó a la audiencia: «¿Qué tabú ha quebrantado hoy?»[9]

Los conferencistas también discutieron la nueva sexualidad. La líder católica romana Mary Hunt de Maryland le recordó a la audiencia la cita popular de la teóloga feminista Virginia Mollenkott: «La gracia es lesbiana». Al animar a los delegados a que se convirtieran en campeones de la agenda homosexual y lesbiana, dijo: «Querida, francamente, el que sea cristiana o no es algo que me importa un bledo».[10]

En otra sesión, Melanie Morrison hizo un «llamamiento lesbiano» mientras que un coro cantaba en el trasfondo: «Continúa avanzando[...] no vuelvas atrás».[11] Hunt motivó a los delegados a que «imaginaran el sexo entre amigos como la norma. Imaginen la valiosa interacción genital sexual en términos de si promueve la amistad y el placer o no, y cómo lo hace».[12]

El sacrilegio más destacado de la conferencia fue el «servicio de comunión» que sirvió de conclusión, presentado en el programa como una «Bendición sobre la leche y la miel». El líder de adoración dirigió a la audiencia en una respuesta litúrgica: «Con la sangre caliente en nuestros vientres damos forma a una nueva vida[...] Con la leche de nuestros pechos amamantamos a los niños[...] Con el néctar entre nuestros muslos invitamos al amante[...] parimos a una criatura; con nuestros cálidos fluidos corporales le recordamos al mundo su placer y sus sensaciones».[13]

¿Cómo podía suceder eso? ¿Cómo pueden ser barridos por esas doctrinas los líderes de las principales denominaciones? ¿Cómo pueden ser seducidos algunos escritores y ministros evangélicos?

Sofis es una forma de la palabra griega *chokmah*, usada 141 veces en el Antiguo Testamento. Como en muchos idiomas, todas las palabras hebreas son masculinas o femeninas. *Chokmah* es femenina. En Proverbios, en un sentido poético, el escritor personifica a la sabiduría, diciendo que ella estaba presente en la creación misma.[14] Las feministas declaran que esta sabiduría, la *chokmah*, presente en la creación, es la diosa Sofía.

Nada de esto resulta muy sorprendente a los estudiantes de la

Biblia. Satanás siempre ha usado las mismas palabras de Dios para tentar y trastornar a Su pueblo. En el huerto de Edén tergiversó sutilmente la advertencia de Dios a Eva, sugiriendo que Dios lo había delimitado todo. «¿Conque Dios os ha dicho: No comáis de *todo* árbol del huerto?»[15] Por supuesto, Dios no había dicho tal cosa. Había prohibido solo un *árbol* y Satanás lo sabía; los otros miles estaban disponibles para Adán y Eva. Satanás tergiversó las palabras de Dios para tentar a Jesús. Y hoy las tergiversa para corromper y engañar a la iglesia.

Por supuesto los defensores de la fe están en toda denominación, personas que han experimentado el poder de Dios y que están comprometidos con su Palabra, pero cada vez más son ridiculizados o repudiados. Cuando una gran hueste de presbiterianos objetaron al movimiento de Sofía, Mary Ann Lundy, una teóloga feminista, ripostó con la acusación de que «hay una batalla por el alma de la iglesia presbiteriana lanzada por las fuerzas políticas dirigidas por la derecha radical o extrema».[16] Muchos oponentes, por no parecer intolerantes, se retiraron.

En los últimos tres años el movimiento solo ha adquirido mayor empuje. En junio de 1994 cientos de mujeres asistieron a la «Conferencia renacentista de la fémina sagrada» en la Catedral Episcopal de la Gracia, en San Francisco. Una vez más las mujeres le entonaron a Sofía: «Nos postramos ante tu sagrado poder, la santa sabiduría de Sofía, nuestra amada madre que está en el cielo y en la tierra».

Un párrafo del programa decía: «Este evento participativo celebra y honra la presencia de la "Madre Divina" en el corazón de la civilización global que está surgiendo. La fémina sagrada tiene una función central en la sanidad de nuestras mentes divididas y nuestro planeta en peligro[...] Sin la transformación espiritual a una escala masiva sin antecedente alguno, la humanidad no sobrevivirá».

No hay que ser un científico espacial para ver a donde «Sofía» está llevando a sus seguidores.

Uno de los muchos engaños en el movimiento de la diosa, el

lesbianismo y la homosexualidad, también se encuentra en otras áreas de la iglesia.

La homosexualidad en la casa de Dios

En muchas denominaciones, la doctrina tradicional cristiana se ha derrumbado ante la inmoralidad popular de nuestros días. La Biblia se refiere a esta clase de engaño:

> Profesando ser sabios, se hicieron necios, y cambiaron la gloria del Dios incorruptible[...] Por lo cual también Dios los entregó a la inmundicia, en las concupiscencias de sus corazones, de modo que deshonraron entre sí sus propios cuerpos[...] pues aún sus mujeres cambiaron el uso natural por el que es contra naturaleza, y de igual modo también los hombres, dejando el uso natural de la mujer, se encendieron en su lascivia unos con otros.[17]

Tan reciente como en 1979 la iglesia Episcopal dijo públicamente que condenaba el sexo fuera del matrimonio. En su convención anual pasó una resolución declarando que «no es apropiado» que la iglesia ordene a adúlteros u homosexuales practicantes. Pero solo una década después, influidos por los cambios culturales que barren a la nación, la iglesia cambió de parecer. En el 1990, el obispo episcopal Walter Righter ordenó a un homosexual que no era célibe para el ministerio en la iglesia. Cuando se retó la acción, el obispo John Spong de la diócesis de Newark anunció: «Esta iglesia ha hecho algo audaz. Ahora no temblemos ante nuestra audacia. En vez de eso avancemos valientemente hacia el futuro que hemos ayudado a construir».[18]

Entonces solo cuatro años después, en 1994, en la Convención General de la Iglesia Episcopal, setenta y un obispos firmaron una «Declaración de koinonía», diciendo que «la homosexualidad y la heterosexualidad son moralmente neutrales».[19] Cuando los episcopales conservadores intentaron reafirmar la moralidad bíblica, el obispo Orris Walker, de la diócesis de Long Island, respondió señalando que muchos de sus parroquianos eran solteros. «¿Va a decirles esta iglesia que para ellos la intimidad sexual es anormal si no ocurre dentro del matrimonio? Si esta iglesia espera que regrese a las calles de Brooklyn y Queens con eso, no resultará».[20]

Los conservadores fueron derrotados.

En 1996, por un voto de siete a uno, un concilio episcopal en Wilmington, Delaware, dispuso de toda la controversia con la sorprendente declaración de que no había ninguna «doctrina medular que prohibiera la ordenación de una persona homosexual soltera que vive en una relación sexual leal y comprometida con otra del mismo sexo».[21] Ese mismo mes, dos hombres homosexuales se pararon frente al altar de la Catedral de San Marcos en Seattle para intercambiar votos y recibir la bendición de la iglesia en su unión homosexual. El ministro oficiante anunció: «Que su amor no se avergüence, una señal de un nuevo mundo de justicia y paz».[22]

Una de las grandes armas de las personas en el engaño es la palabra *amor*. La premisa es que «Dios es amor», por lo tanto debe aceptarse cualquier cosa bajo la bandera del amor. Eso está mal. Cualquier clase de amor que no lleve a la absoluta obediencia a la Palabra de Dios no es bíblica y es un engaño.

En Juan 14, Jesús les dijo a sus discípulos: «Si me aman guarden mis mandamientos». Sus palabras en el versículo 21, son muy claras. «Aquel que tiene mis mandamientos y los guarda, es el que me ama». Hebreos 12.5-8 se dirige a los cristianos:

> Y habéis ya olvidado la exhortación que como a hijos se os dirige, diciendo: Hijo mío, no menosprecies la disciplina del Señor, ni desmayes cuando eres reprendido por Él; porque el Señor al que ama, disciplina, y azota a todo el que recibe por hijo. Si soportáis la disciplina, Dios os trata como a hijos; porque ¿qué hijo es aquel a quien el padre no disciplina? Pero si se os deja sin disciplina, de la cual todos han sido participantes, entonces sois bastardos, y no hijos.

El apóstol Pablo les dice a los cristianos que no menosprecien la disciplina del Señor. Eso es prueba positiva de su amor eterno al moldear nuestra vida y destino. Dios jamás deja de disciplinar a sus hijos.

Mire a Moisés, a los ochenta, elegido por Dios y comisionado a librar a los hijos de Israel de Egipto. Dios lo envió de vuelta a Egipto y de camino el Señor se encontró con él y trató de matarlo.[23] ¿Por qué? No había circuncidado a su hijo, lo cual significa que había desobedecido la señal del pacto que Dios hizo con Abraham y sus descendientes. Dios prefería ver a Moisés morir que servir en desobediencia.

No se equivoque, cualquiera que enseña «amor» sin «disciplina» enseña una mentira. El amor exige disciplina. Cualquiera que le diga que puede tener paz sin el precio divino del arrepentimiento le enseña una mentira. Eso es doctrina de demonios pura y sencillamente. Timoteo advirtió que en los últimos días los hombres serían «amadores de los deleites más que de Dios, que tendrán apariencia de piedad, pero negarán la eficacia de ella; a éstos evita».[24]

Finalmente hizo falta un pornógrafo para poner toda la controversia episcopal en perspectiva. En su ejemplar de diciembre, la revista *Penthouse* publicó un «servicio sexual de niños», operado, según se afirma, por sacerdotes de una iglesia en Long Island en Nueva York. Irónicamente, la revista sermoneó advirtiendo a los lectores que su reporte «muy bien puede derribar cualquier confianza que le quedara en sus instituciones religiosas».[25]

De acuerdo a los participantes, jóvenes de Brasil eran traídos a los EE.UU. por clérigos para servir como sus «juguetes sexuales». Los jóvenes se sorprendían invariablemente cuando se enteraban del verdadero propósito tras su excitante oportunidad de visitar los EE.UU. Según una fuente, los actos sexuales ocurrieron ante el altar, con sacerdotes vestidos con sus vestidos clericales y otros vestidos como mujeres. El apóstol Pablo les advirtió a los efesios que algunos «después que perdieron toda sensibilidad, se entregaron a la lascivia para cometer con avidez toda clase de impureza».[26] Pablo escribió que sus actividades eran demasiado vergonzosas como para mencionarlas.[27] Conozco ese sentir. Pero *Penthouse*, que no tiene vergüenza, lo deletreó con detalles lóbregos, con retratos completos de sacerdotes desnudos y niños en la cama juntos y relatos de sacerdotes defecando el uno sobre el otro en orgías.[28]

Si los episcopales parecen dirigir el camino por el resbaloso sendero hacia la destrucción, muchos otros se están alineando para seguir. En 1996, setenta y cinco congregaciones presbiterianas se declararon «dispuestas a ordenar personas homosexuales varones o hembras».[29] Mientras tanto, el comité legislativo de la Iglesia Metodista Unida ha recomendado que la iglesia le abra la puerta a la práctica homosexual declarando que «no puede alcanzar un acuerdo» sobre el tema.[30]

La Palabra de Dios no busca ser reelegida. No necesita reconfirmación. Es un hecho. Ningún voto de comité, ninguna convención nacional, ninguna tendencia, ningún compromiso puede negarla. El obispo Spong no puede salvarlo a usted el día del juicio. Esas setenta y cinco congregaciones presbiterianas no tendrán poder el día del juicio. El comité legislativo de la Iglesia Metodista Unida no prevalecerá el día del juicio. Diez mil obispos diciéndole que usted está bien no le salvarán el alma. No permita que ningún hombre lo engañe. Solamente usted responderá por sus acciones. Y será juzgado de acuerdo a la Palabra de Dios, no a la del hombre, ni a la tendencia del momento, sino a la Palabra eterna de Dios que jamás cambia.

Finalmente, las filosofías erróneas y las manifestaciones extrañas del espíritu están infiltrándose en la iglesia durante estos últimos días.

Filosofías erróneas y manifestaciones extrañas del espíritu

Las tácticas de Satanás muchas veces son un espejo de su rebelión. Se le acercó a Eva en Génesis, diciendo: «Puedes ser como Dios». Esa tentación promovió su propia caída, él conoce su atractivo. Esa enseñanza prevalece en la iglesia cristiana tradicional en donde los maestros y escritores invocan las filosofías de la

Nueva Era. «Todos somos dioses», sugieren. Las personas promueven esta creencia errónea, como la aceptación de la homosexualidad en la iglesia, en nombre del amor y de ayudar a personas desanimadas para que encuentren dignidad. Y la enseñanza extremista en la iglesia cristiana evangélica es un paralelo espantoso a esta misma peligrosa filosofía.

Ahora mismo, en la iglesia evangélica cristiana, escritores y maestros sugieren: «Usted puede ser como Dios». Después de todo, ¿acaso no dijo Jesús, «harán cosas mayores que estas?» Esa enseñanza sugiere que todos los elementos de la naturaleza le están sujetos a usted. Hasta Dios mismo, debe responder si la fórmula es correcta. (Él no puede resistir su poder porque se ha comprometido a las mismas leyes de la fe.) El resultado es que se reduce a Dios a un genio de botella, obligado a cumplir nuestros tres deseos, dejando de ser el Dios Padre con una voluntad soberana. Si Dios no es soberano, ¡no es Dios!

Y eso no es todo. Otras filosofías erróneas también se están infiltrando en la iglesia evangélica.

La Biblia lo dice muy claramente. No consulte a los muertos.[31] Pero ahora mismo, en la iglesia cristiana evangélica maestros y escritores proclaman: «Fui inspirado a escribir este libro porque hablé con mi hermano muerto o mi hermana muerta». Esto se proclama con frecuencia desde el púlpito. Los puede escuchar en las principales cadenas religiosas predicando su evangelio.

¿Cómo sucedió? Es un engaño. Proviene de una ignorancia y una ceguera a la Palabra de Dios. Sucede cuando nos enamoramos del mensaje de otro hombre, no del Hijo del hombre, Jesús. Proviene del orgullo de autor, cuando un maestro encuentra su lugar singular y una audiencia que aprueba. Y viene cuando la experiencia supera a la Palabra misma de Dios. Algunos de los engaños más efectivos de Satanás vienen de buenas experiencias. Cuando Satanás no puede detenerle frente a frente, con su acto de «león rugiente», se presentará como «un animal de luz» y le inspirará a llevar una doctrina o una experiencia hasta el extremo. Usted se destruye a sí mismo con su propia energía y entusiasmo.

Las filosofías erróneas se han infiltrado en la iglesia evangélica así como las manifestaciones espirituales extrañas.

La bendición de Toronto y el discernimiento de espíritus

Hoy la iglesia evangélica está llena de preguntas en cuanto a la «Bendición de Toronto», un despertar espiritual que golpeó a una pequeña congregación de creyentes que se llaman *Toronto Airport Vineyard Christian Fellowship* [Fraternidad Cristiana del Aeropuerto Vineyard de Toronto]. Sucedió en enero de 1994, y pronto se esparció por todo el mundo.[32]

Laurence J. Barber, pastor principal de la Iglesia Bautista Kingsway en Etobicoke, Ontario, fue a ver por sí mismo.

> En un servicio vespertino, comencé a sentir una pesadez en mi cuerpo, particularmente en mis manos y mis antebrazos, como si hubiera acabado de pasar horas arreglando los bordes del jardín de mi padre con herramientas manuales viejas[...] Al pararme para recibir la oración, determiné no caerme como lo hicieron algunos, deseando adorar a Jesús e invitarle a mi manera. Pero entonces mis piernas se derritieron completamente, y caí hacia atrás sobre la alfombra por varios minutos. Mi mente todavía estaba alerta, admirado, hasta que comenzaron convulsiones en mi estómago, y comencé a sollozar desde lo profundo de mi ser.

> Un sentimiento de paz siguió a mi llanto, sabía que fui conocido profundamente, perdonado, y amado en la presencia de Dios[...] A través de mis experiencias en la Bendición de Toronto, Dios me ha llevado más allá de mis zonas de comodidad normal. La Escritura habla de muchas manifestaciones, como zarandeos y movimientos físicos, que incomodan. Aunque estaba opuesto a ellos al comienzo, Dios los ha usado para humillarme, revelarse, y llamarme la atención».[33]

Las audiencias a veces son barridas por olas de risa. Los

participantes defienden sus experiencias, informan que son abrumados con el gozo de Dios, y la risa solo es el resultado. Hubo miles de conversiones y alegación de liberaciones de antiguos hábitos de drogas. Pero pronto, comenzaron a surgir aberraciones más extrañas.

Algunos participantes comenzaron a ladrar como perros, declarando estar bajo la influencia del Espíritu Santo. Algunos cacareaban como un gallo, justificando su acción diciendo: «¡Es el amanecer de un nuevo día!» Los líderes de la iglesia de Toronto defendieron la actividad, diciendo que la práctica era rara y que usualmente involucraba a cristianos comprometidos que reportaban que los incidentes eran muy significativos.

Hay una secta de la risa en Japón en donde los adoradores se flagelan con rosas de tallo largo con espinas y rugen con risa. Quite las rosas, y no podrá diferenciar esta secta y algunos servicios carismáticos a los que he asistido.

Los críticos cuestionan la Bendición de Toronto, diciendo que no es bíblica. Algunos hasta dicen que es demoníaca. Hank Hanegraaff, autor de *Cristianismo en crisis*, dice que la Bendición de Toronto representa algo «extremadamente peligroso que podría ser un camino hacia el ocultismo» porque el enfoque hace la experiencia religiosa subjetiva y caótica».[34] En última instancia, la iglesia en Toronto fue excomulgada por su pequeña denominación.[35]

George Byron Koch, pastor de la Iglesia de la Resurrección al oeste de Chicago, en Illinois, también asistió a la Bendición de Toronto para ver lo que sucedía. Su experiencia difería de la de Laurence Barber.

> Luego de un momento de alabanza y coros de adoración, anuncios, y la predicación, se ofreció una invitación a recibir oración y se dio la bendición, y los ministros de oración autorizados se movieron entre la muchedumbre, usando gestos singulares:
>
> Un ministro se paró tras una pareja que deseaba oración por su lucha con la infertilidad. Apoyó sus manos sobre sus cabezas, con las palmas hacia abajo, y comenzó a moverlas

vigorosamente de arriba hacia abajo, como si estuviera empujándoles algo en ellas.

Otro ministro se paró frente a un hombre que deseaba oración, descansando su mano izquierda sobre el hombre mientras recogía el aire moviendo de lado a lado su mano derecha, como si estuviera sacando algo del aire para meterlo dentro del cuerpo del hombre.

En un momento, este hombre y otros se cayeron al suelo para «descansar en el espíritu». Mientras el ministro se movía, ocasionalmente miraba hacia atrás a los que estaban en el suelo y recogía aire con su mano nuevamente, tirando ligeramente «algo» hacia ellos.

Otros ministros soplaban sobre aquellos que eran objeto de oración con una serie de exhalaciones rápidas.[36]

George Koch es un carismático evangélico que acepta los dones fenomenales del Espíritu Santo, sin embargo dice: «Lo que encontré en la iglesia de Toronto es una aparente teología del Espíritu Santo, de parte de algunos ministros y otros involucrados en la adoración, que no es ortodoxa y potencialmente mucho más seria que el fenómeno al margen de la adoración».[37]

Koch dice que las iglesias a las que se ha esparcido la bendición «deben moverse rápidamente para ofrecer enseñanza clara, regular, y minuciosa acerca de la persona del Espíritu Santo para los ministros y las congregaciones. Hasta algunos de los fenómenos más extraños podrían huir cuando los participantes reconozcan a la persona y la soberanía del Espíritu Santo, lo inviten a entrar, y reprenda y renuncie a cualquier otro "poder" que cualquier individuo pueda controlar personalmente».[38]

En estos últimos días, cada cristiano debe preguntarse: ¿Qué es de Dios? ¿Qué es un engaño? ¿Cómo puedo discernir la diferencia? ¡Escuche esto! Si se ríe porque está feliz, puede ser una manifestación del Espíritu Santo porque «el fruto del Espíritu es gozo».[39] Si se ríe para alegrarse, es una manipulación de la emoción, lo cual es como brujería.

Prueba de las experiencias espirituales

La primera pregunta que debe hacerse cuando sucede una manifestación sobrenatural en la iglesia o en la vida del creyente es esta: «¿Es la manifestación del Espíritu Santo, es sensual o motivada por el ego, o es demoníaca?» Cada manifestación viene de una de estas tres fuentes.

Muchos lectores podrían asombrarse por el concepto de que un espíritu demoníaco pudiera manifestarse en medio de un servicio de adoración en la iglesia. Empero algunas de las manifestaciones demoníacas más poderosas que jamás haya visto sucedieron mientras predicaba la Palabra de Dios. En el último capítulo describí un hombre, que reclamaba estar bajo la influencia de una bruja, que entró a nuestra iglesia con una pistola cargada, procurando dispararme ante la congregación.

Estoy vivo debido al poder sobrenatural de Dios para proteger y defender a los justos. ¡Satanás odia la Palabra de Dios! Ella tiene la habilidad de descubrirlo y el poder de sacarlo de los creyentes y fuera de la iglesia. Pero no se equivoque, Satanás puede operar en un contexto de adoración en la iglesia. La Biblia dice que debemos «probar los espíritus».[40]

Algunos cristianos que están atrapados en manifestaciones sobrenaturales enseñarán que es una señal de ingratitud o falta de fe cuestionarse o probar qué sucede. «Simplemente sé receptivo a ello», instan. «Simplemente recíbelo».

Un momento. Eso es totalmente contrario a la Palabra de Dios. Pablo les advierte a los cristianos primitivos: «Examinadlo todo; retened lo bueno».[41] La enseñanza que no promueve la verificación de las doctrinas y las experiencias viola la Escritura.

Lamentablemente cuando algunas personas no reciben estas manifestaciones, los que sí las reciben los llaman «duros para recibirlas». ¿El mensaje? No eres tan espiritual como nosotros, ¡lo cual es fariseísmo!

Nuestros corazones y emociones no son una base válida para la verdad. Proverbios 28.26 declara: «El que confía en su propio corazón es necio». No confíe en lo que su corazón le dice porque no es confiable. Jeremías escribe en 17.9: «Engañoso es el corazón más que todas las cosas, perverso; ¿quién lo conocerá?» He escuchado a muchas personas justificar manifestaciones basadas en sus emociones, sus sentimientos, o sus experiencias. Eso es arena movediza. Solo la Palabra de Dios es un fundamento válido para lo que usted cree.

La dificultad con las manifestaciones sobrenaturales en la iglesia es la habilidad de los creyentes para discernir entre ellas. He estado en servicios donde ocurría una verdadera manifestación del Espíritu Santo en la vida de una persona y en el mismo banco otra estaba manifestando un espíritu demoníaco.

El rey Saúl es la perfecta ilustración de esta mezcla. Gobernó a Israel por cuarenta años. Tuvo éxito como comandante militar. Pero su vida se destruyó porque permitió que una mezcla de espíritus gobernaran su vida. La Biblia registra al mismo hombre profetizando bajo la influencia del Espíritu Santo y luego profetizando bajo la influencia de un demonio. En la última noche de su vida, fue a consultar a una bruja en la cueva de Endor. Al siguiente día se suicidó en el campo de batalla.

La mezcla de espíritus destruirá al hombre y a la iglesia en donde sea aceptada.

Esa mezcla producirá dos cosas: confusión y luego división. A mi iglesia vino una mujer que visitó uno de los avivamientos más conocidos en donde aparentemente dominaban las manifestaciones. El primer domingo que regresó a la Iglesia Cornerstone, se sentó en el banco durante el servicio de alabanza y movió ambas manos en el aire violentamente como si estuviera azotando un enjambre invisible de abejas. Aunque estaba en el balcón, le pedí a los ujieres que la sacaran del servicio. Temí un desorden.

Cada pastor en cada iglesia en los EE.UU. debe sacar del servicio a cualquiera cuyo comportamiento o manifestaciones extrañas llame la atención de manera tan exclusiva que se perturbe el servicio y la adoración de las otras personas. Que un pastor permita que las manifestaciones personales de alguien destruyan un servicio de adoración es un abandono de su deber.

Debido a que saqué a la mujer, algunos de los que creían que la mujer era profundamente espiritual, se confundieron. Otros la rechazaron personalmente, lo cual es división. Repito, una mezcla de espíritus produce confusión y división.

La Biblia no nos ofrece libertad para tolerar el entrometimiento del mal en la iglesia. No debemos ser pasivos; no hemos de ser neutrales. Proverbios 8.13 dice: «El temor de Jehová es aborrecer el mal». Es pecaminoso ser neutral hacia el mal. Jesús dijo en Mateo 12.30: «El que no es conmigo, contra mí es». No hay espacio para la neutralidad.

Tengo esta palabra de advertencia para la iglesia: Cualquier «manifestación del espíritu» que prohíba la predicación de la Palabra de Dios de forma regular no es de Dios. Satanás odia la Palabra. Si puede llenar la Casa de Dios con confusión, creada por una manifestación sobrenatural aberrante, y detener la predicación de la Palabra de Dios, ¡lo hará!

George Koch estaba en lo correcto cuando dijo que las iglesias «deben moverse para proveer una enseñanza clara, regular, y minuciosa acerca de la persona del Espíritu Santo». Una manifestación pública o es del Espíritu Santo, lo cual es aceptable, o de la persona misma (un acto sensual humano) o de un espíritu demoníaco. Los últimos dos son inaceptables.

¿Cómo reconocemos al Espíritu Santo? Hay tres pistas.

Reconocer al Espíritu Santo

1. Si se usa un espíritu para controlar o manipular, aun una congregación, no es del Espíritu Santo. El Espíritu Santo es Dios, y nadie usa a Dios. Uno de los grandes peligros de los que ministran en el reino sobrenatural es la tentación a usar los dones espirituales para dominar a las personas. Este es el espíritu de brujería, no el Espíritu Santo.

2. El Espíritu Santo es el siervo de Dios, el Padre, y Dios, el Hijo. Esta es una emocionante revelación porque le asigna un alto valor a la servidumbre. Piense en ello, una forma de Dios mismo es la de siervo. Lamentablemente muchas personas hoy desprecian la idea de la servidumbre.

En Juan 16.13-14 Jesús nos ofrece una vislumbre del ministerio y la actividad del Espíritu Santo: «Pero cuando venga el Espíritu de verdad, Él os guiará a toda la verdad; porque no hablará por su propia cuenta, sino que hablará todo lo que oyere, y os hará saber las cosas que habrán de venir. Él me glorificará; porque tomará de lo mío, y os lo hará saber».

El Espíritu Santo no habla de sí mismo. No tiene mensaje propio. Solo nos reporta lo que escucha de parte de Dios, el Padre, y Dios, el Hijo. Su objetivo no es glorificarse a sí mismo sino a Jesucristo. Cualquier cosa que glorifica al hombre en definitiva llevará al engaño. Cuando escucha a un solista entonar un canto poderoso de la iglesia, ¿qué dice usted: «que gran cantante» o «que gran Salvador»? Es apropiado honrar a quien se lo merezca, pero la gloria solo le pertenece a Dios.

3. Por su propio nombre es Santo. En hebreo, es *el Espíritu de santidad*. La mayoría de los «cristianos de cafetería», esos que eligen y seleccionan las doctrinas que quieren, consideran la santidad como algo opcional. ¡Eso no es así!

En Hebreos 12.14 el escritor dice: «Seguid la paz con todos, y la santidad, sin la cual nadie verá al Señor».

Los ministros que manipulan las audiencias con exageraciones o poderes síquicos, pretendiendo hacerlo bajo los auspicios del Espíritu Santo, están en grave peligro. Jesús advierte en Mateo 12.31-32: «Por tanto os digo: Todo pecado y blasfemia será perdonado a los hombres; mas la blasfemia contra el Espíritu no les será perdonada. A cualquiera que dijere alguna palabra contra el Hijo del Hombre, le será perdonado; pero al que hable contra el Espíritu Santo, no le será perdonado, ni en este siglo ni en el venidero».

Jesús ofrece esta espantosa advertencia Él mismo. Tenga cuidado con la manera en la cual hablamos del Espíritu Santo y cómo lo representamos. Jesús usa la palabra *blasfemia* cuyo significado primordial es «hablar ligeramente o inapropiadamente de las cosas sagradas». Cuando uno habla ligera o inapropiadamente del Espíritu Santo por definición está blasfemando.

Hoy, muchos cristianos están más interesados en señales y milagros que en la predicación de la cruz. ¡Escuche esto! ¡Las señales y milagros no determinan la verdad! La verdad se determina por la Palabra de Dios. En Juan 17.17, Jesús le ora al Padre, y dice: «Tu palabra es verdad». No está tratando de ser la verdad, es la verdad.

Las señales y milagros serán el punto fuerte del anticristo.

El apóstol Pablo les advierte a los tesalonicenses:

> Entonces se manifestará aquel[...] inicuo cuyo advenimiento es por obra de Satanás, con gran poder y señales y prodigios mentirosos, y con todo engaño de iniquidad para los que se pierden, por cuanto no recibieron el amor de la verdad para ser salvos. Por esto Dios les envía un poder engañoso, para que crean la mentira, a fin de que sean condenados todos los que no creyeron a la verdad, sino que se complacieron en la injusticia.[42]

¿Qué le sucede al hombre, la iglesia, o la denominación que no recibe «el amor por la verdad»? Pablo declara que Dios los envía a un engaño fuerte. Este juicio severo le acontecerá a cualquier persona que permite que su relación con Dios sea controlada por sus opiniones (lo cual es idolatría intelectual), por sus emociones, o por experiencias que no están en armonía con la Palabra de Dios.

Aparte de un verdadero conocimiento del Espíritu Santo, tenemos otro antídoto bíblico contra el engaño en la iglesia en estos últimos días.

El antídoto para el engaño

Los cristianos deben mantener una perspectiva eterna, en vez de una terrenal en la que nuestra visión está completamente limitada al aquí y al ahora. Si todo lo que estamos esperando de Dios mediante la salvación son cosas que pertenecen a esta vida

—la prosperidad, la sanidad, el éxito, y el poder—, jamás alcanzaremos nuestro destino espiritual.

Abraham es el ejemplo principal de un creyente que mantuvo una perspectiva eterna y no estuvo limitado a una visión terrenal. En Hebreos 11.9-10, hablando acerca de Abraham, la Biblia dice:

> Por la fe habitó como extranjero en la tierra prometida como en tierra ajena, morando en tiendas con Isaac y Jacob, coherederos de la misma promesa; porque esperaba la ciudad que tiene fundamentos, cuyo arquitecto y constructor es Dios.

Abraham estaba en la tierra prometida, Dios se la prometió y se la dio mediante un pacto con sangre, pero jamás vivió en ella como dueño suyo. Siempre vivió en una tienda. Jamás compró una casa. Abraham tuvo una visión que se extendió más allá del tiempo hasta la eternidad. Creo que esto es lo que Dios espera que hagan los cristianos. No estamos en casa en este mundo. Nuestra ciudadanía está en el cielo. Cuando nos sentimos cómodos en este mundo, llegamos a ser carnales. «No améis al mundo, ni las cosas que están en el mundo. Si alguno ama al mundo, el amor del Padre no está en él».[43]

Compare a Lot con Abraham. Lot miró a Sodoma, y lo próximo que leemos es que no estaba simplemente mirándola, está en ella; vive en una casa, ya no vivía en una tienda. Es el tipo de hombre de Dios terrenal que cesa de ver lo eterno y casi pierde su alma.

Moisés jamás perdió de vista lo eterno. Hebreos 11.27 declara: «Por la fe dejó a Egipto, no temiendo la ira del rey; porque se sostuvo como viendo al Invisible».

La clave para una vida cristiana victoriosa es no perder de vista lo eterno. Mire más allá del tiempo. Vea más allá de la carga que lleva. Mire más allá del presente, hacia el mañana de Dios. Pruebe los espíritus para ver si son de Dios. Manténgase enrraizado en las Escrituras. Obre su salvación como dice la Biblia «con temor y temblor».

CUARTA PARTE

La verdad sobre el engaño

Capítulo once

Liberación del engaño

«Muy bien», dirá. «Me rindo. Comparado con el estricto patrón de la Palabra de Dios, Estados Unidos vive verdaderamente en el engaño». Nuestro gobierno pretende ser democrático, pero ha optado por una camarilla de voluntariosos y fanáticos anticristianos, propensos a desacreditar la Palabra de Dios y a su pueblo, solo para justificar su propia inmoralidad. Algunos son burócratas. La mayoría son jueces, rigiendo al país con autoridad.

¡Piense en eso! Cuando una rama del gobierno federal legisla, aplica las leyes y las interpreta, usted tiene una dictadura.

Cuando Hitler hizo eso en Alemania, se le llamó nazismo. Cuando los bolcheviques lo hicieron en Rusia, se le llamó comunismo. Cuando los jueces activistas estadounidenses lo hacen, se le llama «compasión» por un pueblo demasiado incompetente para autogobernarse.

- Cuando el pueblo de California votó contra la «Proposición 209», estableciendo que no habría más acción afirmativa, el juez federal derrocó la voluntad popular llamándola inconstitucional.

- Justo al ir a la imprenta este libro, un tribunal hawaiano ha obviado una montaña de evidencias que confirman que la homosexualidad es destructiva para los individuos, las familias y las sociedades al abrogar la ley estatal que preserva el matrimonio como la unión entre un hombre y una mujer. Una vez más, un tribunal liberal ha pasado por alto la voluntad del pueblo que votó abrumadoramente en elecciones recientes para apoyar el matrimonio.

El voto popular ya no importa. Los políticos se preguntan por qué la gente estadounidense no vota. La respuesta es que si la voluntad del pueblo difiere con la de un juez federal, la primera no significa nada.

La batalla contra el engaño

Tres armas dadas por Dios pueden liberar del engaño. Tres armas que pueden traspasar la neblina. Una es la alabanza, otra es la fe y la última es la acción.

No basta creer en la Palabra de Dios y estar de acuerdo conque la filosofía de esta era ha sido corrompida. Los demonios mismos tiemblan y creen.[1] La Biblia dice que «la fe sin obras es muerta».[2] En su retador Sermón del Monte, Jesús no llamó a los creyentes. No dijo que el sabio creería en Él. Dijo que el hombre sabio, el que edificaba su casa sobre una roca, *haría* lo que Él ordenaba. Eso que *hacemos* es lo que romperá el agarre que tiene Satanás en nuestra vida y en nuestra nación. Es tiempo de ponernos a trabajar.

«¿Pero qué podemos hacer?» me pregunta la gente. «Soy una persona sola. ¿Cómo puedo detener la ola de corrupción en Washington? ¿Qué puedo hacer para restaurar los valores matrimoniales a los hogares estadounidenses? Ni siquiera soy predicador, así que ¿cómo se supone que influya en la dirección de mi iglesia?»

Dios no exige resultados, exige obediencia y acción. Espera que seamos fieles. Cuando el ángel del Señor se le apareció a Gedeón llegó con este solemne encargo: «Ve con esta tu fuerza, y salvarás a Israel».[3] Gedeón quedó confundido. Ese ángel no sabía aparentemente a quién le estaba hablando.

Gedeón pensaba: *Si pudiera hacer algo lo habría hecho hace mucho tiempo. Soy muy débil. No puedo. Nuestros enemigos nos han oprimido por años. Solo Dios puede hacer eso... ¿Qué es esto? ¿Por qué me dices que vaya a salvar a mi país?* Gedeón le dijo al ángel que él era el menor de la familia, en la menor familia, de la menor tribu, en todo Israel.

Pero Dios dijo: ve. Y no simplemente ve. Dijo: «Ve con esta tu fuerza».

Todos tenemos poder. No será mucho. Pero Dios lo desea. Quiere que lo usemos, que lo ejercitemos. Desea que se lo demos para que pueda bendecirlo y ponerlo a trabajar. La Biblia dice que Dios juzgará a las naciones. Seremos juzgados como estadounidenses. Tendremos que rendir cuentas por lo que le sucedió a nuestro país durante nuestra vigilia. En *nuestra* vigilia. ¿Qué le diremos?

«¿No pudimos hacer nada, así que no hicimos nada?»

Él dirá: «Tuvieron la libertad de dirigir una petición al gobierno. ¿Le escribió a su senador, su congresista, sus jueces, su presidente? Tuvo libertad de prensa. ¿Qué publicó? Tuvo la libertad de hablar. Habían personas muriendo a su alrededor. ¿Qué dijo?»

Y diremos: «Pero no creí que mi carta marcara la diferencia».

Dios no espera que cambiemos el mundo. Sin embargo, espera que seamos obedientes.

«De acuerdo», dirá. «La familia estadounidense ha sido secuestrada por una filosofía egoísta, hedonista, que solo busca el placer propio, que ya ha probado su destructividad al desatar una ola de enfermedades venéreas, embarazos indeseados y trágicos divorcios, envenenando a una segunda y una tercera generación por venir. Nadie siquiera se cuestiona esa filosofía. Sin importar cuán insolvente pueda ser, se le considera como evangelio para esta generación del fin de los tiempos. Retarla es ser considerado como ignorante y reaccionario.

«Sí», dice usted, «hasta la iglesia cristiana ha caído presa de los engaños de Satanás. Aunque le parezca ridículo a los que están a punto de entrar al siglo veintiuno, los líderes de la iglesia están reviviendo antiguas formas de idolatría y adoración de la naturaleza y llevando al santuario ritos y hechicerías por las cuales Dios castigó a Israel hace miles de años.

»Sí, Estados Unidos está engañado. Pero, ¿y qué? ¿Qué puedo hacer? ¿Quién puede hacer algo? De todas maneras, ¿no dijo Jesús que sucedería algo exactamente igual a esto?»

Hay respuestas bíblicas para todas estas preguntas, pero primero escuche atentamente la advertencia de Jesús aquella tranquila tarde en el Monte de los Olivos hace dos mil años. «Que ningún hombre los engañe. Que ningún hombre los engañe». No permita que le suceda. ¡Deténgalo!

«Sí», dirá, «¿pero cómo?»

Veamos de nuevo esas tres áreas de engaño —en el gobierno, en los hogares y en las creencias espirituales—, para resumir la situación y encontrar algunas respuestas.

Engaño en el gobierno

La constitución promete «vida, libertad y la búsqueda de la felicidad» mientras el Tribunal Supremo defiende «Roe v. Wade». El presidente de los EE.UU. promueve procedimientos abortivos «D & X», conocidos como abortos parciales, en donde todo menos la cabeza del niño sale del cuerpo de la madre.

El médico inserta unas tijeras en la base de la cabeza y literalmente succiona los sesos al niño con una jeringuilla. La cabeza se contrae y el niño muere al instante.

La administración Clinton afirma que el procedimiento D & X es «poco común». Los liberales medios de difusión serviles repiten como cotorras la expresión *poco común* y el pueblo estadounidense es engañado. ¿Cuán poco común es eso?

Recientemente un defensor de esta práctica repulsiva señaló con franqueza que solo se emplea en uno porciento de todos los abortos.[4] Eso significa que sucede quince mil veces al año o cuarenta veces cada día. Es como si los accidentes aéreos —como el de TWA o Valu-Jet—, ocurrieran cada tres a cinco días.

¿Cómo define usted un acontecimiento realmente poco común? Si un avión de Valu-Jet se estrellara cada tres días con ciento veinte personas a bordo, ¿le llamaría poco común? ¿Cree que la Administración Federal de Aviación se preocuparía? Recuerdo, estoy usando las estadísticas de los defensores de la práctica. Realmente es mucho peor. ¡Estados Unidos es engañado!

Los abortos son peligrosos. Muchos creen que una visita a una clínica de abortos es un procedimiento médico rutinario. ¡Falso! Algunas mujeres salen de esas clínicas estériles, con el útero perforado y una colostomía permanente. ¡Y otras mueren!

La pregunta para los cristianos es: ¿Qué podemos hacer en cuanto a esto?

Hemos apelado al congreso sin resultado alguno. Nos hemos parado en las calles a través de la nación en protesta silenciosa, con afiches que dicen: «El aborto mata bebés» sin resultado alguno. La matanza de los que no han nacido continúa.

Los políticos viven para ser reelegidos. Son reelegidos con dinero, y *Planned Parenthood* [Paternidad planificada] le da millones a los políticos liberales para anuncios de radio, televisión y prensa garantizando la victoria política. Los noticieros vespertinos de televisión, con usted parado en silencio, podrán atraer la atención de su congresista, pero no su voto.

Tengo una solución que detendrá la industria del aborto. Va al grano y afecta los asuntos financieros al instante. Y detiene el flujo de dinero hacia los molinos de los abortos. He aquí el plan.

Busquemos constantemente a una mujer que haya sido víctima de mala práctica en una clínica de abortos: alguien que haya resultado estéril, haya salido con un útero perforado o con una colostomía permanente.

Cuando encuentre una que esté dispuesta y sea emocionalmente capaz de resistir una demanda legal, presente una contra cada médico, enfermera y dueño de la instalación de esa clínica de abortos.

He aquí cómo descuartizar la industria del aborto. Primero, cada persona demandada tiene que encontrar un abogado que será pagado por *Planned Parenthood*. Cada dólar que tenga que gastar *Planned Parenthood* o cualquier otra agencia que promueva el aborto para pagarle a un abogado es un dólar menos que tendrán para usar en la matanza de los que no han nacido. Un abogado a favor nuestro puede hacer que se necesiten muchos abogados costosos de parte del aborto.

Segundo, la defensa de cualquier caso de lesiones personales en una clínica de abortos puede costar fácilmente unos cien mil dólares. ¡Golpéelos en la billetera!

Tercero, si gana el caso, y con el demandante debido, tendrá la ventaja, ganará un juicio de lesión personal de millones de dólares. Recuerde, solo tomó un caso en el tribunal para probar que la compañía tabacalera R.J. Reynolds era responsable del cáncer en los fumadores de cigarrillos, lo cual trastornó toda esa industria.

Cuando los cristianos agresivos comiencen a presentar docenas de demandas a través de los Estados Unidos contra las clínicas de aborto, las compañías de seguro percibirán el peligro de esta exposición y subirán dramáticamente las tarifas de seguro, lo que llevará a muchas de esas clínicas a la bancarrota.

Cuarto, el factor miedo. Ahora mismo los médicos y las enfermeras en las clínicas de aborto usan sus destrezas médicas para aplastar las cabezas de los infantes que no han nacido, y sacan sus cuerpos mutilados y descuartizados sin temer consecuencia alguna.

Si los justos han de ser «valientes como un león» y hacen que estos médicos, enfermeras y dueños de clínicas sean demandados en los tribunales de costa a costa, el temor a la ruina financiera los obligará a cesar y desistir.

Además está el engaño en la educación pública.

Engaño en la educación pública

Los padres de los EE.UU. creen que sus niños van a la escuela a educarse en las disciplinas de la lectura, la escritura y la aritmética. ¡No es así! Otros países les enseñan ese currículo elemental a sus niños; en los EE.UU. se les enseña cómo ponerse en contacto con su ser interior y a convertirse en peones serviles de una sociedad global.

Como mencioné en el capítulo 4, el *National Endowment for the Arts* tiene un «privilegio nacional», otorgado por el congreso, que permite la exención de 1.6 millones de dólares en impuestos sobre bienes raíces en dos edificios de Washington, D.C. con un valor estimado de sesenta y cinco millones. Repito, el *National Endowment for the Arts* es un sindicato con una agenda política.

Pídale a su congresista que le quite al *National Endowment for the Arts* su «privilegio nacional» y oblíguelo a pagar impuestos y a limitar sus actividades de cabildeo y campañas políticas. Involúcrese en la vida académica de su hijo. Asista a las reuniones de padres y maestros, y a las de la administración escolar. Exija saber qué se le está enseñando a su hijo. Dios le dio sus hijos, ellos no le pertenecen al estado ni al *National Endowment for the Arts*. No viva como un ciudadano de segunda clase rogando por migajas. ¡Infórmese y exija que le escuchen!

Otro asunto docente importante es la oración en las escuelas. ¡Cada creyente en los EE.UU. debe percatarse de que tiene el derecho constitucional a orar en las escuelas públicas *ahora mismo*! No es necesario que el congreso apruebe legislación adicional.

Les digo a los niños de mi congregación: «Si quieren orar en la escuela, ¡háganlo! Si quiere orar por una prueba, antes de entrar a un autobús, ante la bandera o por su comida, no permitan que nadie los detenga. Si un maestro o un director trata de detenerlos, llamen a la iglesia. Ese día demandaremos al director, al maestro y a ese distrito escolar».

Podrá pensar: *Eso está bien para usted pastor, su congregación es una megaiglesia. La nuestra no tiene esa clase de dinero.*

Quizás no. Aun así eso no debe detenerlo. Dos excelentes organizaciones, *The American Center for Law and Justice* [Centro americano para la ley y la justicia] y *Rutherford Institute* [Instituto Rutherford][5], están dispuestos a ayudar a los cristianos que tienen quejas justificables. No estamos solos en esta batalla.

Recuerde siempre, los que no usan sus libertades para defenderlas, las perderán.

¿Qué podemos hacer en cuanto a todo este engaño en el gobierno?

He aquí siete pasos que puede dar para exponer el engaño en el gobierno:

1. ¡Infórmese y manténgase informado! Lea su Biblia y su periódico y decídase a actuar.

2. Deje de votar por políticos liberales cuya filosofía de imponer y gastar impuestos tiene a EE.UU. al borde de la bancarrota. Deje de escuchar lo que dicen los políticos y vigile su manera de legislar. Deje de ser engañado por simbolismos que sustituyen lo esencial. Vaya a la casilla electoral y envíe hombres y mujeres justos para que lo representen local, estatal y nacionalmente.

3. Escríbale y llame a su representante político y proteste contra las leyes que invaden su libertad de adoración y la enseñanza de principios consagrados para sus niños.

4. Escríbale y llame a su congresista y exija procedimientos para sacar de su cargo a los jueces federales que han secuestrado la constitución estadounidense y que le han quitado el poder al pueblo para imponer su plan impío y antirreligioso. Es tiempo de promover la idea de que el juez que viola la constitución y la voluntad popular comete un crimen tan grande como cualquier asaltante de bancos o un violador sexual.

5. Llame y hable en programas radiales. Escriba cartas al editor cuando un editorial o columna de la prensa viole las creencias cristianas.

6. Luego de diezmar en su iglesia, ofréndeles a los ministros que hablan contra «los principados, contra las potestades, contra los dominios de las tinieblas»[6], ministros que liderizan la lucha por su libertad religiosa.

7. Considere ser elegido para una posición en la administración escolar o el gobierno local. O apoye a un amigo que represente sus valores.

Estos son pasos legales y pacíficos que podemos dar para proteger nuestros derechos. No desobedecemos en manera alguna a la autoridad de este país.

«Muy bien, pastor, concuerdo con estos pasos», dirá. «Pero

algunas veces las cosas no cambian. ¿Es correcto desobedecer al gobierno con la bendición de Dios?»

Sí, *pero siempre de forma pacífica. No hay espacio para la violencia.*

Tres ilustraciones bíblicas apoyan la *oposición pacífica.*

Cuando faraón les ordenó a las parteras egipcias que ahogaran a los niños judíos, nacidos de israelitas, ellas rehusaron obedecer su orden y Dios las bendijo por su acción.

Faraón era la autoridad civil. Lo que él ordenó Dios lo condenó. Las parteras desobedecieron a la autoridad egipcia con la bendición de Dios.[7]

La segunda ilustración es la de los sabios que fueron a adorar a Jesucristo en el pesebre en Belén. Fueron donde Herodes y le preguntaron en dónde había nacido el rey infante.

Herodes, un monstruo asesino paranoide, les dijo: «Cuando lo encuentren, vengan y díganmelo, para que también pueda ir a adorarle». La Biblia dice que los sabios «salieron para su país por otro lado».[8]

Herodes era la autoridad civil. Les ordenó a los sabios que le dijeran en dónde podía encontrar a Jesús. Pero fueron informados divinamente de que Herodes mataría al infante, así que desobedecieron la orden de la autoridad civil con la bendición del cielo.[9]

La tercera ilustración se encuentra en el Libro de los Hechos donde se les ordenó a los apóstoles que dejaran de predicar en el nombre de Cristo. Ellos desobedecieron instantáneamente la autoridad civil porque el gobierno les ordenó lo que Dios condenaba.[10]

¿Cómo se relaciona esto con nuestra sociedad? Cuando el presidente de los Estados Unidos apoya a los homosexuales en el servicio militar, nos quedamos con la Palabra de Dios, no con la del presidente.

Cuando el gobierno requiere que nuestros niños vayan a escuelas públicas en donde aprenden cómo poner un condón sobre una banana, la ética de bote salvavida y el currículo del arco iris [símbolo de los homosexuales], que les muestra a niños de nueve años cómo tener relaciones anales, es tiempo de recordarle al gobierno que esos niños nos pertenecen a nosotros, no a ellos. Es tiempo de obligar al gobierno a devolverle las escuelas públicas al control local.

Podemos derrotar al engaño en el gobierno. También podemos derrotarlo en nuestros matrimonios.

Engaño en el matrimonio

Casarse es fácil. Permanecer casado es lo difícil. A una generación de bobos estadounidenses les han lavado el cerebro con la versión del matrimonio con éxito de Hollywood. Parece fácil, y si exige sacrificio, la respuesta inmediata es el divorcio. ¡Esto es un engaño!

El matrimonio es un pacto. En la Biblia, el pacto exige que la voluntad de dos personas muera y nazca una voluntad soberana unificada. El conflicto viene al matrimonio porque una o las dos partes de la relación rehúsa la vida crucificada. Uno o ambos desean hacer su voluntad a toda costa. Esto se convierte en una lucha de derechos.

Enviamos a nuestros hijos a las universidades donde pasan años estudiando para convertirse en maestros, médicos y abogados. Sin embargo, les permitimos que salten al matrimonio —una relación que genera vida, que determina su felicidad y su bienestar—, con poca o ninguna instrucción acerca de cómo ser un cónyuge con éxito.

Estamos engañados en cuanto a las relaciones sexuales en el matrimonio

El primer mandamiento de Pablo para los hombres fue «cada uno tenga su propia mujer».[11] Las relaciones sexuales fuera del matrimonio son absolutamente prohibidas. No hay excusas. Dios no las tolera. Las relaciones sexuales seguras son la que tienen una licencia matrimonial.

El segundo mandamiento de Pablo para el hombre fue: «El marido cumpla con la mujer el deber conyugal».[12] Las relaciones sexuales no son solo para procrear. Es la sinfonía del alma para las parejas casadas. Es gozo. Es dar y compartir. Es tierno y santo.

«El deber conyugal» significa el pago que se debe. Cuando uno alquila una casa, el pago del alquiler es lo que se debe. Cuando uno compra un auto, el pago del auto es lo que se debe. Cuando uno se casa, la relación sexual es el pago que se debe.

Hombres y mujeres se engañan en el matrimonio respecto a lo que el uno y el otro desean. He aquí siete pasos que puede dar para combatir el engaño en su matrimonio:

1. Esposos: Amen a sus esposas en todo, con pasión y románticamente. La Biblia dice: «Maridos, amad a vuestras mujeres, así como Cristo amó a la iglesia, y se entregó a sí mismo por ella».[13] En breve, su esposa necesita que la ame.

2. Permanezcan mutuamente fieles. Las mujeres no desean un esposo mujeriego. Los esposos mujeriegos tarde o temprano llegan a casa con SIDA. A los hombres tampoco les gusta la infidelidad. Dios no exige que cualquier mujer u hombre permanezca en una relación que es repetidamente infiel.

3. Esposos, ofrézcanle a su esposa afecto sin relación sexual. En las sesiones de orientación, les he planteado esta pregunta a hombres y mujeres. «¿Cómo se sentiría si supiera que jamás volverá a tener relaciones sexuales con su cónyuge?» Casi todas las mujeres dicen: «En realidad, no hacerlo jamás no es una cosa del otro mundo. Pero sí me afectaría si él jamás me tocara ni me besara o si no hubiera romance de nuevo». Eso es afecto sin sexo. Ahora, cuando le pregunto a los hombres lo mismo, sus ojos saltan, las narices se les hinchan y la frente les suda. «¿No tener relaciones sexuales? ¡De ninguna manera!» Pedirle a un hombre que abandone las relaciones sexuales es como decirle que deje de respirar.

4. Diana y yo nos recordamos a diario, de una manera u otra, nuestro amor y nuestra lealtad mutua. Inténtenlo, les gustará.

5. Si ambos son creyentes, lean la Biblia juntos. Háganlo al comenzar el día.

6. Oren juntos. La Biblia dice: «Cordón de tres dobleces no se rompe pronto».[14] Un hombre y su esposa, unidos con Dios en oración, es una unión inquebrantable.

7. Oren el uno por el otro. Es difícil tratar a una persona injustamente si está orando por ella.

Podemos sobreponernos al engaño en el matrimonio. Y podemos sobreponernos al engaño en las creencias espirituales.

El engaño en las creencias espirituales

Mencioné cuatro esferas principales de engaño espiritual en los Estados Unidos en los capítulos 10 y 11: satanismo, el movimiento de la diosa, clérigos homosexuales, y la filosofía errónea y las manifestaciones extrañas del espíritu.

Permítame añadir otras dos brevemente: el racismo y el denominacionalismo.

Este último consiste en aprobar a una persona porque pertenece a su clase de iglesia. El denominacionalismo es idolatría. Es amor por quién usted es, no lo que es.

Cuando tengo campañas en las áreas metropolitanas de los EE.UU., el denominacionalismo siempre se presenta. Si se invita a los bautistas, los pentecostales no quieren ir, temiendo que todo va a ser muy formal. Si se invita a los pentecostales, los bautistas no quieren asistir por temor a que todo sea muy emocional. Si se invita a los católicos, tanto los bautistas como los pentecostales comienzan a citar versículos de Apocalipsis 17.

Las multitudes del diablo pueden juntarse en absoluta unidad por cualquier cosa. El grupo de Dios busca una razón para rechazar cualquier cosa espiritual que no haya nacido a través de nuestras respectivas denominaciones. El concepto parece ser: «Si nosotros no lo pensamos, ¡Dios tampoco!»

Es tiempo de eliminar las barreras denominacionales. Siempre y cuando concordemos con la inerrancia de la Palabra y la expiación con sangre en la cruz, debemos estar juntos en amor.

Una segunda área de engaño espiritual es el racismo. Muy vigente en la iglesia. Sin embargo, cuando usted lee la Palabra de Dios no ve en ella una iglesia blanca, una negra, una marrón, una roja o una amarilla. Solo existe la iglesia comprada por la sangre de Jesucristo.

Demasiadas iglesias andan buscando miembros «adecuados». Necesitamos abrirle nuestras puertas a «todo aquel que quiera» con amor y compasión. Estamos salvando almas, no pieles.

Un negro trató de unirse a una iglesia blanca en el interior del sur. Su solicitud fue rechazada seis veces. Dejó de hacerlo. Luego de varios meses, se encontró con el pastor en el supermercado. Este le preguntó: «¿Por qué dejó de solicitar su membresía en la iglesia?»

El negro le respondió: «Eso me hirió los sentimientos al principio, pero oré al respecto y Dios me dijo: "No te preocupes, he estado tratando de entrar a esa iglesia por cincuenta años y a mí tampoco me dejan entrar"».

Las barreras raciales también deben derrumbarse. Todos los cristianos son hermanos y hermanas del Rey.

Si pudiera resumir en una oración el engaño doctrinal dentro de la iglesia, sería esta: Hemos perdido la centralidad de la cruz de Jesucristo en nuestra predicación y nuestra enseñanza.

El apóstol Pablo escribió: «Pero lejos esté de mí gloriarme, sino en la cruz de nuestro Señor Jesucristo».[15] La iglesia tiene permiso para alardear en cuanto a una cosa: la cruz. No debe hacerlo por los ventanales de colores. Ni por los edificios. Ni por los bautismos, ni por los presupuestos. Ni por los instrumentos musicales ni los miembros prestigiosos. Simplemente por la cruz.

¿Cuál es la diferencia entre el ateo que odia a la iglesia y el feligrés que dice: «Amo a la iglesia» pero no va a ella? No hay diferencia. El resultado final es el mismo, ninguno va a la iglesia.

¿Cuál es la diferencia entre un ateo que no cree en la Biblia y el hombre que dice: «Creo en la Biblia», pero no la lee? No hay diferencia.

Este es el asunto: No es lo que uno sepa, es cómo usa lo que sabe. Usted puede conocer el Sermón del Monte intelectualmente. Puede aplaudirlo, pero sin la cruz jamás podrá usarlo.

La cruz es la fuente, el origen y el centro de cada bendición. Soy salvado a través de la sangre de la cruz de Cristo. Soy sanado por las heridas en su espalda. La cruz garantiza una paz que sobrepasa el entendimiento. Sin la cruz hasta el acto de la oración es una pérdida de tiempo absoluta.

Sin la cruz tenemos ritos sin justicia, ceremonia sin cambio y exageraciones sin santidad.

¿Cómo ve usted la cruz?

La mayoría va a la cruz buscando perdón por el pecado, pero rehusamos ir a ella y aceptar la vida crucificada. No deseamos morir al yo. No deseamos rendir nuestra voluntad a la suya. Estamos dispuestos a que Cristo perdone nuestros pecados pero no a crucificar nuestra carne.

¿Ve el sufrimiento del Hijo de Dios en la cruz? ¿Quién lo puso allí? ¡Dios el Padre! ¿Por qué? Porque su Hijo tomó el pecado del mundo y le agradó derramar su ira sobre su propio Hijo.

Si a Dios le agradó derramar su ira sobre su Hijo debido al pecado, ¿puede creer por un instante que le excusará el pecado en su vida?

A Dios le importa poco su actividad religiosa y su posición social. Solo está interesado en su relación con su Hijo mediante la cruz. Si esta relación no existe, juzgará el pecado en su vida como lo hizo con su Hijo. Los ángeles de Dios le escoltarán a los fuegos del infierno eterno.

Si la alabanza lo enaltece, usted no está muerto a la carne. Si la crítica lo hiere, no está muerto a la carne. Si la persecución puede detenerlo, no está muerto a la carne.

He aquí cuatro puntos de acción para combatir el engaño espiritual en la iglesia:

1. Lea la Biblia cada día. Subraye los pasajes que teme obviar o violar en su vida.

2. Si su iglesia no enseña la verdad bíblica, haga una cita con su pastor y explíquele los versículos que leyó. Si él o los

ancianos no escuchan, abandone esa iglesia. Su compromiso es con Dios, no con esa iglesia. El apóstol Pablo ordena «apartarse de los tales».

3. Pague sus diezmos y ofrendas. Esto es obediencia a la Palabra de Dios. Si apoya la buena enseñanza, prosperará y crecerá. De no ser así, se secará y morirá.

4. Si es miembro de una denominación en la que se cuestionan los valores bíblicos, exprese sus opiniones en las convenciones nacionales. Si no lo escuchan, entonces debe abandonar esa denominación.

Debemos tener una reforma estadounidense. Cada creyente cristiano bíblico debe comprometerse absolutamente a vivir mediante los patrones de justicia tal y como se prescriben en la Palabra de Dios.

Debe haber un compromiso nuevo y fresco con el evangelismo personal que arda como fuego en nuestros huesos. Los EE.UU. no pueden cambiar de arriba hacia abajo. Dar nuestro dinero para elegir un candidato presidencial ha probado ser un absoluto fracaso. Tan pronto como ganan la nominación, olvidan los valores morales y espirituales que los cristianos estiman.

Podemos retornar a los EE.UU. empezando por un corazón, un hogar, una iglesia, con una revolución espiritual desde la base ganando a los perdidos para Cristo.

Cuando una persona se salva, se convierte en miembro de otra sociedad cuya constitución y leyes son escritas en la Palabra de Dios. No somos ciudadanos de los EE.UU. Somos ciudadanos del reino de Dios.

Como ciudadanos del reino, no sancionamos en nuestro gobierno lo que Dios condena. Cuando el gobierno sanciona lo que Dios condena, nuestra lealtad es con la Palabra de Dios.

La acción es una de las armas que Dios nos ha dado. Él espera que seamos obedientes. Hacedores y no oidores de la Palabra.[16] Pero sin fe, todas nuestras obras no valdrán nada. Con fe, Él puede utilizar hasta lo poquito que le entreguemos.

La fe es la clave

Por la fe Jesús alimentó a cinco mil con un puñado de peces y panes. Por fe Dios mantuvo a un profeta, a una anciana y a su hijo vivo varios meses con un puñado de aceite. No hace falta mucho si Dios está en ello. Su carta a un congresista no es gran cosa pero si ora, únjala y envíela con fe. Dios multiplicará su poder y la usará.

Cuando Gedeón le dijo al ángel que era «el menor», que Dios obviamente se había equivocado, que él, Gedeón, no estaba calificado, el ángel respondió: «Pero Dios estará contigo».

Esa es la diferencia. Dios sacó el estado moderno de Israel del holocausto. De las tinieblas de la Cortina de Hierro, está trayendo reavivamiento y sanidad a miles que nadie pensó que tuvieran oportunidad.

«No permita que nadie lo engañe». No deje que eso suceda. Crea. Tenga fe.

Resplandor a través de la neblina

Finalmente hay una última arma que Dios nos ha dado para derrotar al enemigo. Es un arma espiritual que solo puede ser apreciada por los que han sentido su poder en tiempos de crisis. Cuando hay tinieblas, confusión, derrota y engaño, la Biblia enseña que el pueblo de Dios debe alabarlo, literalmente que se regocije.

Jesús dijo: «Bienaventurados los que padecen persecución por causa de la justicia, porque de ellos es el reino de los cielos. Bienaventurados sois cuando por mi causa os vituperen y os persigan, y digan toda clase de mal contra vosotros, mintiendo. Gozaos y alegraos, porque vuestro galardón es grande en los cielos; porque así persiguieron a los profetas que fueron antes de vosotros».[17]

Una vez los israelitas experimentaron un gran engaño, paralelo a lo que EE.UU. experimenta hoy. Su gobierno se corrompió. Sus jóvenes se casaron con otras tribus y violaron todas las misericordiosas y tiernas instrucciones de Dios para tener un hogar feliz. Su adoración se convirtió en idolatría y satanismo.

Entonces alguien redescubrió la Palabra de Dios y comenzó a leerla. Pronto toda la nación comenzó a leer públicamente lo que los profetas escribieron. Un gran temor barrió a toda la nación mientras se percataban de su engaño y de lo extenso de su pecado contra Dios.

«¿Qué podemos hacer?», preguntaron. «¿Hemos de divorciarnos de nuestras esposas paganas y encontrar otras? En qué lío estamos».

El profeta Nehemías se paró y llamó la atención. «Esto no es momento para desanimarnos», dijo. «Es momento para regocijarnos. Estamos redescubriendo la Palabra de Dios. No podemos solucionarlo todo en un día. Pero hemos comenzado el viaje de salida del engaño. Ve a casa, prepara una fiesta. Nadie debe trabajar. Es un día de fiesta. Y *¡que el gozo del SEÑOR sea su fortaleza!*»[18]

No conozco su situación. No sé que sucede en su matrimonio, qué pasa con sus hijos, o qué ocurre en su iglesia. No sé qué le sucederá a los EE.UU., si volverá a encontrar su camino o si ha de deslizarse rápidamente en el abismo que ha rodeado a tantas grandes civilizaciones y que ha envenenado tantos ideales nobles.

Pero conozco a mi Redentor. Él dijo que estaría con usted hasta el fin del mundo. Dijo que jamás lo abandonaría. Si lo ha encontrado, si le entregó su vida, usted y su familia pueden salvarse de la destrucción que sobrevendrá.

La Biblia aclara que las advertencias en cuanto a los tiempos del fin deben ofrecerle a Dios una ventaja, la delantera. «Por lo tanto, alentaos los unos a los otros con estas palabras».[19] Haga lo que pueda, sea obediente a su Palabra. Es posible que libre a nuestra nación. Pero si no lo hace, aun si como pueblo somos rodeados por nuestros pecados y destruidos por el espíritu de nuestros días de engaño, alégrese en Dios, en su salvación, y en Su protección.

«Cuando estas cosas comiencen a suceder, erguíos y levantad vuestra cabeza, porque vuestra redención está cerca».[20]

Notas

Capítulo 1

1. 1 Reyes 18.13.
2. 1 Reyes 19.4.
3. Rush Limbaugh, *The Limbaugh Letter* [La carta Limbaugh], EFM, Nueva York, febrero de 1996, p. 5.
4. Tom Squitieri, *USA Today*, 27 de noviembre de 1996, A1.
5. Reporte de las presentaciones del senado de 1994.
6. Esta información me llegó de un antiguo miembro del personal de la Casa Blanca que estudió este asunto durante cinco años. De acuerdo con el miembro del personal, desde que el Servicio de Rentas Internas (*IRS*) comenzó a recomendarle a la Casa Blanca en 1986 que todas las organizaciones religiosas perdieran su estado de exención contributiva con la excepción de las iglesias y las órdenes religiosas tal y como las definiera el Servicio de Rentas Internas. La organización evangelística de Billy Graham, por ejemplo, dejaría de existir. Es curioso, que solo unos días después de esta conversación, una agencia gubernamental llamó para revocar el estado de exención contributiva de la Coalición Cristiana.
7. H.B. London, Jr., «The Pastor's Weekly Briefing» [El reporte semanal del pastor], *Focus on the Family*, 4, no. 26, 28 de junio de 1996.
8. Bob Woodward, *The Choice* [La alternativa], Simon and Schuster, Nueva York, 1996, p. 131.
9. «The Pastor's Weekly Briefing», p. 2.
10. «The Case Against Clinton» [El caso contra Clinton], *Human Events*, 16 de agosto de 1996, p. 23.
11. *Ibid*. Esta cita se tomó de una transcripción de conversaciones telefónicas entre Gennifer Flowers y Bill Clinton tal como se expusieron en *Star*, en una conferencia de prensa en Nueva York en enero de 1992.
12. Jack W. Germond y Jules Whitcover, *Mad as Hell: Revolt at the Ballot Box 1992* [Enojadísimos: Revuelta en la casilla electoral], Warner Brothers, Nueva York, 1993, pp. 420-421.
13. Tomado de una entrevista personal con un ayudante de la Casa Blanca.
14. «Stumbling into a Combat Zone» [Tropezando en una zona de combate], *Time*, 3 de junio de 1996, p. 26.
15. Center for America Values [Centro de valores estadounidenses], Box 91180, Washington D.C., 20090-1180, *The Clinton Record* [La marca de Clinton].
16. Mateo 10.27
17. Véase Mateo 14.
18. Lucas 13.32

19. Salmo 92.10
20. Mateo 12.30
21. Santiago 4.4
22. Anthony Read y David Fisher, *The Fall of Berlin* [La caída de Berlín], Da Capo Press, Nueva York, 1992, p. 7.
23. *Ibid.*
24. Gitta Sereny, *Albert Speer: His Battle With the Truth* [Albert Speer: Su batalla con la verdad], MacMillan, Londres, 1995, p. 27.
25. Read y Fisher, p. 32.
26. *Ibid.*, p. 294.
27. Efesios 5.6-13.
28. Cal Thomas, columna sindicada, «Whitewater verdict reveals crime cover-up» [El veredicto de Whitewater revela el encubrimiento de un crimen], *The Conservative Chronicles*, 3 de junio de 1996.
29. *Ibid.*
30. Limbaugh, p. 4.
31. Thomas.
32. Conferencia de prensa de la Casa Blanca, 22 de abril de 1994.
33. Limbaugh, p. 5.
34. *Ibid.*, p. 4.
35. *Ibid.*, p. 5.
36. *Ibid.*
37. Tomado de una entrevista con un ex miembro del personal de la Casa Blanca.
38. El comité de reforma y supervisión del gobierno presentó su descubrimiento de que el presidente Clinton «se enredó en un abuso sin precedente del poder ejecutivo, abuso del privilegio ejecutivo y la obstrucción de numerosas investigaciones en la oficina de viajes». El comité dijo que el director de viajes, Billy Ray Dale, y sus colegas fueron despedidos para que Harry Thomason, un productor de Hollywood amigo de los Clintons, y Catherine Cornelius, un primo lejano del Presidente, pudiera procurar una parte del negocio de los viajes gubernamentales. («Clinton accused of leading wide travel-office cover-up» [Clinton acusado de dirigir un amplio encubrimiento de la oficina de viajes], *Arizona Republic*, 19 de septiembre de 1996, A3).
39. Doug Bandow, *The Conservative Chronicle*, 26 de junio de 1996, p. 4.
40. James B. Stewart, *Bloodsport* [Deporte sangriento], Simon Schuster, Nueva York, 1996, p. 260.
41. Limbaugh, p. 15.
42. *Ibid.*, 5.
43. *Ibid.*
44. *Ibid.*
45. *Ibid.*
46. Bandow, p. 5.
47. Limbaugh, p. 15.
48. Bandow, p. 4.
49. Jeremías 3.9
50. Salmo 12.8
51. Apocalipsis 22.15

Capítulo 2

1. Stewart, p. 260.
2. *Ibid.* (James Stewart, un periodista que estuvo en contacto con Hillary y que en un principio

ella lo motivó a escribir un libro, realiza una sorprendente declaración en su libro *Bloodsport*. Es más, en lugar de decir que nadie puede probar que estaban sosteniendo un amorío, Stewart escribe lo opuesto al afirmar que nadie podía probar que no lo sostenían. Stewart añade que las amistades de Vince y Hillary decían que ellos «no eran de ese tipo».)

3. Gary Aldrich, *Unlimited Access* [Acceso ilimitado], Regnery, Washington, 1996, p. 70.
4. «Innaccuracies Regarding Foster's Death» [Imprecisiones en cuanto a la muerte de Foster], Microsoft Internet Explorer, 18 de junio de 1996, p. 3.
5. «*"60 Minutes"* Report on the Death of Vince Foster» [El reporte en *60 Minutos* sobre la muerte de Vince Foster], sala de los representantes, 26 de octubre de 1995, H11373.
6. Testimonio del Sr. Burton, congresista de Indiana, sala de representantes, 26 de octubre de 1995, p. 3.
7. «Innaccuracies...», *op. cit.*, p. 1.
8. Chris Ruddy, *Pittsburg Tribune-Review*, 16 de junio de 1995. (González, entrevistado mucho después de la actividad, le dijo a un reportero que creía que la segunda herida estaba en la frente. Pero luego de examinar las fotografías, González le dijo a los investigadores para el consejero independiente que el trauma en el cuello era consistente con lo que vio).
9. «Innaccuracies...», *op. cit.*, 5.
10. «Innaccuracies...», *op. cit.*, p. 1.
11. Stewart, p. 260.
12. Aldrich, p. 77.
13. Testimonio del Sr. Burton, congresista de Indiana, p. 4, y Microsoft Internet Explorer, p. 4.
14. *Ibid.*
15. Aldrich, p. 77.
16. «Witness Tampering» [Entremetimiento con los testigos], Microsoft Internet Explorer, 18 de junio de 1996.
17. *New York Times*, según reportado en *Arizona Republic*, 28 de agosto de 1996, A6.
18. La pregunta obvia es: ¿Cómo Foster obtuvo esa pistola? Los números de serie mostraban que una parte de la pistola se compró en Seattle, la otra en Indianapolis. ¿Esto fue un asesinato profesional?
19. «*"60 Minutes"*...», *op. cit.*
20. «Innaccuracies...», *op. cit.*, p. 3.
21. Testimonio del Sr. Burton, *op. cit.*
22. De acuerdo con una cuenta, Foster tenía una cuenta bancaria suiza a la cual «se le sacó 2,7 millones de dólares una semana antes de morir», Microsoft Internet Explorer, «Innaccuracies...», *op. cit.*, p. 2.
23. Entrevista en la revista *Esquire*.
24. Salmo 10.2,8,12.

Capítulo 3

1. Jerome Burn, editor, *Chronicles of the World* [Crónicas del mundo], Longman Group UK Ltd., Londres, 1989, p. 87.
2. Mateo 4.
3. Pat Robertson, *The New World Order* [El nuevo orden mundial], Word Publishers, Dallas, TX, 1991, p. 115.
4. *Ibid.*, p. 35.
5. Peter Padfield, *Himmler*, Henry Holt & Co., Nueva York, 1990, p. 148.
6. Francis Miller, *The Complete History of World War Two* [La historia completa de la Segunda Guerra Mundial], Readers Service Bureau, Chicago, 1945, p. 5.
7. John Barron, *Operation Solo* [Operación solo], Regnery, Washington, 1996, p. 54.

8. Robertson, p. 14.
9. *Ibid.*, p. 7.
10. Robertson, pp. 53-54.
11. Randall Baer, *Inside the New Age Nightmare* [Dentro de la pesadilla de la Nueva Era], Huntington House, Lafayette, Louisiana, 1992, p. 13.
12. *Ibid.*, p. 17.
13. London, «The Pastor's Weekly...», pp. 1-2.
14. Robertson, p. 112.
15. Tomé esta información de uno de mis sermones y la fuente exacta se encuentra en la Iglesia Cornerstone.
16. Willard Cantelon, *The Day the Dollar Dies* [El día que se muera el dólar], Logos International, Jacksonville, FL, 1973.
17. Robertson, pp. 124-130.
18. *Ibid.*, p. 119.
19. Hageo 2.8
20. Robertson, p. 53.
21. *Ibid.*, p. 177.
22. Escuché sobre este caso en un seminario legal en Dallas/Fort Worth.
23. La fuente exacta de esta referencia está archivada en la Iglesia Cornerstone.
24. Gallup GO 84148, septiembre de 1992.
25. Mateo 10.22
26. La fuente exacta de esta referencia está archivada en la Iglesia Cornerstone.
27. Robertson, p. 221.
28. La fuente exacta de esta referencia está archivada en la Iglesia Cornerstone.
29. John Feder, *Pagan America* [Los Estados Unidos paganos], Huntington House, Lafayette, Louisiana, 1993, p. 228.
30. Robertson, p. 90.
31. *Ibid.*, p. 91.
32. *Ibid.*, p. 95.
33. Daniel 7.7-8; 19-20.
34. Apocalipsis 13.3.
35. Daniel 8.25.
36. La fuente exacta de esta referencia está archivada en la Iglesia Cornerstone.
37. Mateo 24.15-19.
38. Barron, p. 54.
39. Apocalipsis 13.6.

Capítulo 4

1. James J. Kilpatrick, columna sindicada, 27 de diciembre de 1995.
2. Alerta de acción especial de la Coalición Cristiana, 10 de mayo de 1996, tomado del *Washington Times*, 27 de abril de 1996, p. 1.
3. *Conservative Chronicle*, vol. 11, 10 de enero de 1996, p. 4.
4. Génesis 1.26.
5. La fuente exacta de esta referencia está archivada en la Iglesia Cornerstone.
6. «"Men Are Easy", Judge says» [Los hombres son fáciles, según un juez], *The Arizona Republic*, 16 de agosto de 1996, A13.
7. Isaías 40.23.
8. Proverbios 22.28.
9. Romanos 13.1.
10. Daniel 2.20.

11. Proverbios 21.1.
12. Salmo 75.6-7.
13. Daniel 5.4-6.
14. Salmo 107.2.
15. Proverbios 28.4.
16. Jeremías 33.3.
17. Santiago 4.2.
18. Mateo 16.19.
19. Lucas 10.19.
20. Éxodo 19.6.

Capítulo 5

1. Génesis 31.32.
2. Josué 6.26.
3. Juan 4.22.
4. Proverbios 17.13.
5. Éxodo 20.12 y Efesios 6.2.
6. Deuteronomio 27.20.
7. Zacarías 5.3.
8. Éxodo 20.4-5.
9. Mateo 12.30.
10. Larry Kahaner, *Cults That Kill* [Sectas que matan], Warner Books, Nueva York, 1988.
11. Salmo 9.17.
12. La fuente exacta de esta referencia está archivada en la Iglesia Cornerstone.
13. *Ibid.*
14. Roger J. Vaughan y Edward W. Hill, editado por Michael Barker, *Banking on the Brink*, Washington Post Company Briefing Books, Washington D.C., 1992.
15. Oseas 7.9.

Capítulo 6

1. Feder, p. 21.
2. Mateo 12.34.
3. Génesis 1.22.
4. 1 Corintios 7.4.
5. Efesios 4.15.
6. Véase 1 Timoteo 5.8.

Capítulo 7

1. 1 Timoteo 5.8.
2. 2 Tesalonicenses 3.10.
3. *Conservative Chronicle*, vol 11, 13 de marzo de 1996, p. 23.
4. Rush Limbaugh, *The Limbaugh Letter* [La carta Limbaugh], EFM: Nueva York, mayo de 1993, p. 11.
5. Éxodo 12.3.
6. Éxodo 33.11.
7. Génesis 7.1.
8. Lucas 16.19-31.
9. Salmo 119.11.

10. Lucas 6.46.
11. Génesis 27.33.
12. Salmo 101.3.
13. Efesios 5.25.
14. Deuteronomio 33.4-5.
15. Números 14.11,12.
16. Véase Números 14.13-19.
17. Deuteronomio 11.21.
18. «Seven Year Cold» [Catarro de siete años], *Life*, 1982.
19. Romanos 5.8.

Capítulo 8

1. J. Hamilton, *Where Now Is Thy God?* [¿Y ahora dónde está su Dios?], Revell, Grand Rapids, MI, 1969, p. 67.
2. Juan 1.11.
3. Lucas 23.4,14; Juan 18.38.
4. Juan 16.33.
5. Efesios 4.15.

Capítulo 9

1. 2 Corintios 11.14.
2. Véase Mateo 25.32-46.
3. Johanna Michaelson, *Like Lambs to the Slaughter* [Como ovejas al matadero], Harvest House Publishers, Eugene, OR, p. 267.
4. Mateo 25.41
5. Kahaner, p. 218.
6. Isaías 14.13,14.
7. Mateo 7.15.
8. Génesis 3.1
9. Lucas 4.
10. *Los Angeles Times*, 19 de octubre de 1988, p. 21.
11. Kahaner
12. Juan 3.18.
13. 1 Pedro 5.8.
14. Hechos 2.21.
15. Juan 8.36.
16. Apocalipsis 12.10.
17. Sereny.
18. Kahaner, contraportada del libro.
19. *Ibid.*, pp. 183-185.
20. Bob Larson, *Satanism: The Seduction of America's Youth* [El satanismo: la seducción de los jóvenes de Estados Unidos], Thomas Nelson Publishers, Nashville, TN, 1989, p. 29.
21. *Ibid.*
22. *Ibid.*, p. 30.
23. *Ibid.*, p. 171.
24. *Ibid.*, p. 109.
25. 1 Timoteo 6.12.
26. Isaías 54.17.
27. Juan 10.10.

28. Mateo 12.30.
29. Mateo 28.18-20.
30. Santiago 2.19.
31. Santiago 4.7.

Capítulo 10

1. Juan 8.44.
2. Mateo 24.4.
3. Thomas Oden, «Encountering the Goddess at Church» [El encuentro de la diosa en la iglesia], *Christianity Today*, 16 de agosto de 1993, p. 18.
4. Timothy Morgan, «Re-Imaging Labeled "Reckless"» [Se denomina «descuidada» a la reimaginación], *Christianity Today*, 18 de julio de 1994, p. 49.
5. Susan Cyre, «Fallout Escalates Over "Goddess" Sophia Worship» [La controversia aumenta en cuanto a la adoración de la «diosa» Sofía], *Christianity Today*, 14 de noviembre de 1994, p. 42.
6. James R. Edwards, «Earthquake in the Mainline» [Terremoto en las iglesias históricas], *Christianity Today*, 14 de noviembre de 1994, p. 42.
7. «Re-Imagining God» [La reimaginación de Dios], Sesión plenaria de viernes, Cinta 2-2, Lado A.
8. *Ibid.*
9. Edwards, p. 39.
10. *Ibid.*, p. 43.
11. *Ibid.*, p. 40.
12. *Ibid.*, p. 43.
13. *Ibid.*, p. 42.
14. Proverbios 8.23.
15. Génesis 3.1.
16. Morgan, p. 49.
17. Romanos 1.22-27.
18. ENI, «US Methodists reaffirm ban on promoting homosexuality» [Los metodistas de Estados Unidos reafirman la prohibición de promover el homosexualismo], *The Episcopal News Service*, 23 de mayo de 1996, pp. 13-14.
19. James Solheim, «Preliminary hearing held in trial» [Se sostuvo una vista preliminar en el juicio], *The Episcopal News Service*, 12 de diciembre de 1995, p. 10.
20. The General Convention Edition of the United Voice [La edición de la Convención general de la Voz Unida], 25 de agosto de 1994.
21. ENI, «US Methodists...», *op. cit.*, p. 8.
22. James Solheim, «Seattle dean blesses relationship of gay couple» [Un sacerdote de Seattle bendice la relación de una pareja homosexual], *The Episcopal News Service*, 23 de mayo de 1996, pp. 15-16.
23. Éxodo 4.24-26.
24. 2 Timoteo 3.4-5.
25. «The Boys From Brazil» [Los jóvenes de Brasil], *Penthouse*, diciembre de 1996, p. 6.
26. Efesios 4.19.
27. Efesios 5.12.
28. *Penthouse*, p. 74.
29. ENI, «Homosexuality Issue to dominate Presbyterian agenda» [El asunto del homosexua lismo ha de dominar la agenda presbiteriana], *The Episcopal News Service*, 25 de junio de 1996, p. 41.
30. ENI, «US Methodists...», *op. cit.*, p. 33.

31. Levítico 20.27
32. En realidad, el fenómeno comenzó en Lakeland, Florida, casi un año antes. La revista *Charisma* decidió publicar la experiencia de Toronto y así que sus escritores le llamaron «La bendición de Toronto». El nombre pegó.
33. Laurence J. Barber, «How I Was Blessed» [Cómo fui bendecido], *Christianity Today*, 11 de septiembre de 1995, p. 26.
34. James A. Beverly, «Toronto's Mixed Blessing» [La bendición mixta de Toronto], *Christianity Today*, 11 de septiembre de 1995, p. 35. «Toronto Church Ousted From Vineyard» [Iglesia de Toronto sacada de la Viña], *Charisma*, febrero de 1996, p. 12.
36. George Byron Koch, «Pumped and Scooped», *Christianity Today*, 11 de septiembre de 1995, 25, adaptado de la *Spiritual Counterfeits Project Newsletter* [Revista del proyecto de falsificaciones espirituales], Berkeley, CA, primavera de 1995.
37. *Ibid.*
38. *Ibid.*
39. Gálatas 5.22.
40. 1 Juan 4.1
41. 1 Tesalonicenses 5.21.
42. 2 Tesalonicenses 2.8-12
43. 2 Juan 2.15.

Capítulo 11
1. Santiago 2.19.
2. Santiago 2.20.
3. Jueces 6.14.
4. «The Pastor's...», *op. cit.*, 4, núm. 48, 29 de noviembre 1996, p. 2.
5. Si desea información sobre la violación de sus derechos religiosos o busca información sobre los asuntos legales relacionados con la religión, puede escribirle al *American Center for Law and Justice* [Centro estadounidense para la ley y la justicia], P.O. Box 64429, Virginia Beach, VA 23467, (804) 579-2489 o al *Rutheford Institute* [Instituto Rutheford], P.O. Box 7482, Charlottesville, VA 22906, (804) 978-3888 para reportar un incidente o (800) 441-3473 para pedir información en cuanto al programa radial del instituto, «Freedom Under Fire» [La libertad bajo ataque], en cuanto a algún asunto legal en particular. También se puede comunicar al Instituto Rutherford mediante el correo electrónico (e-mail) [rutherford@fni,com] o acuda a su lugar en la red mediante http//www.rutherford.org.
6. Efesios 6.12.
7. Véase Éxodo 2.
8. Mateo 2.8,12.
9. Mateo 2.12.
10. Hechos 4.18-31.
11. 1 Corintios 7.2.
12. 1 Corintios 7.3.
13. Efesios 5.25.
14. Eclesiastés 4.12.
15. Gálatas 6.14.
16. Santiago 1.23.
17. Mateo 5.10-12.
18. Nehemías 8.9-10.
19. 1 Tesalonicenses 4.18.
20. Lucas 21.28.